汕头大学公益与社会工作研究中心学术研究系列
汕头大学国家社会工作专业人才培训基地　主编

潮汕地区社会工作发展报告

雷杰　蔡天　李学斌　黄婉怡 / 著

社会科学文献出版社
SOCIAL SCIENCES ACADEMIC PRESS (CHINA)

致　谢

支持单位：
汕头市：汕头市民政局、汕头市社会工作者协会
揭阳市：揭阳市民政局、揭阳职业技术学院
潮州市：潮州市民政局、韩山师范学院

支持机构：（以拼音首字母排序）
汕头市：
澄海区莲下镇社会工作站
濠江区广澳街道社会工作站
荒岛图书馆彩虹堂分馆
金平区石炮台街道社会工作站
金平区同益街道社会工作站
金平区新福街道社会工作站
李嘉诚基金会"人间有情"全国宁养医疗服务计划办公室
李嘉诚基金会汕头大学医学院医疗扶贫行动
龙湖区珠池街道社会工作站
汕头公交志愿服务队
汕头山水社
汕头市存心慈善会
汕头市存心社会工作综合服务中心
汕头市恩雨特殊儿童康复训练中心
汕头市福利社会工作服务中心

汕头市妇女社会组织促进会
汕头市海星社会工作服务中心
汕头市濠江区惠民社会工作服务中心
汕头市恒善公益电子商务培训中心
汕头市金平区裕虹抽纱刺绣研究院
汕头市蓝天义工协会
汕头市绿衡环保志愿者协会
汕头市陌桑子庐水上救援队
汕头市暖阳社会工作服务中心
汕头市蒲公英社会工作服务中心
汕头市特殊教育学校
汕头市物流行业协会
汕头市学康社会工作服务中心

潮州市：
潮州市潮安正道社会工作服务中心
潮州市恒爱社会工作服务发展中心
潮州市乐天德社会工作服务发展中心
潮州市饶平县大爱社会工作服务中心
潮州市湘桥区韩星社会工作服务中心
潮州市湘桥区启明星社会工作综合服务中心

揭阳市：
揭阳市揭东区爱联社区社工综合服务中心
揭阳市空港区榕鹏社区社工综合服务中心
揭阳市榕城区东升街道社区社工综合服务中心
揭阳市榕城区礼德社区社工服务中心
揭阳市榕城区养正社区社工综合服务中心
揭阳市阳光社会工作事务中心

最后，本调研组特别感谢郑丹纯女士和吴莎莎女士的沟通协调工作，以及来自中山大学、华南师范大学、汕头大学、广东财经大学、广东工业大学、北京师范大学珠海分校、广东白云学院、华南理工大学广州学院的18名学生调研员，在此一并答谢。

序

  潮汕地区可以说是广东省开展社会工作的后起之秀，深圳、广州、佛山、中山、东莞等地早在 2007 年已开始逐步推出各种社会工作服务政策与多样的社会工作服务模式，推动了当地社会工作从业人员与民办社会工作机构数目的快速增长。广东省各地多年来在摸索开展社会工作过程中所取得的多样化经验，也正好为潮汕地区提供了良好的参考与借鉴，使潮汕地区社会工作的开展少走弯路。

  由本研究报告可见，潮汕地区政府近年来对社会工作不断进行政策创新并增加资源投放，显示其对民生的日益重视。虽然当地社会工作服务项目发展的时间较短，且规模较小，但相关政府部门和汕头大学国家社会工作专业人才培训基地很有远见地引进研究团队，用较系统和客观的方式有条理地呈现了潮汕地区社会工作发展的数据，用科学的方法对研究资料进行分析和对比，从而深入反映了潮汕地区社会工作发展的具体情况。其中，本报告案例部分详细展现了潮汕地区社会工作服务项目的运作状况，提供了包括政府部门支持、服务形式发展、工作人员互动及其产生的正负面关系等丰富信息，我相信这些资料能够为其他城、镇、乡郊地区开展社会工作提供方法和策略上的借鉴。

  事实上，目前广东省内仍有大量地级市的社会工作开展情况与潮州、揭阳、汕头相似，人口为二百多万至五六百万不等，经济渐有发展，但乡转居的社会发展形态使社会治理问题变得越来越复杂，亟须创新应对手段，而持有社会工作的专业思维更加重要。在提升居民的自助和互助意识方面，社会工作能够帮助居民应对社会变迁对其生活——特别是家庭关系——所带来的影响。社会工作还可以鼓励居民主动参与地区建设，使公共资源更有效地促进城乡社区事务的建设，从而推动社区治理的创新。

本报告的研究资料显示，目前潮汕地区社会工作的发展已经涉及不少社区治理创新的基本元素，如居民义工发展、组织孵化、青少年问题疏理、妇女发展、居家养老等，但相关项目的规模较小，又以短期的资源投入为主，许多重要议题有待更多的探讨和总结，包括如何进行项目管理、如何合理划分基层政府和社工机构的角色功能、如何创造最适切的介入方法和可持续发展模式等。

本研究报告指出，潮汕地区社会工作正朝着社工机构与基层政府互补共益的方向发展，双方逐渐成为基层治理的协同者，同时社工机构亦能在一定程度上保持独立性和专业性，从而促使社区、社会组织和社工专业人才形成"三社联动"的资源平台，这是非常令人欣喜的发展势头。尽管"三社联动"概念在其他地区的发展蓝图中都有所提及甚至成为重点发展的模式，但其具体方案和真正成效仍有待总结。因此，潮汕地区若认同"三社联动"模式是恰当的发展方向，那么政府在做下一阶段的长远规划和顶层设计时便需要进行更周详的考虑，包括资金统筹与投放、服务项目定位、服务站点选取、设施配套、机构培育、社工人才队伍建设，以及基层政府和社工机构互补共益的机制设计、定期检讨与改进策略等。只有同时发展服务政策机制、保持服务平台稳定性、保障资金有序投入、加强人才与机构培育，才能真正达到社区治理创新的效果。

本研究报告概括而全面地记录和分析了潮汕地区社会工作发展第一阶段的情况，希望当地相关从业人士能够在此基础上总结发展经验，继续推动社工服务，潮汕地区社会工作下一阶段的发展很是令人期待！

罗观翠

中山大学社会学与人类学学院教授

2017 年 8 月

目 录

第一章 前言 ……………………………………………………… 1

第一篇 机构篇

第二章 机构情况 ………………………………………………… 11

第二篇 项目篇

第三章 项目基本情况 …………………………………………… 21
第四章 项目购买方 ……………………………………………… 29
第五章 指标完成及项目经费 …………………………………… 35

第三篇 人员篇

第六章 从业人员情况 …………………………………………… 45

第四篇 案例篇

第七章 由传统善堂到现代社会工作机构
　　——汕头市存心社会工作综合援助中心的发展之路 ……… 63

第八章　街道孵化社工机构，开创养老服务新局面
　　——潮州市湘桥区韩星社会工作服务中心 …………… 79

第九章　基层社区治理协同
　　——汕头市金平区同益街道社会工作站的发展模式 ……… 94

第十章　基层政府主导下的社会工作站发展之路
　　——汕头市澄海区莲下镇社会工作站的求索 ………… 107

第十一章　"三社联动"的服务资源平台建设
　　——揭阳市榕城区礼德社区社工综合服务中心 ………… 121

第十二章　自主运作型的社工机构发展模式
　　——潮州市湘桥区启明星社会工作综合服务中心 ………… 136

第十三章　总结与讨论 ………………………………………… 150

附录一　潮汕地区社会工作行业发展的重要文件
　　（2009～2017年） ……………………………………… 171

附录二　潮汕地区社会工作发展大事记 ……………………… 173

附录三　重要文件选编 ………………………………………… 192

第一章　前言

2006年，党的十六届六中全会通过了《中共中央关于构建社会主义和谐社会若干重大问题的决定》，明确指出"造就一支结构合理、素质优良的社会工作人才队伍，是构建社会主义和谐社会的迫切需要"，并做出"建设宏大的社会工作人才队伍"的战略部署。2011年，中央组织部、中央政法委、民政部等18个部门和组织联合发布了《关于加强社会工作专业人才队伍建设的意见》，为"造就一支高素质的社会工作专业人才队伍"提供了纲领性指导意见。2012年，民政部等19部委和群团组织印发了《社会工作专业人才队伍建设中长期规划（2011～2020年）》，对社会工作专业人才队伍建设提出明确要求：到2020年，社会工作专业人才总量增加到145万人。2015～2017年，中央连续三年将"社会工作"作为创新社会治理的重要手段写入政府工作报告，递进式地提出"发展—支持—促进专业社会工作"。由此可见，专业社会工作及其人才队伍建设受到党和政府的日益重视。

在党和政府的大力推动下，近年来我国专业社会工作得到了蓬勃的发展。据民政部统计，截至2016年底，全国各地在城乡社区和相关事业单位共开发设置了273446个社会工作专业岗位，成立了5880间民办社会工作服务机构（以下简称"社工机构"），在城乡社区和相关事业单位共设置社会工作服务站（科室、中心）13697个，2016年全国各地社会工作投入资金量达42.68亿元，比2015年增长66.23%[①]。

[①] 中华人民共和国民政部办公厅：《民政部办公厅关于2016年度社会工作和志愿服务政策规划落实情况的通报》（民办函〔2017〕30号）。

其中，广东省专业社会工作发展一直走在全国前列，在社会工作专业岗位数目、社工机构数目、资金投入等方面均列全国首位。据统计，截至2016年底，广东省共开发社会工作专业岗位23784个，占全国总量约9%；共成立1254间社工机构，占全国总量约21%；社会工作投入资金量超过14亿元，占全国总量约34%；另外，广东省共有59285人持有助理社会工作师和社会工作师资格证，社会工作专业人才队伍建设取得了瞩目的成就①。

然而，广东省专业社会工作发展仍然存在着区域不平衡的问题，相比珠三角地区，粤东西北地区的社会工作发展基础薄弱、发展程度较为落后。据有关地市民政局统计数据，截至2016年底，广东省共成立1254间社会工作服务机构，其中，珠三角地区为1111间，粤东西北地区则仅为143间；珠三角地区通过助理社工师和社会工作师资格考试的有36782人，粤东西北地区却仅有4444人，这体现出广东省各地社会工作发展的不平衡现状。

潮汕地区地处广东省东部沿海一带，其在地理概念上一般指潮州市、揭阳市、汕头市三个地级市。其中，潮州市处于韩江中下游地区，东与福建省的诏安县、平和县交界，西与广东省揭阳市的揭东区接壤，北连梅州市的丰顺县、大埔县，南临南海并通汕头市；揭阳市内有榕江穿流而过，东邻汕头市、潮州市，西接汕尾，南濒南海，北靠梅州市；汕头市作为经济特区，是东南沿海重要港口城市，它位于韩江三角洲南端，北接潮州，西邻揭阳，东南濒临南海。2015年底潮州市、揭阳市、汕头市的面积、人口等基本数据如表1-1所示，民生相关公共财政预算支出金额及比例则如表1-2所示。

---

① 中华人民共和国民政部办公厅：《民政部办公厅关于2016年度社会工作和志愿服务政策规划落实情况的通报》（民办函〔2017〕30号）。

表 1-1　2015 年底潮汕三市基本数据

地市	面积（平方公里）	常住人口（万人）	户籍人口（万人）	城镇化率（%）	GDP（亿元）	财政收入（亿元）
潮州市	3146	264.1	272.8	63.8	910.1	47.2
揭阳市	5240	605.89	701.68	50.89	1890	77.39
汕头市	2199	555.21	550.46	70.22	1868.03	131.26

资料来源：数据整理自潮州市统计局、国家统计局潮州调查队：《潮州统计年鉴2016》；揭阳市统计局、国家统计局揭阳调查队：《揭阳统计年鉴2016》；汕头市统计局、国家统计局汕头调查队：《汕头统计年鉴2016》。

表 1-2　2015 年潮汕三市民生相关公共财政预算支出金额及占预算支出合计比例

地市	社会保障和就业	医疗卫生	城乡社区事务	住房保障	公共财政预算支出合计
潮州市	19.01 亿元（12.88%）	15.58 亿元（10.56%）	4.06 亿元（2.75%）	—	147.60 亿元（100%）
揭阳市	33.64 亿元（12.15%）	40.42 亿元（14.60%）	6.43 亿元（2.32%）	9.74 亿元（3.52%）	276.88 亿元（100%）
汕头市	30.63 亿元（10.90%）	35.67 亿元（12.69%）	16.08 亿元（5.72%）	—	280.98 亿元（100%）

资料来源：数据整理自潮州市统计局、国家统计局潮州调查队：《潮州统计年鉴2016》；揭阳市统计局、国家统计局揭阳调查队：《揭阳统计年鉴2016》；汕头市统计局、国家统计局汕头调查队：《汕头统计年鉴2016》。

潮汕三市作为粤东地区重要的经济与人口重镇，近年来日益注重发展民生事业。截至 2016 年底，潮州市共有社会福利院 3 所，社会福利院床位数 1084 个；镇办敬老院 37 所，社区养老服务设施数 1019 个；全年共筹集社会福利资金 8403 万元，居民最低保障已保人数达 5.26 万人，全年发放救济金金额 1.36 亿元[①]。

2016 年揭阳市共有各类社会福利机构 107 个，床位 2.73 万

[①] 潮州市统计局：《2016 年潮州国民经济和社会发展统计公报》，http://www.gdcztjj.gov.cn/tjwj/tjgb/201703/t20170315_358649.html，2017。

张,供养 1413 人;共有城镇各种社区服务设施 635 个,其中社区服务中心 181 个,全年服务约 80 万人次;全年发放最低生活保障资金 4.34 亿元,救助低保户 16.39 万人①。

2016 年汕头市用于最低生活保障资金支出 3.21 亿元,获最低生活保障人数 10.08 万人,救助站救助人数 4499 人;社会福利院 11 处,收寄养 821 人;城镇及村办敬老院 44 个,收寄养 385 人②。

除了发展上述民生事业外,近年来潮汕地区各市政府相继出台了相关政策以推动专业社会工作的发展。潮州市于 2011 年颁布了《潮州市民政系统社会工作人才队伍建设试点工作指导意见》,开启了当地专业社会工作的发展历程,后又陆续出台《关于加强社会工作专业人才队伍建设的实施意见》《关于加强青少年事务社会工作专业人才队伍建设的意见》等文件,有力地推动了潮州市专业社会工作从无到有发展。据广东省民政厅统计,截至 2016 年底,潮州市共有 6 间民办社工机构,共有 134 人持有助理社工师和社会工作师资格证③。

揭阳市于 2011 年印发了《关于加强社会工作人才队伍建设的实施方案》,在后续几年内又颁布了《揭阳市社会工作岗位设置及社会工作专业人员薪酬待遇实施意见》《揭阳市民政局关于推进"三社联动"试点工作实施方案》《揭阳市民政局关于开展"专业社工全民义工"试点工作的通知》等文件。截至 2016 年底,揭阳市共有 7 间民办社工机构,共有 623 人持有助理社工师

---

① 揭阳市统计局、国家统计局揭阳调查队:《2016 年揭阳国民经济和社会发展统计公报》,http://www.jyrb.net.cn/content/20170408/detail217599.html,2017。

② 汕头市统计局、国家统计局汕头调查队:《2016 年汕头国民经济和社会发展统计公报》,http://sttj.shantou.gov.cn/tjgb/201704/t20170401_360082.html,2017。

③ 数据来自有关地市民政局统计。

和社会工作师资格证①。

汕头市于 2008 年开始组织社会工作者职业水平考试，并于同年成立了民政局社会工作人才队伍建设工作领导小组，从 2009 年开始先后出台了《关于在汕头民政系统开展社会工作人才队伍建设试点工作的通知》《开展汕头市社会工作专业服务项目示范创建活动的通知》《关于建立镇（街道）社会工作专业服务常态化运作机制的通知》等文件，有力推动了汕头市社会服务和社会工作人才队伍的蓬勃发展。截至 2016 年底，汕头市共有 20 间民办社工机构，共有 890 人持有助理社工师和社会工作师资格证②。

2016 年潮汕三市的民办社工机构数量和持有社会工作职业资格证书的人员数量分别如图 1-1 和图 1-2 所示。

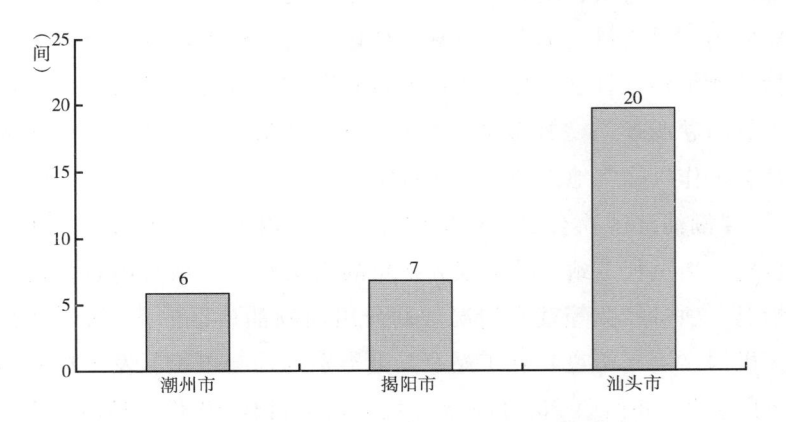

图 1-1 2016 年潮汕三市民办社会工作机构数量

为了更全面、清晰地描绘潮汕地区专业社会工作的发展轨迹，本书调研组于 2016 年 7 月至 2017 年 3 月对潮州市、揭阳市、汕头市的民办社会工作机构、镇（街道）社工站、其他类别的社

---

① 数据来自有关地市民政局统计。
② 数据来自有关地市民政局统计。

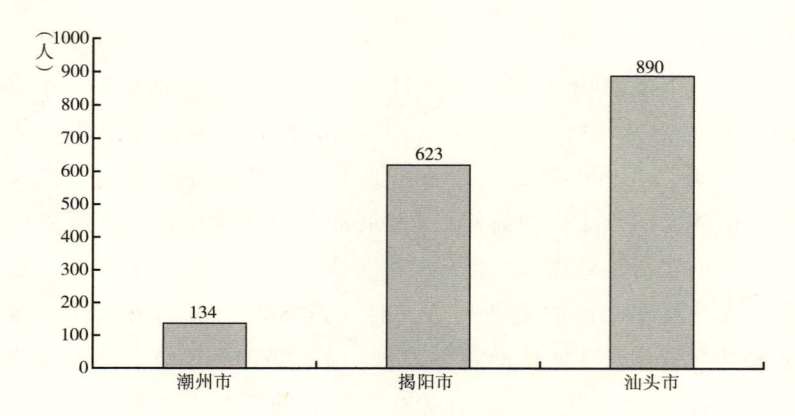

```
     (人)
    1000
                                                    890
     900
     800
     700
                                 623
     600
     500
     400
     300
     200    134
     100
       0
            潮州市              揭阳市              汕头市
```

图 1-2　2016 年潮汕三市持有社会工作职业资格证人员数量

会组织及其社会工作从业人员进行了综合调查，力求为相关政府部门、社会组织、从业人员、专家学者提供潮汕地区社会工作发展的第一手资料。本次针对潮汕地区社会工作发展的综合调查包括"潮汕地区社会工作机构问卷调查"、"潮汕地区社会工作从业人员问卷调查"、"社会工作发展座谈会及访谈"以及"潮汕地区社会工作机构实地走访"4 个部分。

"潮汕地区社会工作机构问卷调查"内容涵盖潮汕地区社工机构、街道社工站、社会服务组织的人员数量、项目内容、指标情况、项目经费等基本情况。调研组向潮汕地区的 50 间民办社工机构、镇（街道）社工站及其他类别的社会组织派发了机构调查问卷[①]，并回收 36 份问卷，其中社工机构 19 份，镇（街道）社工站 4 份，其他类别的社会组织 13 份，回收率为 72%。

"潮汕地区社会工作从业人员问卷调查"的调查对象为在社工机构及镇（街道）社工站中实际从事社会工作服务岗位的人

---

① 在本书中，"社工机构"是指经当地民政局批准注册、具有独立法人资格，并专门从事社会服务工作的民办非企业单位。"其他类别的社会组织"可为基金会、社会团体、民办非企业单位等，但所从事的业务范围并非社会服务，如环境保护、心理辅导、志愿服务等。"社工站"则为镇（街）直接管理运营的站点，为社区内的居民提供社会服务，但不具备独立法人资格。

员,包括主任、主管(如中心主任、助理主任、项目主管等)、一线社工以及社工助理等,而财务人员、行政后勤、志愿者等则不属于本次调查的范畴。该调查的内容包括社工从业人员的性别、年龄、岗位、文化程度、专业教育背景、资格证书持有情况、从业年限、工资、稳定情况等。调研组共对潮汕地区55间社工机构、镇(街道)社工站及其他类别的社会组织的203名社会工作从业人员派发了问卷,共回收39间社工机构、镇(街道)社工站及其他类别的社会组织的170份问卷,回收率为84%。

"社会工作发展座谈会及访谈"的调查对象包括潮汕地区的社工机构负责人、行业协会负责人以及相关政府部门领导等,调查内容包括当地专业社会工作发展历程、社会工作发展面临的困难、推动地区社会工作发展的建议等。调研组共进行了5次座谈会、8次访谈,收集到大量潮汕地区社会工作一线从业者及相关政府部门领导对地区社会工作发展的意见。

"潮汕地区社会工作机构实地走访"旨在通过实地走访的方式深入了解潮汕地区社工机构及镇(街道)社工站的发展历程、服务内容、特点优势、面临的困难、未来发展规划等内容,从而更深入地探讨潮汕地区社会工作的实际发展情况。调研组共对5间社工机构、2个镇(街道)社工站、3个其他类别的社会组织(项目)进行了实地走访,并将其中4间社工机构和2个镇(街道)社工站的资料整理编写为社工发展案例进行深入分析。

基于以上调查资料,本书分别从机构篇(机构基本情况)、项目篇(项目基本情况、项目购买方、指标完成情况及项目经费)、人员篇(从业人员情况)以及案例篇共四部分报告潮汕地区社会工作行业发展的状况。本书最后一章总结了潮汕地区发展专业社会工作的现状与经验,并对进一步推动潮汕地区专业社会工作发展提出了建议。

第一篇
机构篇

第二章 机构情况

本章将介绍历年潮汕地区社工机构的总体数目及发展情况、社工机构所承接的项目数量、社工机构所承接项目的经费等情况，指出潮汕地区社工机构的发展处于总体数量较少，承接项目数量偏少，承接项目经费不高的初级阶段。

一 历年各地市社工机构数量

据统计，2013年底，潮州市有2间社工机构。

2014年底，汕头市有5间社工机构，潮州市有3间社工机构，揭阳市有1间社工机构。

2015年底，汕头市有8间社工机构，潮州市有4间社工机构，揭阳市有3间社工机构。

2016年底，汕头市有20间社工机构，潮州市有6间社工机构，揭阳市有7间社工机构。

具体情况见图2-1。

二 抽样社工机构数目

2016年7月，共有19间潮汕地区社工机构参与调研。其中，汕头市有7间机构（占总数的36.8%），潮州市有6间机构（占31.6%），揭阳市有6间机构（占31.6%），如图2-2所示。另外，汕头市还有13间其他类别的社会组织和4个镇（街道）社工站参与了调研。

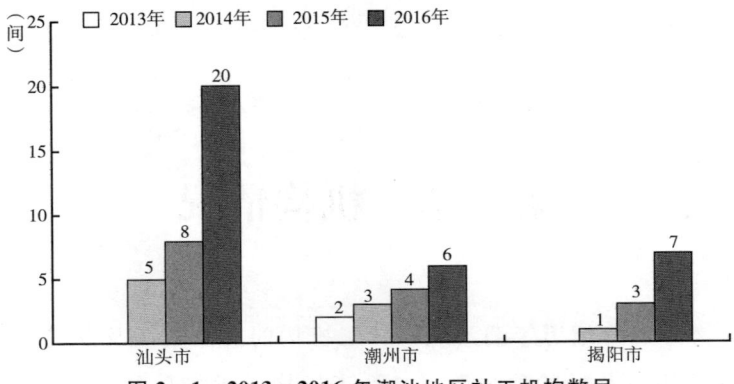

图 2-1　2013~2016 年潮汕地区社工机构数目

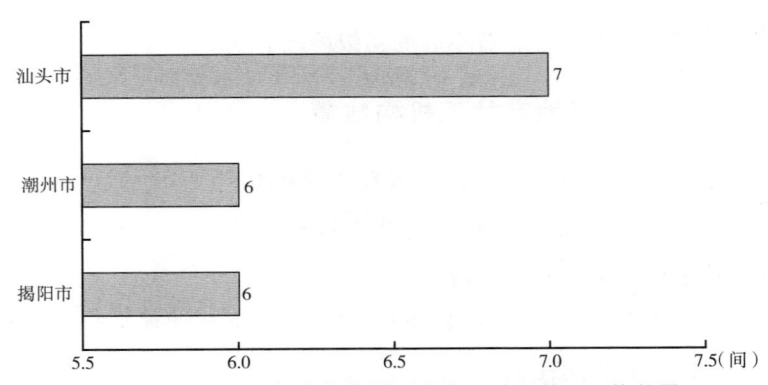

图 2-2　2016 年 7 月参与调研的潮汕地区社工机构数量

三　社工机构所承接的项目数量

根据参与问卷调查的 19 间机构所提供的资料：2013 年 7 月至 2016 年 7 月，这些社工机构共承接各类项目 52 个①。在这些项目中，占总数 26.3% 的机构（5 间）承接了 1 个项目，占总数 21.1% 的机构（4 间）承接了 2 个项目，占总数 21.1% 的机构（4 间）承接了 3 个

---

① 项目数量的统计以正式签约为准。如某个周期为 1 年的项目在 2013 年度开展，周期结束后于 2014 年正式续约，则算 2 个项目。如果周期大于 1 年，至调研时签约周期尚未结束，则算 1 个项目。因此，该 52 个项目包含已结项和正在运行的项目。

项目，占总数21.1%的机构（4间）承接了4个项目，占总数5.3%的机构（1间）承接了5个项目，占总数5.3%的机构（1间）承接了6个项目（见图2-3）。

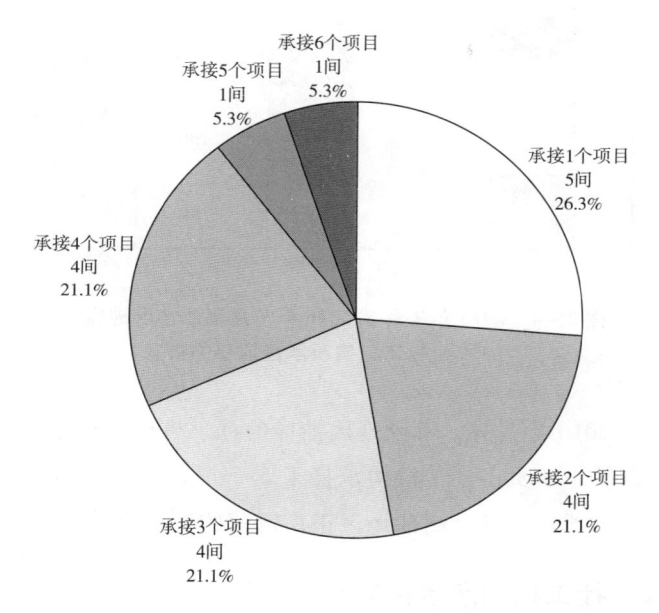

图2-3　2013年7月至2016年7月潮汕地区抽样的社工机构所承接项目的情况

如图2-4所示，按区域统计，在汕头市社工机构中，占总数28.6%的机构（2间）承接了1个项目，占总数42.9%的机构（3间）承接了3个项目，占总数28.6%的机构（2间）承接了4个项目。

在潮州市社工机构中，占总数33.3%的机构（2间）承接了2个项目，占总数16.7%的机构（1间）承接了3个项目，占总数33.3%的机构（2间）承接了4个项目，占总数16.7%的机构（1间）承接了6个项目。

在揭阳市社工机构中，占总数50.0%的机构（3间）承接了1个项目，占总数33.3%的机构（2间）承接了2个项目，占总数16.7%的机构（1间）承接了5个项目。

潮汕地区社会工作发展报告

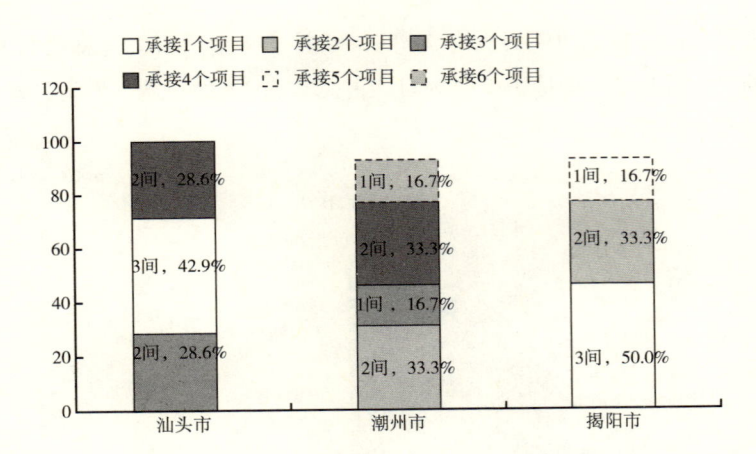

图 2-4 2013 年 7 月至 2016 年 7 月潮汕地区抽样的
社工机构所承接项目的情况

截至 2016 年 7 月，潮汕地区抽样的社工机构正在运营的项目共 7 个，其中汕头市社工机构承接了 5 个项目，潮州市社工机构承接了 2 个项目。可见潮汕地区正在运营的项目数量较少。

四 社工机构所承接项目的经费

在所抽样的社工机构中，有 13 间填写了 2013 年 7 月至 2016 年 7 月期间项目的具体经费情况。这 13 间社工机构在这段期间合计承接 38 个项目，共 302.3 万元经费。其中，承接项目总经费最少的机构只有 4 万元，最多的为 55.2 万元，平均每个机构承接项目总经费约 23.3 万元。

承接各类项目的总经费为 10 万元以下的机构有 4 间，占填写项目经费机构总数的 30.8%；承接各类项目的总经费为 10 万~20 万元（不含 20 万元）的机构为 4 间，占 30.8%；承接各类项目的总经费为 20 万~30 万元（不含 30 万元）的机构为 2 间，占 15.4%；承接各类项目的总经费为 30 万元及以上的机构为 3 间，占 23.1%（见图 2-5）。

截至 2016 年 7 月，潮汕地区抽样的社工机构正在运营的项目

第二章 机构情况

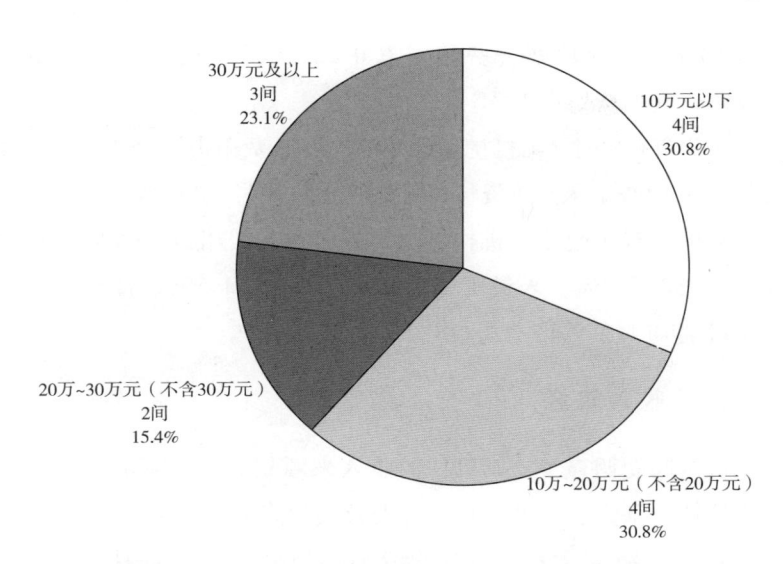

图 2-5 2013年7月至2016年7月潮汕地区抽样的社工机构所承接项目的总经费情况

共7个,由6间社工机构(占调研机构数的31.6%)承接,承接各类项目的总经费均为10万元以下。可见潮汕地区正在运营的项目金额较少。

五 社工机构实际支出比

实际支出比用于显示社工机构在细项支出中的情况。它是指:项目各种名目(如服务,日常办公,人员工资与福利,督导及培训,宣传、税费与评估,其他)的实际支出占总支出经费的比例。

对于2015年7月至2016年7月实际支出比的情况,共有7间机构(含16个服务项目)做了填答。这16个项目实际支出比如下:服务费用占29.7%,日常办公费用占10.0%,人员工资与福利费用占41.8%,督导及培训费用占8.5%,宣传、税费与评估占9.5%,其他费用占0.5%。

在地市分布方面,汕头市有2间社工机构做了填答。服务费用占63.8%，日常办公费用占6.0%，人员工资与福利费用占28.8%，其他费用占1.4%。

潮州市有2间社工机构做了填答。服务费用占34.5%，日常办公费用占9.0%，人员工资与福利费用占55.8%，其他费用占0.7%。

揭阳市有3间社工机构做了填答。服务费用占19.4%，日常办公费用占7.0%，人员工资与福利费用占53.5%，督导及培训费用占20.1%，其他费用占0.2%。

六 收入来源

机构问卷调查将社工机构的收入来源划分为四部分：政府购买或扶持、基金会资助、自筹经费及其他来源。

对于2015年7月至2016年7月的情况，有13间社工机构做了填答。77.8%的机构收入来源于政府购买或扶持，5.6%的收入来源于基金会资助，8.7%的收入来源于自筹经费，7.9%的收入来源于其他。值得注意的是，有6间社工机构（占机构填答总数的46.2%）的收入全部依赖政府购买或扶持。另外，基金会资助部分100%来源于李嘉诚基金会。

在地市分布方面，汕头市有5间社工机构做了填答。52.2%的机构收入来源于政府购买或扶持，24.7%的收入来源于基金会资助，23.2%的收入来源于自筹经费。

潮州市有4间社工机构做了填答。97.5%的机构收入来源于政府购买或扶持，2.6%的收入来源于其他。

揭阳市有4间社工机构做了填答。51.3%的机构收入来源于政府购买或扶持，16.6%的收入来源于自筹经费，32.2%的收入来源于其他。

七 义工/志愿者队伍建设

共有19间社工机构填写了该方面的情况。2015年，潮汕地区社工机构建立了28支义工/志愿者队伍，包含义工/志愿者

1974人，合计开展40次义工/志愿者培训。2016年上半年，累计建立128支义工/志愿者队伍，包含义工/志愿者6095人，合计开展163次培训。

在地市分布方面，各地社工机构建设义工/志愿者队伍的情况如表2-1所示。

2015年，汕头市7间社工机构拥有义工/志愿者队伍1支，义工/志愿者25人，开展义工/志愿者培训1次。2016年上半年，累计义工/志愿者队伍101支，义工/志愿者3265人，开展义工/志愿者培训107次。

2015年，潮州市6间社工机构拥有义工/志愿者队伍21支，义工/志愿者1731人，开展义工/志愿者培训26次。2016年上半年，累计义工/志愿者队伍24支，拥有义工/志愿者2532人，开展义工/志愿者培训36次。

2015年，揭阳市6间社工机构拥有义工/志愿者队伍6支，义工/志愿者218人，开展义工/志愿者培训13次。2016年上半年，累计义工/志愿者队伍3支，拥有义工/志愿者298人，开展义工/志愿者培训20次。

表2-1 2015年与2016年上半年各地市社工机构累计建设义工/志愿者队伍的情况

	义工/志愿者队伍（支）		义工/志愿者数（人）		义工/志愿者培训（次）	
	2015年	2016年上半年	2015年	2016年上半年	2015年	2016年上半年
汕头市	1	101	25	3265	1	107
潮州市	21	24	1731	2532	26	36
揭阳市	6	3	218	298	13	20

八 小结

从上文可知，潮汕地区社工机构处于总体数量较少、发展较缓慢的初级阶段。

潮汕地区社工机构承接项目的数量和经费偏少。截至2016年7月，抽样显示正在运营项目的机构数量较少（仅占调研机构数的31.6%），而且正在运营的项目数量亦较少（仅有7个），项目金额偏低（各项目经费仅为10万元以下）。由此可见，当前潮汕地区的社工机构以小型规模为主，存在颇重的生存压力。

另外，潮汕地区社工机构在2015年7月至2016年7月的实际支出比例有待完善，人员工资与福利费用仅占4成，所占比例较低。近五成对收入来源做填答的社工机构收入全部来自政府，收入来源较为单一。基金会是潮汕地区社工机构的重要资金来源（占5.6%）。在义工/志愿者队伍建设方面，截至2016年上半年，累计建立128支义工/志愿者队伍，包含义工/志愿者6095人，合计开展163次培训，社工与义工/志愿者联动情况良好。

第二篇

项目篇

第三章 项目基本情况

本章从项目的类型、周期和评估结果三个方面,指出潮汕地区社会服务项目呈类型多样化、服务范围不断拓展等特点;但同时亦存在项目类型不够全面、项目周期较短、项目评估的规范化和标准化建设不足等需改善的地方。

一 项目类型

(一) 总体情况

2010年7月至2016年7月,共有19间社工机构、4个其他类别的社会组织、4个镇(街道)社工站填写了项目开展情况。经统计,这些样本合计开展了82个项目,其中71个项目报告了服务类型,合计12个类型:长者、青少年、妇女、残障、组织孵化、低保、优抚双拥、社区文康服务、婚姻、社区矫正、外来工和综合服务[①]。

在这71个项目中,长者项目有17个(占23.9%);青少年项目有17个(占23.9%);妇女项目有5个(占7.0%);残障项目有9个(占12.7%);组织孵化项目有2个(占2.8%);低保项目有3个(占4.2%);优抚双拥项目有3个(占4.2%);社区文康服务项目有4个(占5.6%);婚姻项目有2个(占2.8%);社区矫正项目有2个(占2.8%);外来工项目有2个(占2.8%);综合服务项目有5个(占7.0%)(见图3-1)。

---

① 综合服务类型是指同时服务多类群体的服务。

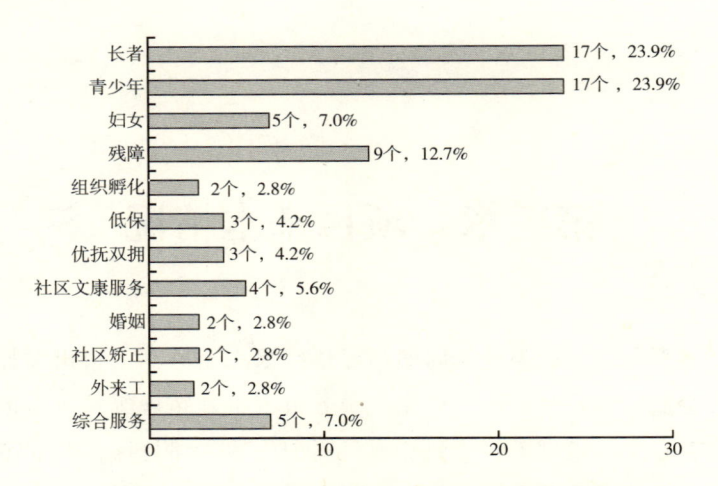

```
长者           17个, 23.9%
青少年         17个, 23.9%
妇女           5个, 7.0%
残障           9个, 12.7%
组织孵化       2个, 2.8%
低保           3个, 4.2%
优抚双拥       3个, 4.2%
社区文康服务   4个, 5.6%
婚姻           2个, 2.8%
社区矫正       2个, 2.8%
外来工         2个, 2.8%
综合服务       5个, 7.0%
```

图3-1 2010年7月至2016年7月潮汕地区社会服务项目的类型

（二）历年情况

有60个项目报告了其开展年份，按年份统计，可以得知如下。

2010年，潮汕地区共开展1项社会服务，均是残障服务（1个，占100%）。

2011年，潮汕地区共开展1项社会服务，均是青少年服务（2个，占100%）。

2012年，潮汕地区共开展1项社会服务，均是青少年服务（2个，占100%）。

2013年，潮汕地区共开展4项社会服务，分别是：青少年（2个，占33.3%）、妇女（2个，占33.3%）、组织孵化（1个，占16.7%）、综合服务（1个，占16.7%）。

2014年，潮汕地区共开展5项社会服务，分别是：长者（3个，占33.3%）、青少年（1个，占11.1%）、妇女（3个，占33.3%）、残障（1个，占11.1%）、组织孵化（1个，占11.1%）。

2015年，潮汕地区共开展8项社会服务，分别是：长者（6个，占28.6%）、青少年（3个，占14.3%）、残障（5个，占

23.8%）、低保（1个，占4.8%）、优抚双拥（2个，占9.5%）、社区文康服务（2个，占9.5%）、社区矫正（1个，占4.8%）、综合服务（1个，占4.8%）。

2016年上半年，潮汕地区共开展7项社会服务，分别是：长者（4个，占21.1%）、青少年（6个，占31.6%）、残障（1个，占5.3%）、婚姻（2个，占10.5%）、社区矫正（1个，占5.3%）、外来工（2个，占10.5%）、综合服务（3个，15.8%）（见图3-2）。

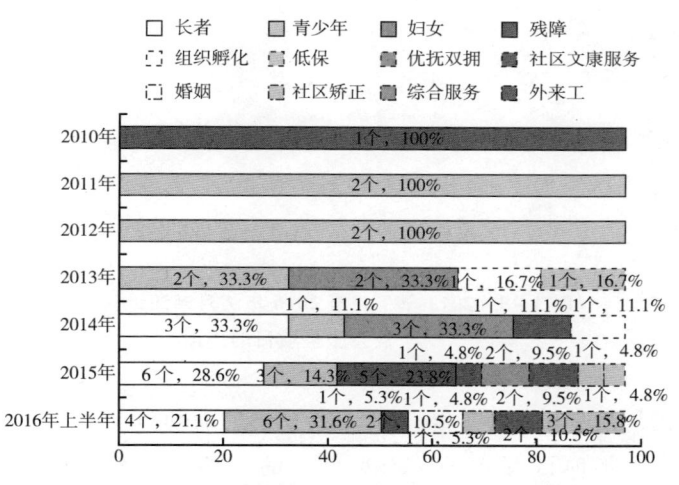

图3-2 2010年至2016年上半年潮汕地区开展社会服务项目的类型

二 项目周期

有54个项目报告了2013年7月至2016年7月期间其周期的情况。13.0%（7个）的项目周期不足1年，77.8%（42个）的周期仅为1年，1.9%（1个）的周期为1.5年，3.7%（2个）的周期为2年，3.7%（2个）的周期为4年。由此可见，接近91%的项目周期为1年及以下，只有5个项目的周期能达到1年以上（见图3-3）。

如图3-4所示，按项目类型统计，长者项目有13.3%（2

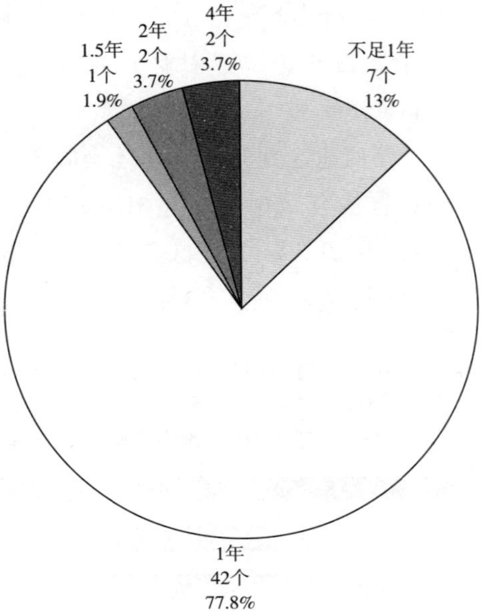
4年
2个
3.7%
2年
2个
3.7%
1.5年
1个
1.9%
不足1年
7个
13%
1年
42个
77.8%

图 3－3　2013 年 7 月至 2016 年 7 月潮汕地区社会服务项目的周期

个）的周期少于 1 年，86.7%（13 个）的周期为 1 年。

青少年项目有 66.7%（8 个）的周期为 1 年，16.7%（2 个）的周期为 2 年，16.7%（2 个）的周期为 4 年。

妇女项目 100%（5 个）的周期为 1 年。

残障项目有 25.0%（2 个）的周期少于 1 年，75.0%（6 个）的周期为 1 年。

组织孵化项目 100%（2 个）的周期为 1 年。

优抚双拥项目有 50.0%（1 个）的周期少于 1 年。另外，50.0%（1 个）的周期为 1 年。

社区文康服务项目 100%（1 个）的周期为 1 年。

婚姻项目有 50.0%（1 个）的周期少于 1 年。另外，50.0%（1 个）的周期为 1 年。

社区矫正项目有 50.0%（1 个）的周期少于 1 年。另外，

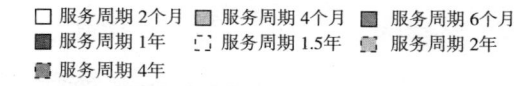

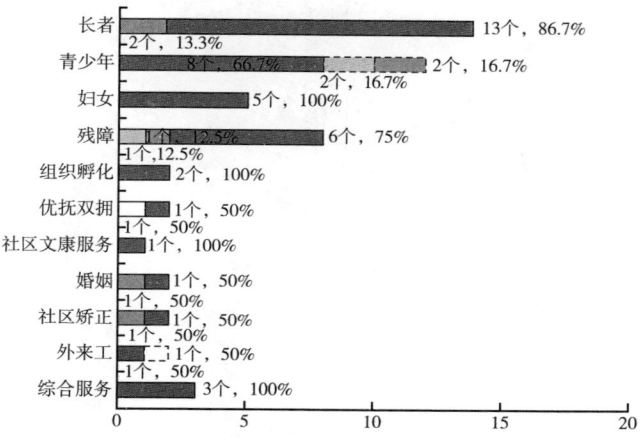

图例：
- 服务周期2个月
- 服务周期4个月
- 服务周期6个月
- 服务周期1年
- 服务周期1.5年
- 服务周期2年
- 服务周期4年

类型	数据
长者	2个，13.3%；13个，86.7%
青少年	8个，66.7%；2个，16.7%；2个，16.7%
妇女	5个，100%
残障	1个，12.5%；1个，12.5%；6个，75%
组织孵化	2个，100%
优抚双拥	1个，50%；1个，50%
社区文康服务	1个，100%
婚姻	1个，50%；1个，50%
社区矫正	1个，50%；1个，50%
外来工	1个，50%；1个，50%
综合服务	3个，100%

图 3-4　2013 年 7 月至 2016 年 7 月潮汕地区不同社会服务项目类型的周期情况

50.0%（1个）的周期为 1 年。

外来工项目有 50%（1个）的周期为 1 年，另外，50.0%（1个）的周期为 1.5 年。

综合服务项目有 100%（3个）的周期为 1 年。

截至 2016 年 7 月，共有 7 个正在运营的社会服务项目报告了项目周期的情况，项目周期均为 1 年。

三　评估结果

共有 35 个项目报告了其接受评估的情况。2013 年 7 月至 2016 年 7 月，潮汕地区有 7 个项目在其项目周期内从未接受过评估（占填答项目总数的 20.0%），有 14 个项目（占 40.0%）在其项目周期内接受过 1 次评估，13 个项目（占 37.1%）接受过 2 次评估，1 个项目（占 2.9%）接受过 3 次评估（见图 3-5）。

评估3次
1个
2.9%

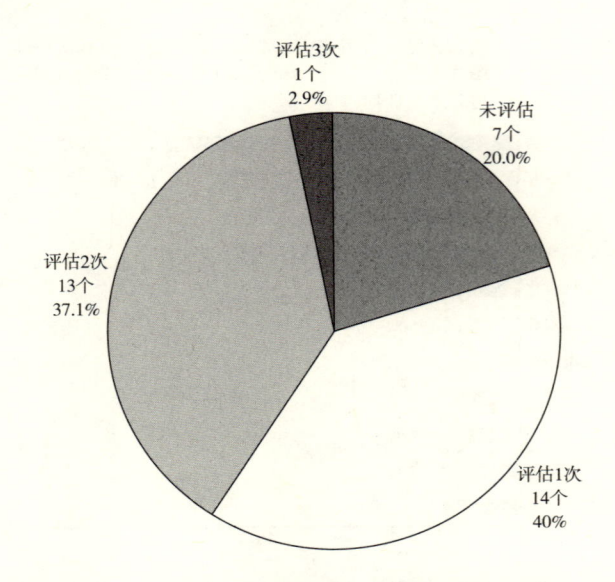

未评估
7个
20.0%

评估2次
13个
37.1%

评估1次
14个
40%

图3-5　2013年7月至2016年7月潮汕地区社会服务项目接受评估的情况

在这35个项目中，有22个接受过评估的项目是由第三方评估机构或购买方进行监督的。[①] 这些评估方包括：省级社会团体（评估4个项目，占受评项目总数的18.2%）；市级社会团体（10个项目，占45.5%）；各级社工委（1个项目，占4.5%）；镇街或村居（1个项目，占4.5%）；基金会（5个项目，占22.7%）；其他社会组织（1个项目，占4.5%）（见图3-6）。

另外，有14个项目报告了其评估等级（见图3-7）。2014年有6个项目报告了评估等级，其中5个项目（占83.3%）获得良好等级，1个项目（占16.7%）获得及格等级。

2015年，有6个项目报告了评估等级，其中1个项目（占16.7%）获得优秀等级，3个项目（占50%）获得良好等级，1

---

① 有6个曾接受过评估的项目没有填写评估方的信息，不纳入统计。

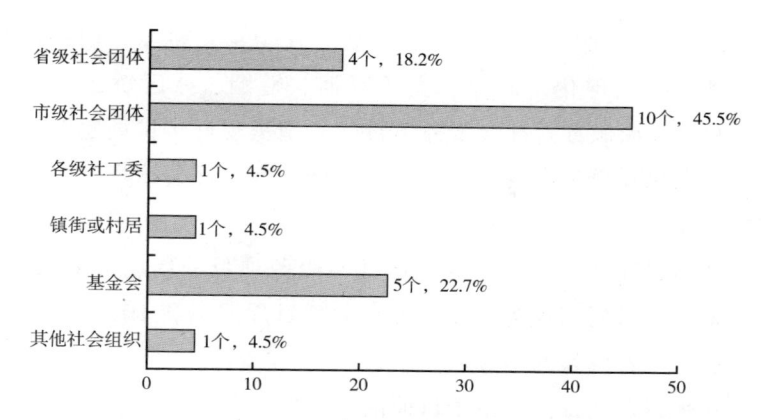

图 3-6　2013 年 7 月至 2016 年 7 月潮汕地区社会服务
项目的评估方情况

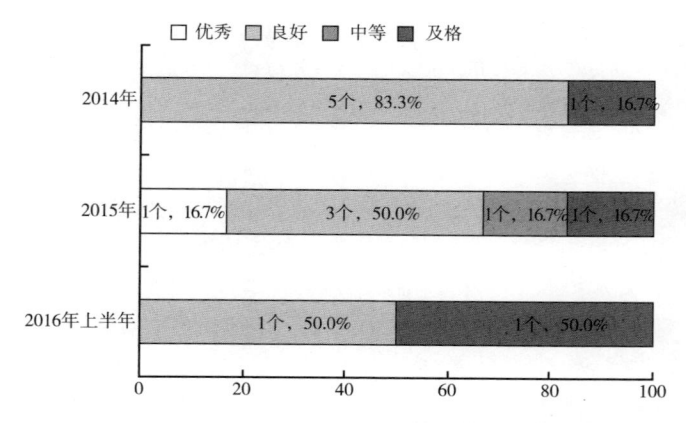

图 3-7　2014 年至 2016 年上半年潮汕地区社会服务项目
的评估等级情况

个项目（占 16.7%）获得中等等级，1 个项目（占 16.7%）获得及格等级。

2016 年上半年，有 2 个项目报告了评估等级，其中 1 个项目（占 50%）获得良好等级，1 个项目（占 50%）获得及格等级。

四　小结

从上文可知，潮汕地区社会服务项目类型较多，目前已开展了12个类型的服务，分别为：长者、青少年、残障、妇女、综合服务、组织孵化、低保、优抚双拥、婚姻、社区矫正、外来工、社区文康服务。社会服务项目的类型呈现逐年扩展趋势，这些项目在保障民生底线、维护社会和谐、推动社会治理上发挥了积极的作用。

在项目周期方面，潮汕地区社会服务项目的周期普遍较短，77.8%的项目周期仅为1年。较短的项目周期不利于项目的可持续发展及项目成效的彰显。

在项目评估方面，由于目前潮汕地区以不同评估主体来划分评估等级，因此出现了不同的评估标准和不同的评估结果，服务评估的规范化、标准化有待提高，第三方评估机制有待进一步完善。

第四章 项目购买方

本章按不同地市、不同社会服务项目类型来分析项目购买方的情况，指出潮汕地区社会服务项目的购买方多样化，体现了各级政府部门和社会力量对社会工作行业发展的支持。本章把项目购买方的种类划分为：各级政府职能部门（如民政、环保等）、事业单位（如军休所、福利院/养老院等）、各级群团组织（如各级团委、妇联等）、镇街或村居、市内外社会组织。从而指出，各级政府职能部门尤其是各级民政部门，是潮汕地区社会服务项目的主要购买方。潮汕地区仍需鼓励更多的公共部门、社会力量投入到社会服务的购买中，进一步加大对社会工作行业发展的支持，推动社会工作行业的发展。

一　总体情况

2013年7月至2016年7月，机构问卷调查共获得潮汕地区19间社工机构、4个其他类别的社会组织、4个镇（街道）社工站的43个社会服务项目的购买方情况。这些项目购买方可被划分为：各级政府职能部门、事业单位、各级群团组织、镇街或村居、市内外社会组织。

在这些项目中，购买方属于各级政府职能部门：各级社工委有2个，占4.7%；各级民政部门有22个，占51.2%；各级环保部门有2个，占4.7%。

项目购买方属于各级群团组织：各级团委有1个，占2.3%；各级妇联有1个，占2.3%。

项目购买方属于各类事业单位：福利院/养老院有2个，占4.7%；各级军休所有3个，占7%。

项目购买方属于镇街或村居的项目有2个，占4.7%。

项目购买方属于市内外社会组织：市内社会组织有6个，占14%；市外社会组织有2个，占4.7%。[①]

具体如图4-1所示。

类别	数量及占比
各级社工委	2个，4.7%
各级民政部门	22个，51.2%
各级环保部门	2个，4.7%
各级团委	1个，2.3%
各级妇联	1个，2.3%
军休所	3个，7.0%
福利院/养老院	2个，4.7%
镇街或村居	2个，4.7%
市内社会组织	6个，14.0%
市外社会组织	2个，4.7%

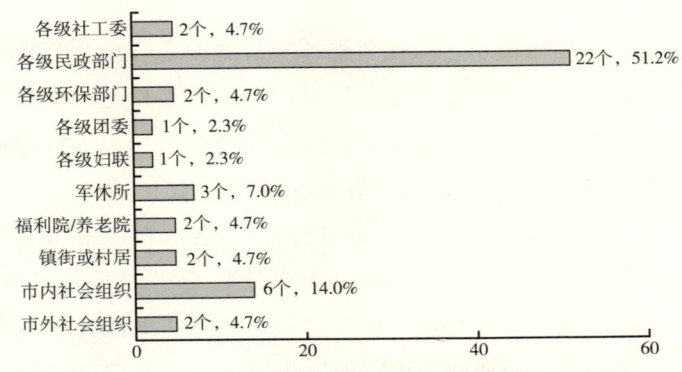

图4-1 2013年7月至2016年7月潮汕地区社会服务项目的购买方情况

截至2016年7月，潮汕地区共有5个正在运营的项目报告了购买方种类，其中购买方属于社工委的有1个，占20%；各级民政部门有3个，占60%；军休所有1个，占20%。另外2个项目缺乏相关信息，不纳入统计。

按地市统计，汕头市有28个项目报告了购买方种类，其中购买方属于社工委的有2个，占7.1%；各级民政部门有15个，占53.6%；各级环保部门有2个，占7.1%；军休所有1个，占3.6%；福利院/养老院有1个，占3.6%；各级妇联有1个，占3.6%；市内社会组织有6个，占21.4%。

潮州市有13个项目报告了购买方种类，其中购买方属于各

[①] 市内外社会组织包括李嘉诚基金会、广东省社会工作师联合会、广东省志愿者协会等。

级民政部门有 6 个，占 46.2%；各级团委有 1 个，占 7.7%；军休所有 2 个，占 15.4%；福利院/养老院有 1 个，占 7.7%；镇街或村居 1 个，占 7.7%；市外社会组织有 2 个，占 15.4%。

揭阳市有 2 个项目报告了购买方种类，其中购买方属于各级民政部门有 1 个，占 50%；镇街或村居有 1 个，占 50%。

二 购买方与项目类型的情况

（一）总体情况①

长者类型的购买方包括：各级社工委（1 个，占 7.7%）；各级民政部门（9 个，占 69.2%）；各级军休所（2 个，占 15.4%），镇街或村居（1 个，占 7.7%）。

青少年类型的购买方包括：各级民政部门（1 个，占 16.7%）；各级团委（1 个，占 16.7%）；福利院/养老院（2 个，占 33.3%）；市内社会组织（1 个，占 16.7%）；市外社会组织（1 个，占 16.7%）。

妇女类型的购买方包括：各级民政部门（1 个，占 25.0%）；市内社会组织（3 个，占 75.0%）。

残障类型的购买方包括：各级社工委（1 个，占 14.3%）；各级民政部门（5 个，占 71.4%）；市内社会组织（1 个，占 14.3%）。

组织孵化类型的购买方包括：各级民政部门（1 个，占 50.0%）；各级妇联（1 个，占 50.0%）。

优抚双拥类型的购买方包括：各级民政部门（1 个，占 50.0%）；军休所（1 个，占 50%）。

社区文康服务类型的购买方包括：各级环保部门（2 个，占

---

① 有 1 个项目只提供项目类型，没有提供购买方信息，因此该部分所列项目总数为 42 个。

100%）。

婚姻类型的购买方包括：各级民政部门（1个，占50.0%）；市内社会组织（1个，占50.0%）。

社区矫正类型的购买方包括：各级民政部门（1个，占100%）。

综合服务类型的购买方包括：各级民政部门（2个，占66.7%）；镇街或村居（1个，占33.3%）①。

具体如图4-2所示。

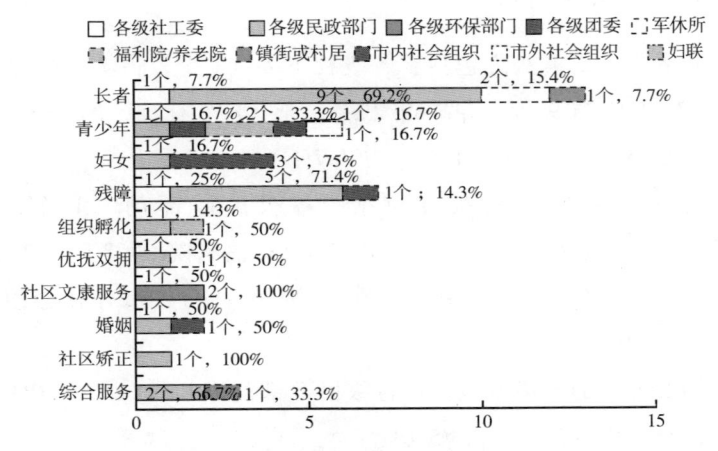

图4-2 2013年7月至2016年7月潮汕地区不同类型社会服务项目的购买方情况

截至2016年7月，潮汕地区共有4种类型正在运营的项目报告了购买方种类。长者类型的购买方为社工委（1个项目）、各级民政部门（1个项目），残障类型的购买方为各级民政部门（1个项目），婚姻类型的购买方为各级民政部门（1个项目），优抚双拥类型的购买方为军休所（1个项目），其余项目类型欠缺相关资料，不纳入统计。

---

① 数量表示该购买方购买该类型的项目数（个），百分比是指该购买方购买该类型的项目数占该类型项目总数的比例。

(二) 各市情况

1. 汕头市

在汕头市开展的社会服务项目中,长者类型的购买方包括:各级社工委(1个,占14.3%);各级民政部门(5个,占71.4%);各级军休所(1个,占14.3%)。

青少年类型的购买方包括:各级民政部门(1个,占33.3%);福利院/养老院(1个,占33.3%);市内社会组织(1个,占33.3%)。

妇女类型的购买方包括:各级民政部门(1个,占25.0%);市内社会组织(3个,占75.0%)。

残障类型的购买方包括:各级社工委(1个项目,占14.3%);各级民政部门(5个,占71.4%);市内社会组织(1个,占14.3%)。

组织孵化类型的购买方包括:各级民政部门(1个,占50.0%);各级妇联(1个,占50.0%)。

社区文康服务类型的购买方包括:各级环保部门(2个项目,占100%)。

婚姻类型的购买方包括:各级民政部门(1个,占50.0%);市内社会组织(1个,占50.0%)。

综合服务类型的购买方包括:各级民政部门(1个,占100%)。

2. 潮州市

在潮州市开展的社会服务项目中,长者类型的购买方包括:各级民政部门(4个,占66.7%);各级军休所(1个,占16.7%);镇街或村居(1个,占16.7%)。

青少年类型的购买方包括:各级团委(1个,占33.3%);福利院/养老院(1个,占33.3%);市外社会组织(1个,占33.3%)。

优抚双拥类型的购买方包括：各级民政部门（1个项目，占50%）；各级军休所（1个项目，占50%）。

社区矫正类型的购买方包括：各级民政部门（1个项目，占100%）。

3. 揭阳市

在揭阳市开展的社会服务项目中，综合服务类型的购买方包括：各级民政部门（1个，占50.0%）；镇街或村居（1个，占50.0%）。

三　小结

本章指出潮汕地区社会服务项目的购买方多样化，体现了各级政府部门和社会力量对本地社会工作行业发展的支持。其中各级民政部门是潮汕地区最主要的购买方，其购买项目的数量占总购买量的51.2%。另外，市内外社会组织尤其是基金会也积极推动了当地社会服务发展。潮汕地区应鼓励相关职能部门积极探索购买社会服务项目，拓宽社会服务项目的购买渠道，以推动社会工作行业的发展。

在购买方与项目类型的关系方面，各级民政部门是长者类型、残障类型、组织孵化类型、优抚双拥类型、婚姻类型、社区矫正类型、综合服务类型的主要购买方。市内社会组织是妇女类型、婚姻类型的主要购买方。各级环保部门是社区文康服务类型的主要购买方。福利院/养老院是青少年类型的主要购买方。军休所是优抚双拥类型的主要购买方。各级妇联是组织孵化类型的主要购买方。各主要购买方可进一步探索制定相关项目评估监督标准，进一步推动该项目类型的发展。

第五章 指标完成及项目经费

本章从项目指标完成情况、各购买方的项目经费、各类型项目的经费、购买方与各类型项目的经费情况这四个方面,介绍潮汕地区社会服务项目的服务产出和经费状况。本章指出,项目购买方的多样化,体现了各级政府部门和社会力量(主要是基金会)对本地社会工作行业发展的支持。但是社会服务仍需提高质量管理监控水平,购买方的购买力度仍有待加大,潮汕地区仍需鼓励更多的购买方投入到社会服务的购买中。

一 指标完成

由于潮汕地区尚未对社会服务项目的指标进行规范,因此不同的购买方或者不同的项目类型都可能有不同的指标要求。本章以社会服务项目常见的指标为依据,对个案、小组、社区和各类探访进行统计。其中,个案包括专业个案、咨询个案等指标,小组包括专业小组、文娱康乐小组等指标,社区包括社区宣传、教育、文娱康乐等指标,探访包括上门探访和电话探访。

令人遗憾的是,本次机构问卷调查关于指标完成情况的回答率比较低。2013年7月至2016年7月,只有8间社工机构、2个镇(街道)社工站和2个其他类别的社会组织填写了合计19个项目的情况。这些项目共开展了554个个案、68个小组、130个社区活动,19130人次探访,合计服务77290人次。

二 各购买方的项目经费

机构问卷调查收集了 2013 年 7 月至 2016 年 7 月潮汕地区共 19 间社工机构、4 个其他类别的社会组织、4 个镇（街道）社工站合计 43 个项目的经费情况。在这期间，这 43 个项目的经费合计约为 318.3 万元。其中，政府（包括各级政府职能部门、各级群团组织、事业单位、镇街或村居、市内外社会组织①）购买的项目经费达 246 万元，占总额的 77.3%；基金会购买的项目经费有 72.3 万元，占 22.7%。

以购买方的种类来统计，各级政府职能部门投入 191.4 万元，占政府购买经费总额的 77.8%；各级群团组织投入 2 万元，占总额的 0.8%；事业单位投入 39.7 万元，占总额的 16.1%；镇街或村居投入 6.8 万元，占总额的 2.8%；市内外社会组织投入 6.1 万元，占总额的 2.5%（见图 5-1）。

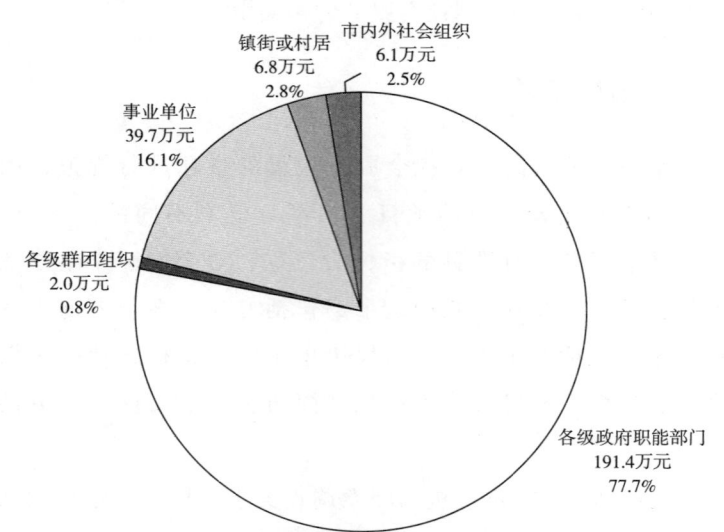

图 5-1 2013 年 7 月至 2016 年 7 月潮汕地区不同购买方的经费情况

---

① 市内外社会组织指具有一定政府背景的社会组织，如社工团体类组织、社工行业组织等，不包括基金会。

截至2016年7月，潮汕地区共有7个正在运营的项目报告了购买经费情况，这些项目的购买金额约为32万元，其中政府购买的项目经费有30万元，占总额的93.8%；基金会购买的项目经费有2万元，占6.3%。

抽样调查资料显示，2013年7月至2016年7月汕头市购买社会服务经费约为138.2万元，其中政府购买的项目经费有65.9万元，占总额的47.7%；基金会购买的项目经费有72.3万元，占52.3%。

2013年7月至2016年7月潮州市购买社会服务经费约为148.5万元，为政府购买的项目经费。

2013年7月至2016年7月揭阳市购买社会服务经费约为31.6万元，为政府购买的项目经费。

按年度统计，2014年潮汕地区社会服务经费合计约为75.8万元。其中，政府（包括各级政府职能部门、各级群团组织、事业单位、镇街或村居、市内外社会组织）购买的项目经费有66万元，占总额的87.1%；基金会购买的项目经费有9.8万元，占12.9%。

2015年潮汕地区社会服务项目经费合计约为163.91万元。其中，政府（包括各级政府职能部门、各级群团组织、事业单位、镇街或村居、市内外社会组织）购买的项目经费有146.91万元，占总额的89.6%；基金会购买的项目经费有17万元，占10.4%。

2016年上半年潮汕地区社会服务项目经费合计约为35万元。其中，政府（包括各级政府职能部门、各级群团组织、事业单位、镇街或村居、市内外社会组织）购买的项目经费有31万元，占总额的88.6%；基金会购买的项目经费有4万元，占11.4%。

三 各类型项目的经费

按年度统计，2013年7月至2016年7月，潮汕地区各类型社会服务项目的购买经费情况如下。

（一）政府购买服务经费[①]

长者类型的政府购买服务经费为129.6万元，占政府购买服务总经费的52.3%。其中2014年政府购买服务经费为58万元，2015年政府购买服务经费为61.6万元，2016年上半年政府购买服务经费为10万元。

青少年类型的政府购买服务经费为21.9万元，占政府购买服务总经费的8.8%。其中2013年政府购买服务经费为4万元，2015年政府购买服务经费为12.9万元，2016年上半年政府购买服务经费为5万元。

在妇女类型方面，2014年政府购买服务经费为3万元，占政府购买服务总经费的1.2%。

残障类型的政府购买服务经费为15万元，占政府购买服务总经费的6.1%。其中2014年政府购买服务经费为5万元，2015年政府购买服务经费为10万元。

在优抚双拥类型方面，2015年政府购买服务经费为18万元，占政府购买服务总经费的7.3%。

在社区文康服务类型方面，2015年政府购买服务经费为2.8万元，占政府购买服务总经费的1.1%。

在婚姻类型方面，2016年上半年政府购买服务经费为7万元，占政府购买服务总经费的2.8%。

在社区矫正类型方面，2015年政府购买服务经费为10万元，占政府购买服务总经费的4.0%。

在外来工类型方面，2016年上半年政府购买服务经费为3万元，占政府购买服务总经费的1.2%。

综合服务类型的政府购买服务经费为37.6万元，占政府购买服务总经费的15.2%。其中2015年政府购买服务经费为31.6

[①] 因部分项目的购买方未提供购买经费数据，欠缺相关资料，因此本页中各项目类型经费及其总额与前文中政府购买经费额有轻微差距。

万元,2016 年上半年政府购买服务经费为 6 万元。

各项目类型的政府购买服务经费占政府购买服务总经费的情况见图 5-2。

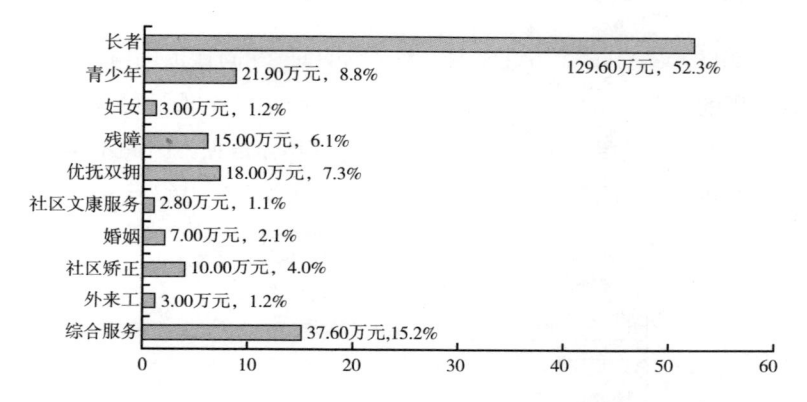

```
长者          129.60万元,52.3%
青少年        21.90万元,8.8%
妇女          3.00万元,1.2%
残障          15.00万元,6.1%
优抚双拥      18.00万元,7.3%
社区文康服务  2.80万元,1.1%
婚姻          7.00万元,2.1%
社区矫正      10.00万元,4.0%
外来工        3.00万元,1.2%
综合服务      37.60万元,15.2%
```

图 5-2 2013 年 7 月至 2016 年 7 月潮汕地区各类型项目政府购买服务的经费情况

截至 2016 年 7 月,潮汕地区有 7 个正在运营的项目报告了经费情况。其中,长者类型政府购买服务经费为 5 万元,占正在运营项目的政府购买服务总经费的 16.7%;残障类型政府购买服务经费为 5 万元,占 16.7%;优抚双拥类型政府购买服务经费为 10 万元,占 33.3%;婚姻类型政府购买服务经费为 7 万元,占 23.3%;外来工类型政府购买服务经费为 3 万元,占 10%。

(二) 基金会购买经费[①]

青少年类型的基金会购买经费为 2 万元,占基金会购买总经费的 2.7%;妇女类型的基金会购买经费为 21.25 万元,占基金会购买总经费的 28.7%;残障类型的基金会购买经费为 19 万元,占基金会购买总经费的 2.7%;组织孵化类型的基金会购买经费

---

① 因部分项目的购买方未提供购买经费数据,欠缺相关资料,因此本页中基金会购买经费额与前文基金会购买经费额有轻微差距。

为30万元，占基金会购买总经费的40.4%；婚姻类型的基金会购买经费为2万元，占基金会购买总经费的2.7%。

四 购买方与各类型项目的经费情况

2013年7月至2016年7月，纳入统计的19间社工机构、4个其他类别的社会组织、4个镇（街道）社工站的43个项目可被归类到10项不同的类型中（由于外来工类型欠缺具体数据，因此不纳入该部分分析）。不同的项目类型的购买经费来源如图5-3所示。

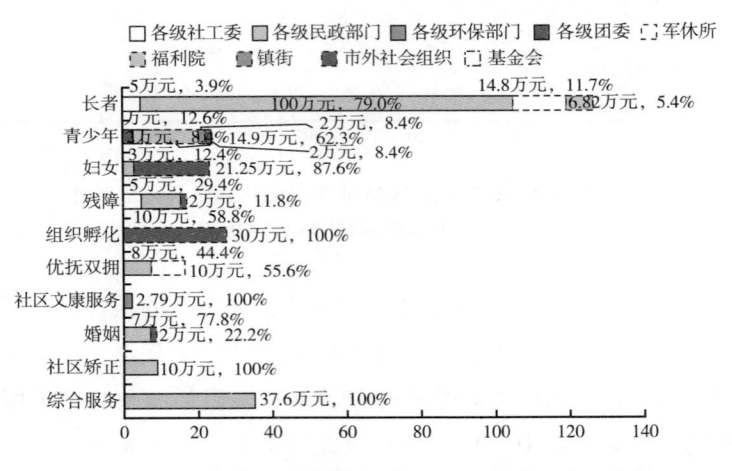

图例：□各级社工委 ■各级民政部门 ■各级环保部门 ■各级团委 □军休所 ■福利院 ■镇街 ■市外社会组织 □基金会

长者：5万元，3.9%；100万元，79.0%；14.8万元，11.7%；6.8万元，5.4%
青少年：3万元，12.6%；2万元，8.4%；14.9万元，62.3%；2万元，8.4%
妇女：3万元，12.4%；21.25万元，87.6%
残障：5万元，29.4%；2万元，11.8%；10万元，58.8%
组织孵化：30万元，100%
优抚双拥：8万元，44.4%；10万元，55.6%
社区文康服务：2.79万元，100%
婚姻：7万元，77.8%；2万元，22.2%
社区矫正：10万元，100%
综合服务：37.6万元，100%

图5-3 2013年7月至2016年7月潮汕地区购买方与各类型项目的经费情况

长者类型的经费来源包括：各级社工委（5.0万元，占纳入统计的购买经费的3.9%）；各级民政部门（100万元，占79.0%）；各级军休所（14.8万元，占11.7%）；镇街或村居（6.8万元，占5.4%）。[①]

青少年类型的经费来源包括：各级民政部门（3万元，占12.6%）；各级团委（2.0万元，占8.4%）；福利院/养老院

---

① 2014年部分长者服务项目的政府购买服务欠缺具体购买方数据，不纳入统计。

（14.9万元，占62.3%）；市外社会组织（2.0万元，占8.4%）；基金会（2.0万元，占8.4%）。

妇女类型的经费来源包括：各级民政部门（3.0万元，占12.4%）；基金会（21.25万元，占87.6%）。

残障类型的经费来源包括：各级社工委（5.0万元，占29.4%）；各级民政部门（10.0万元，占58.8%）；基金会（2万元，占11.8%）。

组织孵化类型的经费来源为基金会（30万元，100%）。

优抚双拥类型的经费来源包括：各级民政部门（8万元，占44.4%）；各级军休所（10万元，占55.6%）。

社区文康服务类型的经费来源包括：各级环保部门（2.8万元，占100%）.

婚姻类型的经费来源包括：各级民政部门（7.0万元，占77.8%），基金会（2万元，占22.2%）。

社区矫正类型的经费来源包括：各级民政部门（10万元，100%）。

综合服务类型的经费来源包括：各级民政部门（37.6万元，占100%）。

截至2016年7月，潮汕地区有7个正在运营的项目报告了政府购买服务经费的来源情况。其中，长者类型的政府购买服务经费为5万元，经费来源为各级社工委；残障类型的政府购买服务经费为5万元，经费来源为各级民政部门；优抚双拥类型的政府购买服务经费为10万元，经费来源为军休所；婚姻类型的政府购买服务经费为7万元，经费来源为各级民政部门；外来工类型的政府购买服务经费为3万元，欠缺相关资料。

五 小结

截至2016年7月，潮汕地区社会服务项目合计服务近8万人次，有效地保障了底线民生，促进了社会和谐。虽然，当前社会服务能够满足"量"方面的要求，但未来仍要开发"质"方面的指标，从而全面呈现本地社会工作行业的成效。

　　本章指出，潮汕地区社会服务项目的购买方多样化，体现了各级政府部门和社会力量（尤其是基金会）对本地社会工作行业发展的支持。其中政府购买服务金额占比达77.3%。基金会是推动潮汕地区社会服务项目发展的重要力量，购买服务金额占比达到22.7%。按地市统计，基金会对汕头市社会服务发展起到一定的促进作用。从各项目类型的经费来看，长者类型、综合服务类型和青少年类型是潮汕地区社会服务的主要项目类型。从购买方与各类型项目的经费情况来看，与第四章的结论相似，各级民政部门是长者、残障、婚姻、社区矫正、综合服务等类型的主要购买方。福利院/养老院是青少年类型的主要购买方。各级军休所是优抚双拥类型的主要购买方。各级环保部门是社区文康服务类型的主要购买方。基金会是妇女、组织孵化类型的主要购买方。

第 三 篇

人员篇

第六章　从业人员情况

本章会介绍两种不同的人员。第一种被称为社工岗位人员，是指那些在社工机构或社工站中实际从事社会工作服务的人员，包括主任、主管（如中心主任、助理主任、项目主管等）、一线社工以及社工助理；而财务、行政后勤、活动助理、活动员等岗位则不属于"社工岗位"的范畴。另一种是指在其他类别的社会组织进行社会服务的人员（以下简称从业人员）。下文将对这两种人员的数量、性别、年龄、文化程度、专业教育背景、资格证书持有情况、从业年限、工资、接受的督导和培训等方面进行探讨，希望能够更深入地了解潮汕地区社会服务行业的人力资源情况。

一　数量

本研究对潮汕地区30间社工机构、9个镇（街道）社工站（两者合计105名社工岗位人员）和15个其他类别的社会组织（共有98名从业人员）派发了人员问卷；回收了19间社工机构、4个镇（街道）社工站（两者合计90名社工岗位人员）和8个其他类别的社会组织（共有80名从业人员）合计170份问卷，回收率为83.7%。

在社工岗位人员的数量方面，按地市统计，汕头市有7间社工机构、4个镇（街道）社工站合计41名社工岗位人员填写了人员问卷，占社工岗位人员样本总数的45.6%；潮州市有6间社工机构合计24名社工岗位人员填写了人员问卷，占26.7%；揭阳市有6间社工机构合计25名社工岗位人员填写了人员问卷，占27.8%。

在社工岗位人员的机构分布方面，潮汕地区社工机构以小型规模为主，普遍拥有较少的社会服务人员。在社工机构中，15.8%（3间）的机构拥有2名社工岗位人员；31.6%（6间）的社工机构拥有3名社工岗位人员；21.1%（4间）的社工机构拥有4名社工岗位人员；31.6%（6间）的社工机构拥有5名或以上社工岗位人员（见图6-1）。在社工站中，4个社工站填写了人员数量，75%（3间）拥有1名社会服务人员，25%（1间）拥有2名社会服务人员。

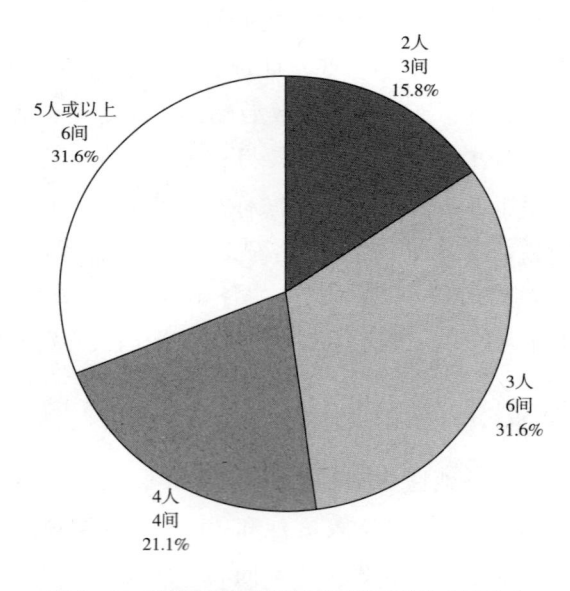

图6-1　参与调查的潮汕地区社工岗位人员分布

按地市统计，汕头市有7间社工机构填写了人员数量，其中28.6%（2间）的社工机构拥有2名社工岗位人员；42.9%（3间）的社工机构拥有3名社工岗位人员；28.6%（2间）的社工机构拥有5名或以上社工岗位人员。另外，有4个镇（街道）社工站填写了人员数量，75%（3间）拥有1名社会服务人员，25%（1间）拥有2名社会服务人员。

潮州市有6间社工机构填写了人员数量，其中16.7%（1

间）的社工机构拥有 2 名社工岗位人员；33.3%（2 间）的社工机构拥有 3 名社工岗位人员；50%（3 间）的社工机构拥有 4 名社工岗位人员。

揭阳市有 6 间社工机构填写了人员数量，其中 16.7%（1 间）的社工机构拥有 3 名社工岗位人员；16.7%（1 间）的社工机构拥有 4 名社工岗位人员；66.7%（4 间）的社工机构拥有 5 名或以上社工岗位人员。

在其他类别社会组织的从业人员统计中，共有 8 间社会组织填写了从业人员数量，均为汕头市的社会组织。这些社会组织在从业人员分布方面存在较大差别，其中 12.5%（1 间）的社会组织拥有 1 名从业人员；25%（2 间）的社会组织拥有 2 名从业人员；25%（2 间）的社会组织拥有 3 名从业人员；12.5%（1 间）的社会组织拥有 4 名从业人员；25%（2 间）的社会组织拥有 25 名或以上从业人员（见图 6-2）。

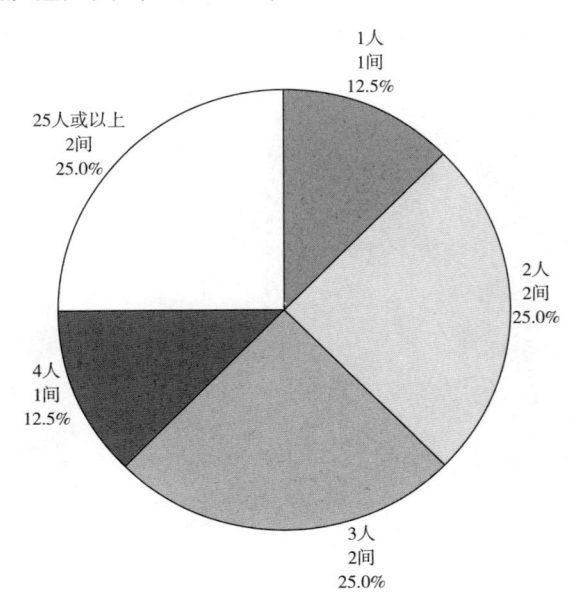

图 6-2　参与调查的潮汕地区其他类别社会组织从业人员分布

二 性别

在社工机构和社工站的社工岗位人员中,男性占23.3%(共21人),女性占76.7%(共69人),男女比例约为1:3。

在其他类别的社会组织从业人员中,男性占32.5%(共26人),女性占67.5%(共54人),男女比例接近1:3。

三 年龄

所抽样的社工机构和社工站的社工岗位人员的平均年龄为29.2岁。21~25岁年龄段的社工岗位人员有27人,占有资料统计的人员总数的30.3%;26~30岁年龄段的社工岗位人员有31人,占34.8%;31~35岁年龄段的社工岗位人员有19人,占21.3%;36~40岁年龄段的社工岗位人员有8人,占9.0%;40岁以上年龄段的社工岗位人员有4人,占4.5%。有1人欠缺相关资料。由此可知,约65%的社工岗位人员年龄在30岁及以下(见图6-3)。

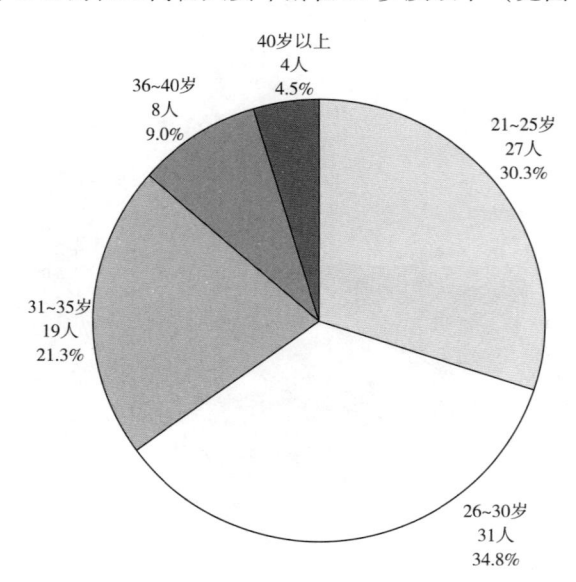

图6-3 参与调查的潮汕地区社工岗位人员的年龄分布情况

按岗位统计，主任、主管等职位的平均年龄是 31 岁，一线社工的平均年龄是 29.4 岁，社工助理的平均年龄是 27.2 岁。

所抽样的其他类别的社会组织的从业人员的平均年龄为 29.6 岁。20～25 岁年龄段的从业人员有 30 人，占有资料统计的人员总数的 39.0%；26～30 岁年龄段的从业人员有 24 人，占 31.2%；31～35 岁年龄段的从业人员有 8 人，占 10.4%；36～40 岁年龄段的从业人员有 8 人，占 10.4%；40 岁以上年龄段的从业人员有 7 人，占 9.1%。有 3 人欠缺相关资料。由此可知，约 70% 的其他类别社会组织从业人员年龄在 30 岁及以下（见图 6－4）。

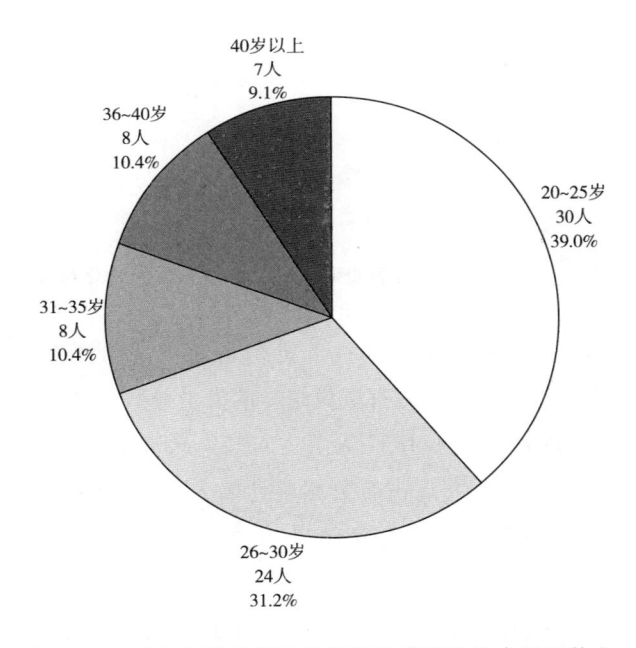

图 6－4　参与调查的潮汕地区其他类别的社会组织从业人员的年龄分布情况

四　文化程度

在所抽样的社工机构和社工站的社工岗位人员中，硕士有 2

人（占有资料统计的人员总数的 2.3%），本科有 42 人（占 48.3%），大专有 43 人（占 49.4%），如图 6-5 所示。3 人欠缺相关资料。

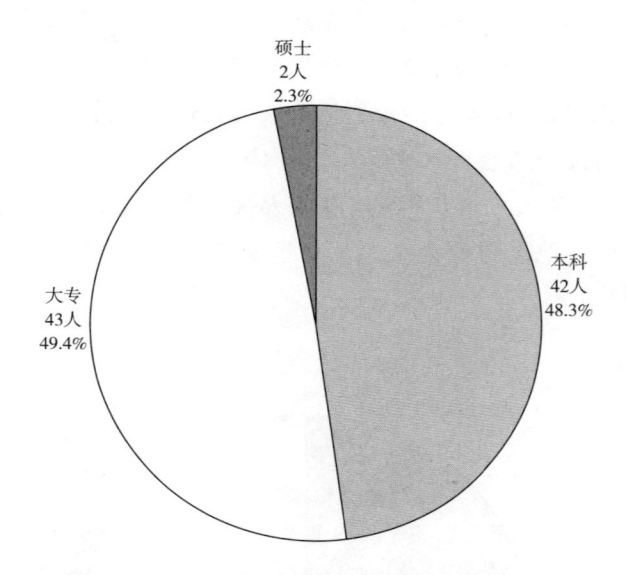

图 6-5 参与调查的潮汕地区社工岗位人员的文化程度

按地市统计，在所抽样的社工机构和社工站的社工岗位人员中，汕头市硕士有 1 人（占有资料统计的人员总数的 2.5%），本科有 22 人（占 55%），大专有 17 人（占 42.5%），1 人欠缺相关资料。

潮州市硕士有 1 人（占有资料统计的人员总数的 4.3%），本科有 11 人（占 47.8%），大专有 11 人（占 47.8%），1 人欠缺相关资料。

揭阳市本科有 9 人（占有资料统计的人员总数的 37.5%），大专有 15 人（占 62.5%），1 人欠缺相关资料。

在所抽样的其他类别的社会组织从业人员中，硕士有 1 人（占有资料统计的人员总数的 1.3%），本科有 34 人（占 43.6%），大专有 43 人（占 55.1%），如图 6-6 所示，另外 2 人欠缺相关资料。

硕士
1人
1.3%

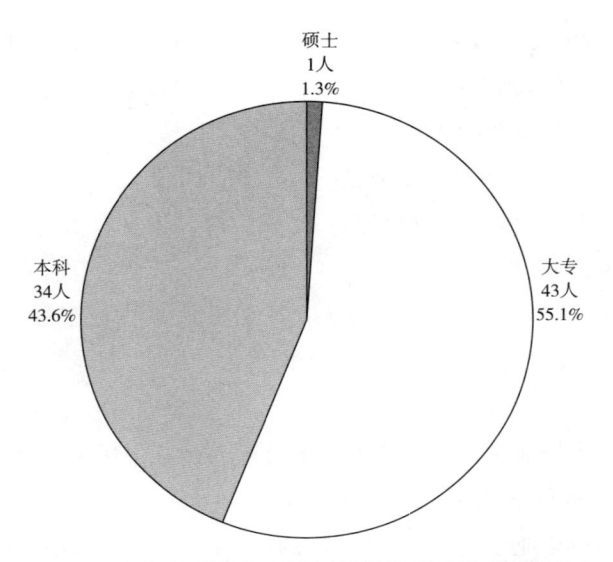

本科
34人
43.6%

大专
43人
55.1%

图6-6 参与调查的潮汕地区其他类别的社会组织从业人员文化程度

五 专业教育背景

在所抽样的社工机构和社工站的社工岗位人员中,毕业于社会工作专业的有31人,占社工岗位人员总数的34.4%;毕业于非社会工作专业的有56人,占62.2%;有3人欠缺相关资料,占3.3%。

按地市统计,在所抽样的社工机构和社工站的社工岗位人员中,汕头市毕业于社会工作专业的有15人,占该市社工岗位人员总数(41人)的36.6%。非社会工作专业毕业的有25人,占该市社工岗位人员总数的61%。有1人欠缺相关资料,占该区社工岗位人员总数的2.4%。

潮州市毕业于社会工作专业的有5人,占该市社工岗位人员总数(24人)的20.8%。非社会工作专业毕业的有18人,占该市社工岗位人员总数的75.0%。有1人欠缺相关资料,占该市社工岗位人员总数的4.2%。

揭阳市毕业于社会工作专业的有11人,占该市社工岗位人员总数（25人）的44.0%。非社会工作专业毕业的有13人，占该市社工岗位人员总数的52.0%。有1人欠缺相关资料，占该市社工岗位人员总数的4.0%。

在毕业于社会工作专业的31名社工岗位人员中，硕士学历有1人，占3.2%；本科学历有18人，占58.1%；大专学历有12人，占38.7%。

按地市统计，在社工岗位人员中，汕头市毕业于社会工作专业的有15人，其中本科学历有9人，占60%；大专学历有6人，占40%。

潮州市毕业于社会工作专业的有5人，其中硕士学历有1人，占20%；本科学历有4人，占80%。

揭阳市毕业于社会工作专业的有11人，其中本科学历有5人，占45.5%；大专学历有6人，占54.5%。

在所抽样的其他类别的社会组织从业人员中，毕业于社会工作专业的有1人，占从业人员总数的1.3%。

六　资格证书持有情况

在所抽样的90名社工机构和社工站的社工岗位人员中，持有社工资格证的有63人，占社工岗位人员总数的70.0%。其中，持有助理社会工作师证书的有56人，占社工岗位人员总数的62.2%；持有社会工作师证书的有7人，占社工岗位人员总数的7.8%（见图6-7）。

按地市统计，在所抽样的社工机构和社工站的社工岗位人员中，汕头市持有社工资格证的有33人，占该市社工岗位人数（41人）的80.5%。其中，持有助理社会工作师证书的有28人，占68.3%；持有社会工作师证书的有5人，占12.2%。

潮州市持有社工资格证的有9人，占该市社工岗位人数（24人）的37.5%。其中，持有助理社会工作师证书的有8人，占33.3%；持有社会工作师证书的有1人，占4.2%。

第六章　从业人员情况

持社会工作师证书
7人
7.8%

非持证
27人
30.0%

持助理社会工作师证书
56人
62.2%

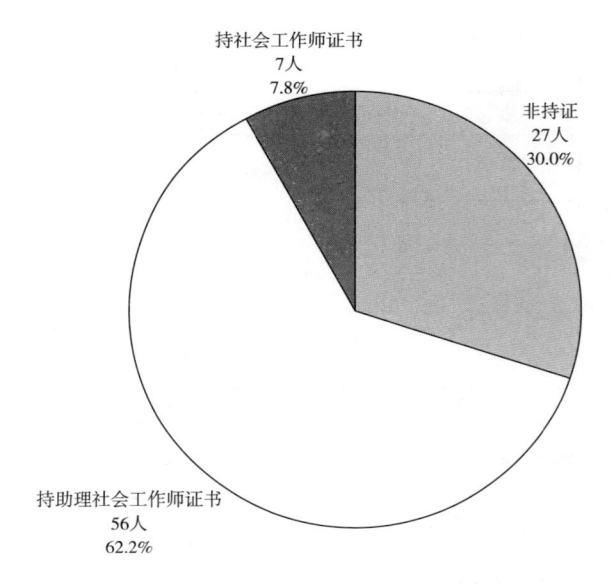

**图 6-7　参与调查的潮汕地区社工岗位人员
的资格证书持有情况**

揭阳市持有社工资格证的有 21 人，占该市社工岗位人数（25人）的 84.0%。其中持有助理社会工作师证书的有 20 人，占 80.0%；持有社会工作师证书的有 1 人，占 4.0%（见图 6-8）。

按岗位统计[①]，在所抽样的社工机构和社工站的社工岗位人员中，主任、主管持有助理社会工作师资格证的有 8 人，占主任、主管总数的 80.0%。

一线社工持有社工资格证的有 46 人，占一线社工总数的 75.4%。其中，持有助理社会工作师证书的有 41 人，占 67.2%；持有社会工作师证书的有 5 人，占 8.2%。

社工助理持有社工资格证的有 9 人，占社工助理总数的 52.9%。其中，持有助理社会工作师证书的有 7 人，占 41.2%；持有社会工作师证书的有 2 人，占 11.8%（见图 6-9）。

---

① 有 2 人没有提供职务数据，欠缺相关资料。不纳入统计。

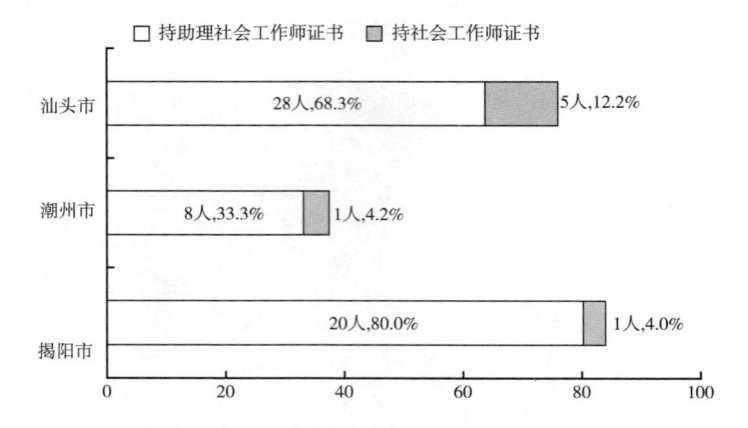

图 6-8　参与调查的各地市社工岗位人员持证情况

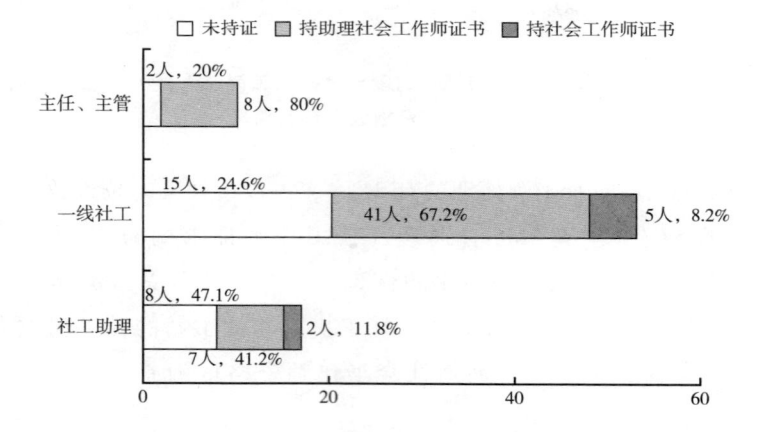

汕头市：28人,68.3%；5人,12.2%
潮州市：8人,33.3%；1人,4.2%
揭阳市：20人,80.0%；1人,4.0%

图 6-9　参与调查的潮汕地区不同社工岗位人员的持证情况[①]

主任、主管：2人,20%；8人,80%
一线社工：15人,24.6%；41人,67.2%；5人,8.2%
社工助理：8人,47.1%；7人,41.2%；2人,11.8%

按地市统计，在所抽样的社工机构和社工站的社工岗位人员中，汕头市主任、主管持有社工资格证的有3人，均持有助理社会工作师证书。一线社工中持有社工资格证的有27人，其中持有助理社会工作师证书的有23人，占85.2%；持有社会工作师证书的有4人，占14.8%。社工助理中持有社工资格证的有3

---

① 有2人欠缺相关资料，不纳入统计。

人，其中持有助理社会工作师证书的有 2 人，占 66.7%；持有社会工作师证书的有 1 人，占 33.3%。

潮州市主任、主管持有社工资格证的有 2 人，均持有助理社会工作师证书。一线社工中持有社工资格证的有 3 人，其中持有助理社会工作师证书的有 2 人，占 66.7%；持有社会工作师证书的有 1 人，占 33.3%。社工助理中持有社工资格证的有 4 人，均持有助理社会工作师证书。

揭阳市主任、主管持有社工资格证的有 3 人，均持有助理社会工作师证书。一线社工中持有社工资格证的有 16 人，均持有助理社会工作师证书。社工助理中持有社工资格证的有 2 人，其中持有助理社会工作师证书的有 1 人，占 50%；持有社会工作师证书的有 1 人，占 50%。

在所抽样的其他类别的社会组织的 80 名从业人员中，持有社工资格证的有 4 人，占从业人员总数的 5%。其中，持有助理社会工作师证书的有 3 人，占从业人员总数的 3.8%；持有社会工作师证书的有 1 人，占从业人员总数的 1.3%。

七　从事社会工作行业的年限

所抽样的 90 名社工机构和社工站的社工岗位人员中，从事社会工作行业的平均年限是 1.6 年，20 名社工岗位人员欠缺相关数据，不纳入统计。其中，从事社会工作行业 1 年及以下的人员占 47.1%（33 人），从事社会工作行业 1~2 年的人员占 32.9%（23 人），从事社会工作行业 2~3 年的人员占 14.3%（10 人），从事社会工作行业 3~4 年的人员占 4.3%（3 人），从事社会工作行业 4~5 年的人员占 1.4%（1 人），如图 6-10 所示。

按岗位统计，主任、主管从事社会工作行业的平均年限为 2.3 年，一线社工从事社会工作行业的平均年限为 1.5 年，社工助理从事社会工作行业的平均年限为 1.4 年。

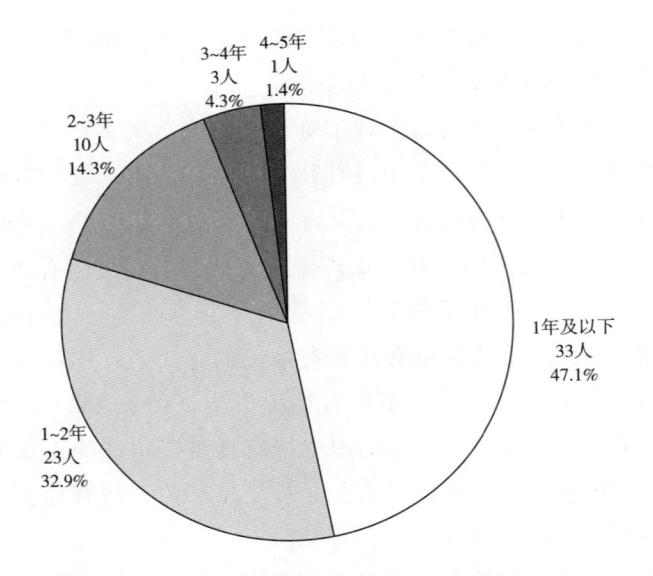

图 6-10　参与调查的潮汕地区社工岗位人员从事
社会工作行业的年限情况

八　人员工资

根据人员问卷调查,截至2016年7月,所抽样的社工机构和社工站的社工岗位人员平均每月实收工资为2192.44元。其中,汕头市的社工岗位人员平均实收工资为2317.14元;潮州市为2208.33元;揭阳市为1931.25元(见图6-11)。

按岗位统计,主任、主管的平均实收工资为2260元;一线社工的平均实收工资为2326.72元;社工助理的平均实收工资为1694.12元(见图6-12)。

按地市统计,在社工机构和社工站的社工岗位人员中,汕头市主任、主管的平均实收工资为1500元,一线社工的平均实收工资为2511.7元,社工助理的平均实收工资为916.7元。

潮州市主任、主管的平均实收工资为2166.7元,一线社工的平均实收工资为2420元,社工助理的平均实收工资为

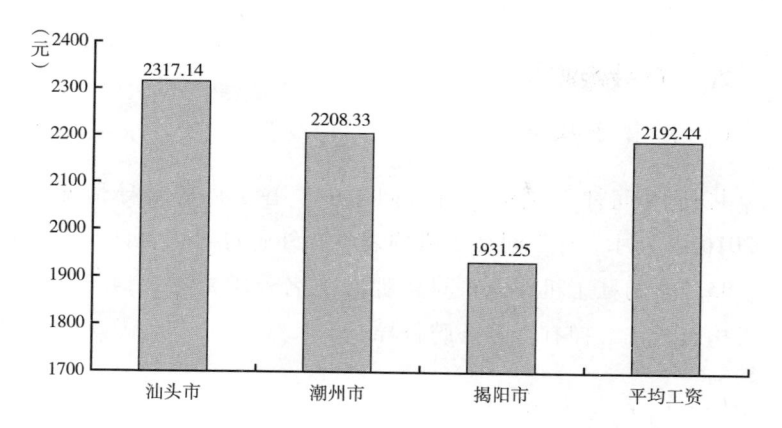

图 6-11 参与调查的潮汕地区社工岗位人员的平均实收工资

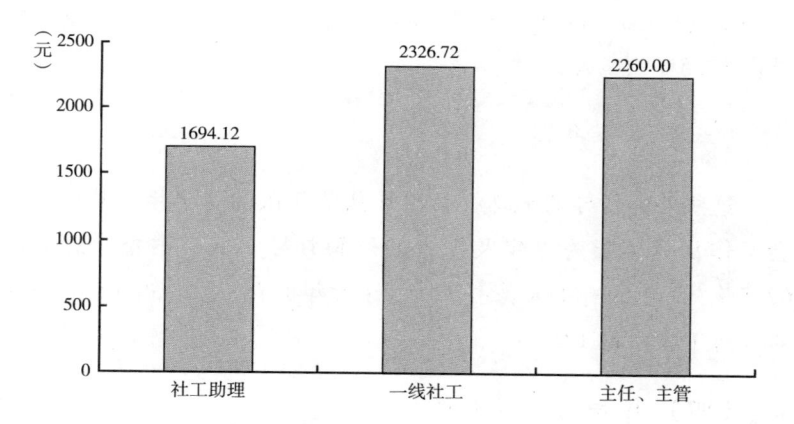

图 6-12 参与调查的潮汕地区不同岗位人员的平均实收工资

2010 元。

揭阳市主任、主管的平均实收工资为 2325 元,一线社工的平均实收工资为 1964.7 元,社工助理的平均实收工资为 1216.7 元。

根据人员问卷调查,截至 2016 年 7 月,所抽样的其他类别的社会组织从业人员平均每月实收工资为 2225.7 元,高于社工机构和社工站的社工岗位人员的平均实收工资 2192.44 元。

九 督导与培训

(一) 督导数量

共有 19 间社工机构在机构问卷中填答了外聘督导情况。截至 2016 年 7 月,有 7 间社工机构表示有外聘督导,合计 8 人。其中,85.7% 的社工机构(6 间)拥有 1 名外聘督导,14.3% 的社工机构(1 间)拥有 2 名外聘督导。

(二) 督导来源

在这 8 名外聘督导中,来自潮汕地区非高校的督导占总数的 75.0%(6 人),潮汕地区高校的督导占 12.5%(1 人),境外督导占 12.5%(1 人)。

(三) 从业年限

这些外聘督导的平均社会工作从业年限为 2.7 年。其中,社会工作从业年限为 1 年及以下的外聘督导 5 人,占督导总数的 62.5%;2 年的有 1 人,占 12.5%;5 年的有 1 人,占 12.5%;8 年的有 1 人,占 12.5%。

(四) 督导的次数和时数

30 名社工岗位人员填写了他们在 2015 年 7 月到 2016 年 7 月期间接受外聘督导的情况。这些社工岗位人员接受个别督导的次数为 70 次,合计 134 小时;接受团体督导的次数为 59 次,合计 131 小时。换句话说,在这期间,每名社工岗位人员接受个别督导的平均次数为 2.3 次/年,平均 4.5 小时/年;接受团体督导的平均次数为 2.0 次/年,平均 4.4 小时/年。

(五) 培训的时数

合共 90 名社工岗位人员填写了 2015 年 7 月到 2016 年 7 月接

受培训的情况，合共培训时数为2292.6小时。换句话说，在这期间，平均每名社工岗位人员参加培训25.5小时/月（下文在提及培训时数时，指每月时数）。

十　小结

本章指出，潮汕地区社工机构以小型规模为主，普遍拥有较少的社会服务人员，大部分社工机构拥有的社工岗位人员在5人以内，社工站普遍拥有1名社工岗位人员，而在其他类别的社会组织中，其从业人员的人数存在较大差别，大部分机构的员工数量在4人或以内，但也有机构拥有超过25名或以上员工。

不论是社工机构和社工站的社工岗位人员，还是其他类别社会组织的人员，均以女性为主，男女比例约1∶3。社工机构和社工站的社工岗位人员的平均年龄为29.2岁，65%左右的社工岗位人员和70%左右的其他社会组织从业人员的年龄在30岁及以下。

社工机构和社工站的社工岗位人员岗位分布合理，以一线社工、社工助理为主。

社工机构和社工站的社工岗位人员学历水平较高。不过，社工机构和社工站的社工岗位人员毕业于社会工作专业的人数比例为3成以上，其他类别的社会组织从业人员毕业于社会工作专业的仅占1.3%。这说明专业社会工作人才的引进和培育的力度有待提升。

在社工机构和社工站的社工岗位人员中，持有社工资格证的人员占70.0%，但在所抽样的其他类别的社会组织的从业人员中，持有社工资格证的比例仅为5%。

社工机构和社工站的社工岗位人员的从业年限为1.6年。截至2016年7月，所抽样的社工机构和社工站的社工岗位人员平均每月实收工资为2192.44元，低于其他类别的社会组织从业人员的平均实收工资（2225.7元）。总体来说，潮汕地区社会服务行业的工资有待提升。

在督导和培训方面,潮汕地区仅有7间社工机构拥有外聘督导,2015年7月至2016年7月,社工机构和社工站的社工岗位人员人均接受个别督导和团体督导的时间约为4.5小时/年和4.4小时/年,人均接受培训的时间约25.5小时/月,督导和培训的强度有待加大。

第四篇

案例篇

第七章 由传统善堂到现代社会工作机构

——汕头市存心社会工作综合援助中心的发展之路

一 机构简介

汕头市存心社会工作综合援助中心（简称"存心社工综援中心"）于2010年开始筹备成立，并于2015年6月经汕头市民政局批准正式注册成为民办非企业组织。自成立以来，存心社工综援中心一直坚持"以人为本、助人自助"的宗旨，依托汕头市存心善堂的丰富服务资源，遵循社会工作专业伦理规范，综合运用社会工作专业知识、方法和技能，链接各方社会资源，发掘有特质的社区，发挥社区互助功能，推动建立平等、互助、公平正义、民主参与的社区。

目前，存心社工综援中心共有8名持助理社会工作师资格证的社工，其平均年龄为32岁；5人为本科学历，3人为大专学历；8名社工均无社会工作专业教育背景；从事社会工作服务的平均时间为2年；服务领域涵盖长者、儿童青少年、家庭、残疾人等（社工基本情况如表7-1所示）。

表 7-1　存心社工综援中心一线社工基本情况

编号	性别	年龄	学历	专业	社会服务从业时间	职务	服务领域	持证情况
ST01-01	女	33	本科	非社会工作或社会服务相关专业	2年	一线社工	儿童和青少年、家庭、残疾人	助理社工师
ST01-02	女	38	本科	非社会工作或社会服务相关专业	2年	一线社工	长者、儿童和青少年、残疾人	助理社工师
ST01-03	女	29	大专	非社会工作或社会服务相关专业	2年	一线社工	儿童和青少年、残疾人	助理社工师
ST01-04	女	31	本科	非社会工作或社会服务相关专业	2年	一线社工	长者、家庭	助理社工师
ST01-05	女	35	大专	非社会工作或社会服务相关专业	2年	一线社工	长者、儿童和青少年、残疾人	助理社工师
ST01-06	女	26	大专	非社会工作或社会服务相关专业	2年	一线社工	残疾人	助理社工师
ST01-07	女	36	本科	非社会工作或社会服务相关专业	2年	一线社工	长者、儿童和青少年、残疾人	助理社工师
ST01-08	女	28	本科	非社会工作或社会服务相关专业	1.5年	一线社工	长者、儿童和青少年、残疾人	助理社工师

自成立以来，存心社工综援中心先后开展了残障人士就业援助项目、"以爱助残"残障家庭社区融入项目、长者邻里支持项目、"三社联动"社区综合服务项目等社会工作服务项目，并长期协助存心善堂及其下属如存心慈善养老院、存心庇护安养院、存心儿童教养院、存心残疾人工疗站等各分支机构开展社会工作专业服务。

存心社工综援中心在正式注册登记之前，曾作为汕头市存心善堂的内部服务部门开展工作，即使在2015年注册登记后，其仍与存心善堂保持非常紧密的协作关系，依托存心善堂丰富的慈善资源为服务对象提供更综合性的服务。汕头市存心善堂是潮汕地区最悠久、最有影响力的善堂组织之一，在其支持下，存心社工综援中心获得了更多的发展机遇，其自身的创立发展体现出中国传统善堂组织向专业社会工作机构转型的历程。

本章将首先介绍汕头市存心善堂的传统慈善服务体系，接着描述存心社工综援中心从传统善堂慈善服务到专业社会工作服务的转型发展历程，通过一个亮点项目来探讨存心社工模式的特点与优势，并讨论存心社工发展面临的困难与挑战，最后总结讨论传统善堂组织向专业社会工作机构转型的历程。

二 存心善堂的传统慈善服务体系

汕头市存心善堂始建于清光绪二十五年（公元1899年），创建以来一直以救生恤死、扶贫济困为宗旨，投身于赈灾、济贫、义教、医疗等慈善事业。存心善堂成立时恰逢汕头发生瘟疫，其通过开展布施、祈福、收拾遗尸等慈善活动来与民众共渡难关，救助了一大批受灾群众，并得到了当时清政府颁发的嘉奖碑文。民国期间，潮汕地区经历了战乱、洪水、火灾、地震、饥荒等天灾人祸，存心善堂在这些灾难事件中发挥了重要的赈济作用，如筹办赈灾物资、收容难民、修筑堤坝、动员社员救助受灾群众等。除了积极参与赈灾活动之外，存心善堂还兴办了众多慈善机构，如存心水龙局、存心医院、存心儿童教养院、存心学校、存心施粥局、存心掩埋队、存心救护队、存心义山等，这一系列善举受到政府和社会各界的高度评价，还获赠当时国民政府行政院内政部颁发的嘉奖碑文。

中华人民共和国成立之后,潮汕地区的许多善堂被指传播迷信,继而被关闭[①],存心善堂也于1951年停止活动,场地收归国有,善堂工作人员被安排到政府各部门继续工作。直到2003年,经汕头市民政局批准,存心善堂作为汕头市慈善总会的分支机构正式恢复成立。2009年,在政府的批准下,存心善堂不再作为汕头市慈善总会的分支机构,注册登记为具有独立法人资格的汕头市"存心慈善会"(本章使用"存心善堂"的叫法)。自复办以来,存心善堂积极兴办了一系列助残扶残、救死扶伤、赈灾恤难、赠医赠药、布衣施食、敬老安老、兴学助学等慈善事业,逐步发展为汕头市极具影响力的民间慈善组织。

自恢复以来,存心善堂根据社会需求不断恢复和完善其慈善项目,先后成立了多个分支服务机构[②](见表7-2)。

表7-2 汕头市存心善堂的主要分支服务机构简介

分支服务机构	机构简介
存心特殊教育学校	前身为1942年创办的存心学校,1951年收归国有后前后5次易名,2009年改为"存心特殊教育学校",旨在对汕头市1~16周岁患有智力障碍的儿童进行特殊教育和生活技能培训
存心业余文武学校	创建于2006年,设有武术、美术、书法、外语、文化辅导等培训班,义务接受汕头市及周边地区适龄儿童的辅导补习及兴趣培养,现有学生400多人
存心残疾人工疗站	成立于2010年,对汕头市16周岁以上的特教学校毕业生及社会残疾青年进行工疗、康复、就业、生活技能培训
存心医疗门诊	前身为存心医院,复办于2006年,为低保贫困人士提供义医义诊、施医赠药服务
存心公益陵园	成立于2010年,对汕头市无监护人人员、外地三无人员、孤寡老人尸骸进行义务收殓

---

① 陈志明、孟庆波:《善堂——中国、新加坡和马来西亚的慈善寺堂》,《华侨华人历史研究》2014年第2期。
② 整理自《1899~2014年存心堂务》。

第七章　由传统善堂到现代社会工作机构

续表

分支服务机构	机构简介
存心免费快餐厅	成立于2006年,为周边孤寡老人、单亲家庭、三无人员、流浪乞讨人员、困难群众免费提供三餐和茶水
存心慈善养老院	创建于2006年,设有120张床位,旨在收养汕头市60岁以上的孤寡老人,对其进行义务护理、医疗等日常生活监护服务,同时提供居家养老、老人日间照料、短期托养等公益服务
存心宁养院	创建于2012年,接收汕头市缺乏护理、身患绝症、不能自理的患者入住,对其提供护理、药物治疗、关怀、日常生活监护等服务
存心庇护安养院	成立于2013年,义务接收汕头市智力障碍患者、轻度精神病患者、残疾人士入住,对其提供心理辅导、护理指导、日常生活护理等服务
存心儿童教养院	始创于1943年,接收汕头市父母双亡或完全无能力抚养的儿童入住,对其提供护理、康复、日常生活监护服务
存心慈善超市	成立于2013年,对低保、弱势困难群体建立会员制帮扶,发放食品和最低生活保障用品,并为刑满释放人员提供上岗培训及就业机会
存心救援队	前身为存心善堂武力队,复办于2012年,多次参与当地水灾、风灾救援工作,现开通24小时慈善热线,对困难无助、灾害危及生命安全的人员提供救助
存心物资救助站	成立于2003年,负责接收社会捐赠物资,盘活闲置资源,策划、筹备、运发扶贫救灾物资,对周边低保、弱势困难群众和突发受灾群众进行赈济
存心义工协会	前身为存心善堂义工部,于2011年经市民政局批准正式登记注册,常年开展环保宣传、支教义教、关老扶残、公益义演等公益服务
存心社会工作综合援助中心	成立于2010年,于2015年经市民政局批准正式登记注册为民办非企业单位,配合政府部门及社工协会发展社工,推动社会服务专业化,协助存心慈堂及各附属机构推动专业社会工作发展
存心医养院	筹资在建中,主要以医与养相结合的新型养老方式,服务于存心善堂各附属机构人员

由表7-2可见，存心善堂已经建立起覆盖教育、医疗、助残、恤孤、养老、社会救助等内容的庞大的慈善服务体系，面向有需要的困难群众提供涵盖"从出生到死亡"各个阶段的服务。值得注意的是，存心善堂的许多分支服务机构的前身可追溯到中华人民共和国成立前，面向孤儿、老人、穷人的诸多服务亦都属于中国传统善堂组织的服务内容，因此，整体上它是较为传统的慈善服务组织。而其于2015年正式注册成立的存心社工综援中心则是服务发展历程上的突破，开启了在传统慈善组织中引入现代专业社会工作的探索。

三 存心社工综援中心的发展历程

尽管存心善堂具有上百年的慈善服务历史，但存心社工综援中心是在近7年来逐渐发展起来的年轻机构。目前来看，存心社工综援中心在近7年来主要经历了3个发展阶段。

（一）发展第一阶段（2010~2014年）：政策推动创新，配合善堂服务

党的十六届六中全会和党的十七大做出了建设一支宏大的社会工作人才队伍的战略部署，汕头市积极响应国家和广东省建设社会工作人才队伍的政策号召，并于2009年发布了《关于在汕头民政系统开展社会工作人才队伍建设试点工作的通知》（汕民通〔2009〕49号），提出"积极培育民办社会工作服务机构，促进社会工作服务网络体系建设"的试点工作任务，并计划"在各类社会组织积极探索社会工作岗位的开发设立，为社会工作人才发挥作用、施展才能提供空间和平台"。

据存心社工综援中心主任回忆，2010年存心善堂探索设立社会工作服务部门主要是源于政府鼓励，汕头市民政部非常看重存心善堂悠久的历史背景、丰富的慈善资源以及积累的大量服务个案，因此主动联系存心善堂，希望其在内部培

养建设社会工作人才队伍，探索开展社会工作专业服务。在汕头市民政局的政策号召和支持下，存心善堂于2010年开始探索发展专业社会工作，在善堂组织内部设立了存心社工综援中心，开发社会工作岗位，调配善堂分支服务机构的员工进入社工综援中心兼职工作，并鼓励他们考取社会工作职业资格证书。

存心社工综援中心主任就是在那时开始接触社会工作服务的，从事社会工作服务近10年的他最初只是存心善堂的义工，在善堂领导的鼓励下他于2008年进入存心善堂就职，后又考取了助理社工师资格证，成为一名全职社工。当时与他一起通过社会工作职业水平考试的还有另外10名存心善堂的全职员工，他们共同组建了存心社工综援中心。尽管他们都并非社会工作专业教育背景，对社会工作的了解也非常有限，但原有的慈善服务经验加上考取社会工作职业资格证书的知识积累帮助他们很快适应了存心社工综援中心的工作，边服务边学习也成为第一代存心社工的共同经历。

在这一阶段，存心社工综援中心没有注册登记为独立的民办非企业单位，而是隶属于存心善堂并依托善堂的各个分支服务机构开展社会工作服务，中心社工也分布在各个分支机构（如存心慈善养老院、存心儿童教养院等）。在依托存心善堂各机构开展服务的同时，存心社工综援中心探索与汕头市政府相关职能部门合作开展社会工作专业服务。例如，2010年，在市政法委戒毒办的支持下，存心社工综援中心积极帮扶刑满释放的社区戒毒矫正个案，成功对6名社区戒毒人员进行矫正，并安排其到存心善堂就业；2014年，存心社工综援中心开始承接汕头市福彩公益金社会工作专业服务资助项目，依托存心善堂现有的残疾人工疗站、慈善超市和庇护安养院，设立"电商工坊"为智力正常、肢体残疾人士提供线下与线上相结合的就业援助服务。

总的来说，在创立发展的第一阶段，存心社工综援中心在一系列政策的支持下成立；它通过鼓励存心善堂员工考取社会工作职业资格证书以打造社会工作服务人才班底；尽管存心社工综援中心在这个时期尚未登记注册为独立的民办非企业单位，但其作为存心善堂的内设服务部门已经开始探索发展社工服务，并与政府合作，尝试承接汕头市福彩公益金资助项目，为中心的可持续发展打下了坚实基础。

（二）发展第二阶段（2015~2016年）：正式注册为民办非企业单位，承接政府资助

2014年，民政部发布了《民政部关于进一步加快推进民办社会工作服务机构发展的意见》（民发〔2014〕80号），明确"成立民办社会工作服务机构应当符合《民办非企业单位登记管理暂行条例》规定的条件"，并提出要"进一步完善登记服务和监督管理措施，为民办社会工作机构登记成立和健康发展创造有利条件"，"民办社会工作服务机构可直接向民政部门依法申请登记"。由此可见，民政部门高度重视民办社会工作服务机构的注册登记工作，这亦是民办社会工作服务机构规范化发展的必由之路。

在相关政策的推动下，汕头市民政局鼓励、支持有条件的社会工作服务组织登记注册为民办非企业单位，并为注册登记工作创造便利的条件。与此同时，存心社工综援中心意识到中心若想朝着更加规范化的方向发展、获得更多政府资源支持，就必须进行注册登记。因此，汕头市存心社工综援中心于2015年经汕头市民政局批准正式注册为民办非企业单位，中心发展正式迈入第二阶段。

存心社工综援中心正式注册为民办非企业单位之后，更加积极地参与承接汕头市民政局福彩公益金资助社会工作专业服务项目和其他市委、市政府的政府资助社会服务项目，于2015~2016年共承接了以下3个政府资助的社会服务项目（见表7-3）。

表7-3 2015~2016年存心社工综援中心承接的政府
资助社会服务项目

项目名称	项目简介	项目经费来源	项目经费数额
"以爱助残"残障家庭社区融入项目	项目采取社工与义工联动的方式,依托存心庇护安养院、残疾人工疗站及慈善超市,链接社会资源,为残障人士提供一站式康复培训就业援助,并突出推广残疾人电子商务就业模式	2015年汕头市福彩公益金	5万元
长者邻里支持项目	项目根据社区内长者的实际需求,整合社区资源,发挥社工人员的专业优势,运用社工专业方法发展"邻里帮扶和社区日间照顾"新型养老模式,为社区半失能老人提供日间照顾服务,搭建社会支持网络,形成良好的社区养老氛围,提高居民对社区的归属感	2015年汕头市社工委资助	5万元
"三社联动"社区综合服务项目	项目以市区孤寡老人、残障人士和困难家庭为主要服务对象,根据民政局"三社联动"政策,采取"服务社区+社区对社区帮扶"的方式开展社会工作服务,整合社区优质资源,开展了捐书活动、大型社区活动、义工服务等服务	2016年汕头市福彩公益金	6万元

值得注意的是,相比珠三角地区政府购买社会工作服务项目动辄数十万、上百万的项目经费,汕头市各级政府部门对社会工作服务项目的资助规模较小,存心社工综援中心承接项目的平均经费只有约5万元,项目经费较为紧张。另外,项目经费仅能用于直接服务支出,不包含人员工资支出,存心社工综援中心需依靠存心善堂拨付资助和机构理事出资来支付社工工资,无法仅通过政府资助来维持中心运营和服务提供。

总的来说,2015~2016年是存心社工综援中心发展的第二阶段,在政府政策的支持下,存心社工综援中心为了提升规范化发展而正式注册登记为民办非企业单位,并陆续承接了汕头市民政局福彩公益金资助社会工作服务项目和汕头市社工委的资助项目，拓展了服务业务范围。尽管存心社工综援中心通过注册而获得了独立法人资格，但受限于项目经费水平，其无法通过承接政府资助的服务项目自负盈亏。

（三）发展第三阶段（2017年开始）：整合善堂资源，发展"互联网＋"

存心社工综援中心自2010年成立以来总共正式承接了4个政府资助的社会工作服务项目，项目经费总额仅约为21万元，中心维持日常运营和服务发展很大程度上仍然依靠存心善堂的财政支持。而到了2017年，存心社工综援中心由于上一年度的年检未达到及格，因此没有继续获得汕头市民政局福彩公益金的资助，这使得中心必须加强与存心善堂的合作以谋求生存与发展，存心社工综援中心进入了挑战与机遇并存的第三个发展阶段。

福彩公益金资助的中断不仅影响了存心社工综援中心原有服务的可持续性，更打击了中心社工对服务发展和政策走向的信心。2015年存心社工综援中心进行登记注册而从存心善堂体系中获得独立法人资格，是为了响应政策号召、获取更多的服务资源，但发展至今始终未能得到足够充分的项目经费支持，社工甚至只能拿着由存心善堂发放的每月不足两千元的补助当工资，有社工用"莫问前程"来表达对当下处境的焦虑。与此同时，2017年启动的广东省"双百镇（街）社会工作服务五年计划"使存心社工综援中心的社工对政策走向产生担忧，他们担心政策支持重点会转向镇（街道）社会工作站而民办社工机构获得的支持会减少，而福彩公益金资助的中断更是让社工意识到必须调整发展策略以应对环境的挑战。

政府资助的中断使存心社工综援中心与存心善堂进行了更紧密的合作，这也给中心的发展带来了机遇。首先，存心社工综援中心继续深化与存心善堂各分支服务机构的合作，社工依托并配合存心善堂成熟的服务体系，分布在各分支机构中为善堂服务对象提供心理疏导、链接资源、搭建社会支持网络等服务，而不再集中开展由政府资助的服务项目。

其次，存心社工综援中心非常注重发展互联网技术来提升服务品质，积极运用存心善堂打造的潮汕地区首个公益众筹救助平台"存心筹"来为服务对象链接资源，突破善堂传统的救济模式，以更加精准、高效的方式来解决困难群众大病救助筹款难的问题。据新闻媒体报道，"存心筹"上线短短两三个月，已经为超过 70 位贫困患者筹到善款近千万元，参与网络捐款的人数超过 100 万人次[①]。存心社工综援中心还运用存心善堂微信公众号推动义工服务发展，存心善堂的 150 余支义工队超过 3000 名义工都在存心善堂微信公众号平台上进行了登记，社工只需要搜索义工编号或查看义工地图就能联系到附近的义工，更便捷地发动义工为服务对象提供帮助。

总的来说，在 2017 年，存心社工综援中心注册后第一次没有获得汕头市民政局福彩公益金资助，政府经费来源的中断既给中心原有服务的可持续性带来了冲击，亦迫使中心调整发展策略，更加侧重于依托存心善堂的资源开展服务，并与善堂一起探索"互联网＋慈善"。在发展的第三阶段，存心社工综援中心与存心善堂的关系类似于第一阶段的关系，中心重新"回归"善堂服务体系，并与善堂建立了更加紧密、深化的协作关系，为服务发展打开了新的局面。

四 亮点项目与优势分析：撬动多方资源、助力残友就业

存心社工综援中心自成立以来就注重探索撬动多方资源为服务

---

① 《百年存心积极创新整合优势资源，打造"互联网＋"慈善新模式》，《汕头日报》2017 年 4 月 20 日。

对象带来更全面、优质的服务，探索资源联动模式以打造亮点服务项目，而残障人士就业援助项目尤其体现了资源联动的成功。

2014~2015年，存心社工综援中心在汕头市民政局福彩公益金的资助下先后开展了残障人士就业援助项目和"以爱助残"残障家庭社区融入项目，依托存心善堂的特殊教育学校、残疾人工疗站、慈善超市、庇护安养院、义工协会等分支服务机构，根据残障人士的条件及需求提供一站式的康复培训就业援助。存心社工综援中心还创造性地探索了残疾人电子商业就业模式，设立"电商工坊"为智力正常、肢体残疾人士提供电脑操作培训、电商销售培训，并采用线上、线下相结合的方式帮助残障人士就业。

为了更好地达到项目目标，存心社工综援中心搭建了多方参与的资源网络，调动了存心善堂各分支机构、汕头市民政局、汕头市残联、爱心企业等多个单位的服务资源，形成合力以支持服务开展、助力残障人士就业，如图7-1所示。

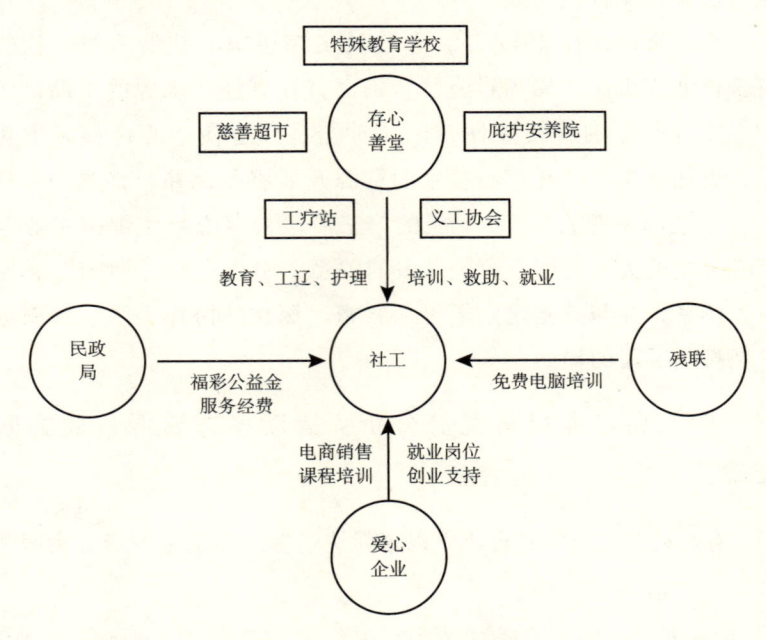

图7-1 残障人士就业援助项目的资源网络

在项目开展过程当中，社工扮演了资源链接者的角色：①利用存心善堂已有的慈善体系为残障人士提供教育、工疗、护理、培训、救助、就业等全方位服务；②通过汕头市民政局福彩公益金资助而获得直接的服务开展经费，用于组织开展培训课程、社区活动等；③与汕头市残联合作开展免费的电脑培训课程，帮助残障人士掌握基本的电脑操作技能；④联合爱心企业开展电商销售课程培训，促成爱心企业提供面向残障人士的就业岗位和创业支持。除了链接多方资源之外，社工还对残障人士与爱心企业的合作关系进行沟通协调，并对有需要的服务对象进行持续跟进，为其提供心理支持，协助其提升就业信心。

在存心社工综援中心的介入和多方资源联动下，该项目取得了突出的成效：截至 2015 年，存心社工综援中心利用存心善堂慈善体系和产业链安置智障、残障学生累计超过 300 名，在存心慈善超市和存心慈善园安置残障、戒毒矫正人员 110 名，帮助案主联系单位就业或协助自主就业达到 60 人。

存心社工综援中心能够有效输送服务、链接多方资源的优势在于其有庞大的善堂慈善体系作为支撑，社工不仅可以直接从该体系中得到丰富的服务资源（如工疗站、慈善超市、义工协会等），还可以凭借善堂的声望获取更多的社会资源，调动爱心企业和爱心人士参与服务项目，也更利于取得服务对象的信任。可以说，善堂背景是存心社工综援中心发展的得天独厚的优势，使中心有更强的资源调动能力，这是其他社工服务机构很难具备的条件。

2017 年存心社工综援中心与多名心理咨询师合作为残障人士及其家庭进行心理疏导，并为存心善堂附属机构有需求的人员进行个案心理咨询。

五 困难与挑战

存心社工综援中心在依托善堂资源发展的同时，仍然面临着许多困难与挑战。首先，尽管存心社工综援中心的设立与发展得到了汕头市政府的大力支持，但它能够得到的福彩公益金资助规模十分有限。存心社工综援中心近年来承接的政府资助服务项目平均经费仅约为5万元，且不能用于发放社工人员工资，单靠如此有限的项目经费无法支持中心的日常运作和服务发展，对社工的服务积极性也造成了打击。

其次，存心社工综援中心承接政府资助社会服务项目的持续性有待提升。这体现在：①汕头市民政局福彩公益金资助社会工作专业服务项目采用"每年一签"的方式对社会工作专业服务项目进行资助，服务满一年后，存心社工综援中心需重新提交项目申报书参与评审，而这会面临服务内容变更或失去资助的风险；②每年申报福彩公益金项目时，存心社工综援中心会被提出不同的要求，从而打乱了原有的服务计划，例如2016年中心原计划继续申报助残服务项目，但由于政策倡导发展"三社联动"，因此中心根据民政局要求更改了申报项目内容；③存心社工综援中心申报的项目没有通过2017年福彩公益金的评审，导致上一年的"三社联动"社区综合服务项目被迫中断，给服务持续性带来了打击。

再次，存心社工综援中心和存心善堂的职能界限尚未得到清晰的划分。这体现在：①存心社工综援中心由于项目经费较少（目前甚至没有得到资助）而无法做到专人专用，大部分社工拥有双重身份，既隶属于中心也隶属于存心善堂的分支机构，既需要开展政府资助的服务项目，亦需要负责养老院、儿童教养院等分支机构的日常服务，工作界限不清晰；②中心没有独立的服务场所，只能依托存心善堂各分支机构开展服务；③中心与分支机构的服务内容相似度较高甚至有所重叠，善堂分支机构的员工对社工工作的了解和认可度较低。目前，在没有承接政府资助的服务项目的情况下，存心社工综援中心的服务几乎完全被整合进存心善堂慈善体系，有社工甚至认为中心是否登记注册为民办非企业单位的区别并不大，主要工作仍然是配合存心善堂开展服务、协助链接与调动资源。职能界限模糊问题给存心社工综援中心的定位和专业化发展带来了挑战。

最后，存心社工综援中心还面临专业人才不足、人员专业性有待提升的挑战。这体现在：①中心于 2015 年注册登记时拥有 11 名社工，但近两年出于人员薪酬水平低等原因，中心社工流失严重，目前仅有 5 名社工在编，如何吸引人才、留住人才成为一大挑战；②在编社工没有高校社工专业教育经历，都是由善堂员工通过考取社会工作职业资格证书转型为社工，专业水平提升需要成长过程，有社工反映服务项目设计、专业文书书写等工作给他们带来了不少困难。

六　结语：由传统善堂到专业社工机构的转型

存心社工综援中心的创立发展体现了中国传统善堂向现代专业社会工作机构探索转型的历程。政府部门发展社会工作的政策倡导与西方社会工作概念的传入是这场转型的主要动因，在存心善堂于内部设立社工综援中心配合政府探索社工服务之后，中心又在政策支持下注册登记为独立的民办非企业单位，开始承接政府资助的社会服务项目并取得了亮眼的服务成果；但由于政府资助项目的经费规模有限且不稳定，存心社工综援中心把服务发展重心再次转回到了存心善堂，采用"善堂为主、社工为辅"的形式，依托善堂资源并嵌入善堂已有的慈善服务体系开展服务。

从目前的情况来看，存心社工综援中心与西式的专业社会工作机构仍然有很大差别，并保留了很多传统善堂的色彩。例如，存心社工综援中心目前没有聘用接受过社会工作专业教育的社工，并沿用了存心善堂从义工中选拔专职人员的模式；存心社工在服务过程中亦没有特别注重使用社会工作专业理论模式，而是以善堂传统服务方式为基础加以创新；更关键的是，由于政府对社会工作服务项目的财政投入有限，存心社工综援中心无法像珠三角或其他发达地区的社工机构一样在政府资助下维持服务提供和机构发展，它在嵌入善堂体系提供服务的同时亦需要继续探索自身的服务定位以及与善堂体系的合作关系。

但无论是承接政府资助项目还是嵌入善堂体系，存心社工综援中心始终致力于通过优质的服务为困难民众排忧解难，一系列实实在在的服务成果得到了潮汕地区社会各界的好评。相信在当地政府及社会各界的支持下，存心社工综援中心将继续以自身的探索推动潮汕地区社会工作的发展。

第八章 街道孵化社工机构，开创养老服务新局面

——潮州市湘桥区韩星社会工作服务中心

一 韩星社会工作服务中心概况

潮州市湘桥区韩星社会工作服务中心（以下简称"韩星社工中心"）成立于2012年，是潮州市第一家经民政部门批准成立的民办社会工作服务机构，属于市、区社会人才队伍建设的试点单位。中心目前共有7名专职人员，其中5人持有助理社会工作师资格证，主要承接运营湘桥区太平街道居家养老服务中心的各项服务，逐渐打造出太平街道创新社会治理、发展养老服务的新模式。

湘桥区太平街道位于国家历史文化名城潮州市的老城区中心，下辖5个社区居委会，面积0.75平方公里，户籍人口约2.8万人，其中60岁及以上的长者人数约6000人，而空巢老人则占约20%。为了满足太平街道老年人的照料与发展需要，太平街道居家养老服务中心于2012年成立并由韩星社工中心负责运营，于2013年被列入第一批"广东省居家养老服务示范单位"。

韩星社工中心自成立以来一直以关爱老人、提高老人生活质量为宗旨，以构建专业社区居家养老服务为目标，无偿为太平街道的"三无"对象、低保户中的特困孤寡老人提供照料服务，也

为其他有养老服务需求的老人提供免费日托及其他多样化的服务。居家养老服务中心面积约600平方米，设有医护室、书画弦乐室、康复健身室、文化娱乐室、休养室、培训室、档案室和餐室等功能室，能为老年人提供生活照料、配餐送餐、医疗护理、心理疏导、康复训练、保健教育、文化娱乐和体育健身等多项服务，让老年人在社区安享幸福晚年，实现"老有所养、老有所为、老有所乐"。

本章首先介绍韩星社工中心的服务发展历程、组织架构与人员构成、服务内容等中心运作情况，接着介绍其开展的一项典型的长者服务项目，进而讨论韩星社工中心发展的经验启示及其目前面临的挑战与困难。

二 韩星社会工作服务中心运作情况

（一）发展历程

1. 项目起步阶段（2012~2013年）：街道牵头成立，用心扎根社区

根据中组部、民政部等18部委发布的《关于加强社会工作专业人才队伍建设的意见》（中组发〔2011〕25号），潮州市委、市政府积极探索社会工作专业人才队伍建设，其中湘桥区在太平街道进行试点工作，以培育发展民办社工机构为切入点发展社工人才队伍。2012年，在太平街道办事处的积极推动和大力支持下，太平街道5个社区居委会共8名工作人员共同注册成立了潮州市湘桥区韩星社工中心。与此同时，太平街道于同年建立了太平街道居家养老服务中心，并把居家养老服务中心交由韩星社工中心进行运营管理，由太平街道办事处支付中心人员工资和服务经费。由此可见，韩星社工中心与太平街道办事处和太平街道居家养老服务中心有着密不可分的关系，韩星社工中心的工作人员不仅由街道办支付工资，甚至原本就是

第八章　街道孵化社工机构，开创养老服务新局面

隶属于街道办的居委会人员，而社工的主要职责就是开展各项居家养老服务，这些服务则由街道办提供资助。韩星社工中心和居家养老服务中心都是太平街道推动社会工作发展、创新社会治理的产物。

韩星社工中心承接了太平街道居家养老服务中心后，首先委托了街道出面聘请专家对太平街道60周岁以上长者的生活状况进行调查研究，社工与专家通过共同上门入户探访，对老人们的生活状态、服务需求进行了系统的了解，产出了具有针对性和指导性的需求调研报告。根据需求调研报告，韩星社工中心主要把居家养老服务中心的服务方向定为健康维护服务、精神慰藉服务、文体康乐服务、社区支援服务、日常生活服务等多个方面。

韩星社工中心的工作人员认识到，要满足辖区内老年人多样化且深入的需求，仅用原来居委会的工作手法是不够的，但他们最初对社会工作并没有太多了解，也从未接受过社会工作专业教育或培训。此时，街道书记鼓励韩星社工中心的工作人员报考国家社会工作职业水平考试，韩星社工中心的工作人员是在备考过程中才真正了解到社会工作的专业工作方法。他们边服务边学习，边备考边探索。

除了专业能力不足之外，韩星社工中心在服务起步阶段还遇到了老年人不信任社工的情况。据韩星社工中心主任回忆，当时空巢、独居老人非常不信任社工，也不知道社工是做什么的，以为社工是搞推销或者传销的，需要由居委会工作人员带领社工入户，老年人才没那么抗拒。而社工也不知道应该提供怎样的服务，怎样做才是最好的，做到什么程度才是老人家最需要的。经过几年时间长期性的走访，到他们家里坐，陪他们聊天，了解他们近期的需求，慢慢地做下来，社工才逐渐了解长者需要什么，逐渐与他们建立起比较信任的关系，慢慢地成功让老年人接纳社工。而在老年人信任社工之后，如果社工隔了一两天不去入户探

访的话，有些老人就会在家门口坐着等社工，这让社工非常感动。

总的来说，政策背景和街道支持是韩星社工中心得以成立的主要推力，中心社工都是由居委会原来的工作人员转型而来，与太平街道办事处具有天然的亲近关系。尽管社工没有接受过专业教育，但他们在考证过程中边服务边探索老年人居家养老服务，在服务起步阶段主要开展需求调研，入户探访，与老年人建立了信任关系。

2. 项目爆发阶段（2014年）：中央财政支持，深化服务发展

经过了两年的社区扎根，韩星社工中心已经与社区内老年人建立了信任关系，对辖区内老年人的生活状况和需求情况也有了更深入的了解，服务正朝着更成熟的方向发展。在此情况下，韩星社工中心积极申请并获得了2014年中央财政支持社会组织参与社会服务项目资助，资助金额为50万元，以开展养老服务示范项目。

中央财政支持的养老服务示范项目主要包括四个方面的服务内容：①社会救助服务，使用项目经费资助辖区内的五保户、重特大疾病患者、低收入家庭等困难老年人群体；②社会福利服务，社工团队为辖区内有需要的老年人提供日间照料、康复护理、医疗保健、紧急救援等服务；③社区服务，社工团队定期开展书法创作、乒乓球友谊赛、潮乐潮曲表演、太极拳、门球等康乐活动；④社工探访服务，社工团队定期对空巢、独居等有需要的老年人开展爱心关怀、心理疏导等服务。

值得注意的是，中央财政支持经费仅包括直接服务支出和必要的行政支出，不包含人员工资支出。具体来说，项目经费的92%（46万元）用于以受益对象为单位的服务活动支出，即开展四个方面服务所需要的费用；仅有8%（4万元）用于项目开展所需要的行政支出，如交通费、通信费、会议费、印刷费等；社工的工资仍然由太平街道办事处支付，且工资水平仍然维持在每月 1000 元的较低水平。尽管中央财政支持并没有给社工的收入情况带来改善，但韩星社工中心仍然十分积极、用心地开展服务，全年共开展超过 30 场社区活动，服务人数超过 1 万人。

对于韩星社工中心来说，2014 年具有重要的历史性意义，这是中心服务经费最为充足的一年，服务也因此得到了爆发式的发展。据韩星社工中心主任回忆，充足的服务经费激发了社工团队的服务热情，也使得社工能够更好地满足老年人的各类需求，2014 年可以说是韩星社工中心服务做得最好的一年。经过 2014 年的服务发展，韩星社工中心在潮州市打出了名堂，获得了社会各界更广泛的关注和居民的认可，并于当年受到了时任广东省委副书记马兴瑞的莅临指导。

3. 项目发展阶段（2015 年至今）：发展恒常服务，推动"三社联动"

2014 年中央财政支持的养老服务示范项目结束后，韩星社工中心于 2015 年获得了共青团广东省委员会"益苗计划"培育成长项目的 1 万元经费支持，用于开展邻里守望与为老服务。但除此之外，韩星社工中心至今没有再承接其他资助或购买项目，主要工作内容为依托太平街道办事处开展居家养老的各项恒常服务，推动形成太平街道养老服务的"三社联动"模式。

经过了 3 年的服务探索，韩星社工中心已经逐渐扎根社区，与社区内长者建立了信任关系，也摸索出一系列成熟的恒常养老服务项目，包括康乐活动、日间照料、医疗保健、探访建档等。韩星社工中心还积极联络区域内的太平街道办事处、居委会、卫生院、学校、街道团委、爱心企业、志愿者组织等单位，通过开展各种志愿服务活动，整合社区资源，为区域内老年人创建社会支持网络，形成了社区、社会组织、社会工作"三社联动"的良好局面，服务成果得到了社区居民和各级领导的高度肯定。

尽管韩星社工中心扎根社区开展服务取得了很多成绩，但其仍然面临诸多严峻的挑战，首先是经费不足的难题。在 2014 年获得 50 万元中央经费支持后，韩星社工中心没有再获得大规模的资助，仅依靠太平街道办事处按月度支付中心的人员工资和日常支出，服务经费整体规模大幅减少，一年总运营经费约为 16 万元（含人员工资、直接服务支出与其他日常支出），且每月活动经费并不固定，这对服务开展造成了很大冲击。例如，2014 年经费充足时，韩星社工中心每月能够开展 3～4 场活动，而目前只能尽量维持每月开展 1 场小组活动，社工想开展的一些服务也由于经费不足而无法开展。另外，社工的工资也长期维持在较低水平，每月仅有 1000 元工资收入，低于 2015 年潮州市湘桥区城镇常住居民人均可支配收入水平（每月 1905 元）[①]。

值得注意的是，在没有承接更多项目的情况下，韩星社工中心在服务发展中与太平街道办事处形成了更紧密的互利共生关系，韩星社工中心必须依靠街道办的资助维持机构运作和服务开展，而街道办也必须支持韩星社工中心以维持居家养老服务中心的运作和推动社会治理创新。因此，这种互利共生关系成为韩星社工中心应对经费不足并有效开展服务的关键。

总的来说，在 2015 年至今的发展阶段中，韩星社工中心没有再获得大规模服务资助，尽管面临经费不足的困境，但韩星社工中心仍然依靠与街道的互利共生关系维持机构生存与服务提供，扎根社区为老年人开展各项恒常服务，链接多方资源打造"三社联动"局面。

（二）组织架构与人员构成

韩星社工中心的组织架构较为简单，主要由 1 名持社会工作师资格证的中心主任、4 名持助理社会工作师资格证的社工

[①] 数据引自潮州市统计局、国家统计局潮州调查队：《潮州统计年鉴 2016》。

和 2 名没有持证的社工助理组成,由于项目规模较小,中心没有做更多的部门划分,各项服务也是由全体工作人员共同合作开展。

韩星社工中心的 7 名工作人员都没有接受过高校社会工作专业教育,而其中 5 人在中心成立前是街道聘用的居委会工作人员,因此社工团队与街道有着天然的亲近感,甚至认同自己为"街道的人",社工的街道背景也为韩星社工中心与街道的互利共生关系奠定了良好基础。

（三）服务内容

韩星社工中心目前正在开展的恒常服务如表 8-1 所示。

表 8-1 韩星社工中心恒常服务内容

服务项目	服务内容简介
康乐服务	管理居家养老服务中心的书画弦乐室、文化娱乐室、休养室等康乐设施,为老年人提供乒乓球、书法、歌唱、舞蹈等文娱康乐活动场所,不定期举办书法展、春联送祝福、潮乐大家唱等文化活动
日托服务	为辖区内 60 岁以上有需要的老年人提供日间照料、午餐膳食、午间休息、读书看报、小组活动、陪同聊天等日托服务
入户探访	针对辖区内 60 岁以上的老年人(尤其是孤寡老人、残疾老人与贫困老人)进行定期的入户探访,与老年人聊天,协助解决生活困难,掌握老年人的健康、心理、经济、社交等方面的状况,建立并更新老年人个人康乐档案
个案服务	根据老年人的个别化需求进行个案服务介入,提供情绪疏导、心理辅导、协调家庭关系、申请福利津贴、对接志愿服务、链接社会资源等服务
义医义诊	联合太平街道卫生院开展老年人义医义诊、健康护理、走访送药、健康讲座等活动,为老年人提供专业化的医疗救治和保健服务

续表

服务项目	服务内容简介
安全援助	与电信部门合作,设立"平安智能工作平台",通过为老年人提供具有定位功能的手机,为老年人提供"紧急呼援""定位搜索"等安全援助服务
志愿者管理	与街道内的各支志愿者服务队伍进行结对,发动志愿者开展关爱帮扶社区老人行动,目前在韩星社工中心登记并定期联系的社区志愿服务队伍共有22支,志愿者近300人
巷长发展	组织30名老年人担任太平街道十大历史名巷的巷长和助理巷长,协助维持卫生秩序,协助解决邻里纠纷,向游客宣传潮州历史文化,为有需要的游客提供指路、讲解等帮助
组织社会爱心活动	对接爱心企业和个人,开展送米送油等慰问活动,为特困老人链接爱心慰问金等

三 典型服务项目:发挥老人潜力,推动社区治理

韩星社工中心在开展居家养老服务时不仅把老年人视为服务使用者,更把他们视作有优势、有潜能的长者,他们能够继续发挥自身能力,并为社区建设做出贡献,实现人生价值。在这样的理念指引下,韩星社工中心与太平街道办事处一起创建了"巷长制",结合老年人的优势和太平街道的历史文化资源,为太平街道十大历史名巷选出合适的老年人担任巷长,推动社区治理创新和老年人"老有所为"。

太平街道位于潮州市的老城区,分布着潮州市十大历史名巷,辖区内的牌坊街、黄宅庭园等景区常常游人如织,拥有丰富的历史文化资源和旅游资源。社工在服务过程中发现,一方面,许多老年人一辈子生活在太平街道,对地区的历史文化十分了解,也很热心于社区的发展,但他们很少有机会宣传社区历史和参与社区建设;另一方面,许多老年人的生活方式比较单调,或在街头巷尾闲逛,或聚在一起打牌甚至赌博。在这样的背景下,

社工希望与老年人一起探索更加积极健康的生活方式，发挥老年人的优势，鼓励其参与社区治理与社区建设，实现"老有所为"。因此，韩星社工中心与太平街道办事处一起探索创建"巷长制"，选拔身心条件适合且热心于社区事务的老年人担任太平街道十大历史名巷的巷长，由巷长协助居委会处理社区事务，参与历史文化街的卫生、宣传等工作。

但是巷长队伍的建设并非一帆风顺，许多老年人一开始并不愿意参与巷长队伍，声称自己没有能力或忙于照顾家庭。后来，社工由居委会工作人员带领进行入户探访，与每位老年人沟通并了解他们的特点，社工发现有些老年人特别热心于社区事务，还有的非常了解社区历史，他们是宝贵的社区资产。接着，社工从老年人中的积极分子入手，先吸收积极分子加入巷长队伍，再由他们带动其他处于观望状态的老年人加入。在此期间，社工还组织了许多小组活动吸引老年人参加，与老年人建立信任关系，老年人与社工逐渐变得熟络起来，也渐渐地愿意参与"巷长制"建设和其他社工活动。经过社工和街道办的推动，太平街道每条历史名巷都由社区居民选出了1名巷长和2名助理巷长，建设起了总共30人的巷长队伍。这些巷长都是社区内德高望重的老年人，当中最年轻的有五十多岁，最年长的已超过八十岁。

巷长的工作职责主要包括以下几个方面：①调解邻里纠纷，加强社区居民互助，组织居民签订自治公约，联络居民共同解决社区问题，如垃圾倾倒问题、环境绿化问题等。②协助社区居民委员会做好上传下达工作，宣传法律政策，收集并反映居民对社区建设的意见等。③协助环卫部门整治、维护牌坊街的环境卫生，对游客的不文明行为进行劝导，巡视并反映街道的卫生污点情况，联系环卫工人进行垃圾清扫。④为牌坊街游客提供引导指路、导赏讲解等帮助，宣传潮州历史文化。每周末早上8：30～10：30，巷长们都会自发组织起来戴上红手圈、红帽子在历史名巷进行巡逻，为游客提供帮助和讲解，协助维持秩序。几年下来，巷长们的工作已不需要社工去发动，街头巡逻已经成为巷长们的一种风雨无阻的习惯，就算是遇上春节等节假日也会持续，甚至在工作日他们也会自发走动起来。

"巷长制"建设如今已得到了老年人、社区居民和街道办的高度认可，对老年人的自我实现和社区治理发挥了巨大作用。对于老年人来说，巷长工作丰富了他们的生活，让他们在发挥所长、服务社区的过程中增强了自身价值感和自信心，也让他们将对家乡的热爱化作实实在在的行动，在传承历史文化、参与社区建设的过程中增强了对社区的归属感和自豪感。对于社区来说，"巷长制"的推行推动了太平街道创新社区治理模式，通过"巷长"带头讲文明，引导居民提高自治意识、加强邻里互助，共建文明社区，使社区名巷呈现洁净美丽、团结友善、文明和谐的新风貌。

四 经验与启示

（一）扎根社区

韩星社工中心现任的7名社工中有5名是自2012年中心成立之初就一直坚守下来的，这种坚守不仅使社工成为最了解社区内老年人情况的人，也使他们成为老年人最信赖的人。五年下来，对于许多老年人来说，前往中心参与活动、与社工和老友们聊聊家常已经成为一种习惯，而对那些行动不便的老年人来说，社工的入户探望成为生活的一大期待，如果隔了一段时间不见，他们会主动坐在家门口等待社工。韩星社工中心通过五年的用心服务已经成功在社区扎根，成为社区的一份子，赢得了老年人和其他居民的信赖。这种扎根来之不易，是社工们通过一次次入户探访、一次次促膝长谈、一次次集体活动才逐步建立起来的。

韩星社工中心主任如此描述与当地老年人的关系："我们一

路上都没有想过要离开这里,这些老人家都很需要我们,我们就好像他们的亲人一样,这让我们心中也有一种信仰。"这种紧密的信任关系和强烈的服务信念正是韩星社工中心成功扎根社区、不断提升服务品质的关键所在。

(二) 推动积极老龄化

韩星社工中心把老年人视为能动的主体而非被动的服务使用者,反对老年人应该从社会生活中脱离的观点,认为老年人的经验、知识和资源是社区的宝贵财富。因此,社工注重发掘老年人的优势和潜能,让老年人在发挥自身价值、参与社区建设的过程中实现积极老龄化。

巷长队伍建设集中体现了韩星社工中心的服务理念,打破了老年人只能接受帮助、逐渐远离社区事务的旧观念,成功激发了老年人发挥自身潜能、参与公共事务的信心,使他们通过担任巷长职务来实现自我服务与服务他人。除此之外,韩星社工中心还以积极老龄化为理念开展了许多服务,如举办老年人书画展、推动老年人成立潮剧社、成立老年义工队以加强邻里互助、组织老年人向学生介绍潮州工夫茶文化等,为老年人参与文化、公益、社区建设等事业提供了丰富的机会。

(三) "社区居委会+社区志愿者+社工机构"的养老服务模式

自 2013 年民政部、财政部在《关于加快推进社区社会工作服务的意见》中指出要"建立健全社区、社会组织和社会工作专业人才联动服务机制,探索建立以社区为平台、社会组织为载体、社会工作专业人才为支撑的新兴社区服务管理机制"以来,全国各地都在积极探索社会服务的"三社联动"机制,而韩星社工中心也在扎根社区、服务社区的过程中逐渐摸索出"社区居委会+社区志愿者+社工机构"的养老服务"三社联动"模式。

在社区方面，韩星社工中心与辖区内各社区居民委员会建立了紧密的合作关系，社工可以通过居委会接触服务对象、了解服务对象的情况与需求，社工在服务过程中也会向居委会申请物资、政策、资金等方面的支持。在社会组织方面，韩星社工中心注重与潮州市各大志愿者组织和学校志愿者队伍合作开展针对老年人的爱心志愿服务，目前在中心登记并定期联系的志愿者队伍共有22支，为老年人搭建了社会支持网络。此外，韩星社工中心还积极培育社区居民组织，如巷长队伍、老年人志愿服务队等，推动了社区居民的自我管理、自我服务。在社会工作层面，韩星社工中心作为独立的民办社工机构，近年来不断通过培训、支持社工考证等途径来提升社会工作专业能力，运用社会工作专业方法为辖区内的老年人提供适切的服务，并发挥着连接社区居委会和社区志愿者的桥梁作用，盘活了太平街道养老服务的"三社联动"格局。

（四）互利共生关系

韩星社工中心的成立源自太平街道办事处的主动孵化和大力支持，两者不仅有着天然的亲近感，更在近年来的合作中逐步发展出互利共生关系。一方面，正如某位社工所说，"如果没有街道的支持韩星根本维持不下来……大家都觉得自己是街道的人"（受访者CZ04-01），韩星社工中心的大部分社工是街道原来聘用的人员，现在中心需要依靠由街道每月拨付的人员工资和服务经费来维持自身的运作，社工在实际工作中不仅会配合完成街道的部分行政性任务，甚至认为自己就是街道的一份子；另一方面，太平街道办事处也需要依靠韩星社工中心来承接政府职能转移，维持广东省居家养老服务示范单位的运作，并配合政策号召发展专业社会工作，推动形成"三社联动"的社区治理格局。

这种互利共生关系不仅使韩星社工中心获得稳定的资助（尽管经费非常有限）从而能够生存下来，也使其在开展服务的时候获得更多便利。例如，社工进入社区时可以获得来自街道的合法性支持，在开展大型活动时能得到居委会工作人员的协助，服务特困老年人时也可以直接向街道申请福利津贴。另外，互利共生关系使韩星社工中心与街道、居委会的沟通和合作更加顺畅，除了举行定期的工作会议外，社工与街道、居委会工作人员平时也有很多非正式的交流，使得大家对服务发展规划有更多的共识，在实际工作中互相支持，达到"心往一处想，劲往一处使"的效果。

但与汕头市的部分街道社工站不同（见本书相关章节），韩星社工中心并不属于街道办事处的一个部门，而是具有独立的民办非企业单位性质，这保障了社工中心与街道办事处具有相对明确的职能界限和角色划分。首先，韩星社工中心可以专注于提供社会服务，中心社工不在街道办事处任职，不参与街道办事处的行政管理工作；其次，韩星社工中心拥有独立的财务账户，在财务管理方面具有自主权，避免了中心财务与街道财务混淆不清的状况；最后，韩星社工中心的民办非企业单位性质使其有资格承接其他服务资助或政府购买服务项目，具有更宽广的服务拓展空间，为机构未来的进一步发展奠定了基础。

总的来说，这种互利共生关系使得韩星社工中心既能与街道办事处和各社区居民委员会建立非常紧密的合作关系并从中获利，也能使社工中心保持较为独立的状态，有力促进了服务的发展。

五 挑战与困难

（一）项目经费不足

尽管街道办的支持和社工的用心服务开创了太平街道养老服务蓬勃发展的局面，但韩星社工中心仍然受到经费上的严峻制约，项目经费不足问题已经成为韩星社工中心目前面临的最大困难。

目前韩星社工中心的收入主要依靠太平街道办事处按月度提供的资助，而除了人员工资较为固定外（每人每月1000元），街道办每月提供的直接活动经费并不固定，韩星社工中心一年获得的项目资助共计约16万元。一年约16万元的项目经费要覆盖7名社工全年的工资支出以及居家养老服务中心的直接服务支出和其他行政支出，由此可见项目经费的使用十分紧张。社工坦言，目前的财务状况对他们进行服务计划造成了非常不利的影响，社工缺乏开展各项活动所需要的充足经费，造成部分服务无法开展。

此外，有限的项目经费甚至无法很好地保障社工的日常生活，社工的工资收入长期维持在每月1000元的水平，难以跟上持续上涨的物价和生活成本。社工若没有家庭的支持，根本无法维持生活，亦无法坚持服务工作。

虽然街道办已经为韩星社工中心和居家养老服务中心提供了力所能及的财政支持，但这仍然不足以支撑社工中心的可持续发展。如何为项目争取更多的政府资助、政府购买服务经费甚至基金会资助，成为韩星社工中心面临的当务之急。

（二）专业支持有待加强

韩星社工中心的7名社工都并非社会工作专业科班出身，尽管他们通过考取社会工作职业资格证书掌握了一定的专业技能，但社工坦言，由于他们属于"半路出家"，很大程度上是"凭着爱心做下去"，他们并不确定自己的服务是否真正达到了专业的标准。目前，韩星社工中心的服务内容主要以开展活动和链接资源为主，较为缺乏专业个案服务的开展，即使开展个案服务，社工也较少使用专业辅导方法，遇到困难时甚至会沿用他们在居委会工作时的方法来解决问题。社工意识到，提升专业化水平是机构长远发展和提升服务品质的关键所在。

尽管省、市民政部门和社会工作协会越来越多地提供社会工作专业培训机会，但社工认为这种短期的培训仍然不足以保证专业技能的掌握和实际运用，因此，韩星社工中心非常希望能够为项目配备正规的社工实务督导，为服务进行持续性的指导与评估，协助提升社工的专业服务能力和项目服务品质。

六　结语

潮州市湘桥区韩星社工中心诞生于太平街道办事处的主动孵化和大力支持，并利用与街道办的互利共生关系扎根社区，用心服务老年人，创造了太平街道居家养老服务新格局。在服务过程中，韩星社工中心积极探索"社区居委会+社区志愿者+社会工作机构"的养老服务"三社联动"模式，充分调动社区资源服务老年人。此外，韩星社工中心还注重发挥老年人的优势和潜能，积极推动老年人参与社区治理、文化和公益事业，将积极老龄化的理念融于日常服务当中，实现"老有所养、老有所乐、老有所为"。但韩星社工中心目前仍然面临着项目经费不足、专业支持有待加强的挑战，克服这些困难不仅需要社工的努力，更需要各级政府部门、行业协会和相关社会组织的共同协作。

第九章　基层社区治理协同

——汕头市金平区同益街道社会工作站的发展模式*

一　机构概况

汕头市金平区同益街道位于金平区的中心老城区，辖区面积0.749平方公里，下辖福明、盐埕、永同、红亭、桂馥、志成、联韩7个社区居委会，总人口超过3万人，辖区内60岁以上老年人5671人，80岁以上老年人1242人，残疾人404人。各社区均面临着老年人、残疾人数量较多的现象，而这两个群体往往生活状况较差，面临着较大的生活压力和较低的社会融入程度，他们的需求往往十分迫切。与此同时，各社区居委会又面临着经费紧张、工作人员少、党政事务繁杂等情况。以红亭社区居委会为例，社区居委会共有工作人员5人，需要管辖辖区内的人口约4400人，平均每个工作人员要承担200多户近900人的服务管理工作，同时还面临着包括党建、计生、城市卫生管理、消防安全等在内的行政事务，这些都极大地阻碍了各社区发展社区服务的工作部署。

汕头市金平区同益街道社会工作站（下文简称"同益社工站"）成立于2013年初，在市、区两级民政局的支持指导下运营，旨在探索创新基层社会管理服务机制，搭建以社区为基础、

---

* 中山大学社会工作专业梁家恩同学对此章有重要贡献。

以社会组织为载体、以社工为骨干与桥梁的社会管理服务运作机制，通过开展社会工作服务项目，以资源共享、功能共融、党群互建、聚集社会关爱力量的模式，致力于营造社区和谐幸福的氛围。同益社工站从成立之初就以社区居民需求为导向，引入社会工作专业理论，运用社区工作、小组工作、个案工作等方法，与社区服务功能互补互益，为社区居民提供专业化、个性化、多元化的社区服务。

自成立至今，同益社工站分别申请到"守望夕阳，关爱无忧"社区"三无"老人服务与"集爱之旅、众爱同行"残疾人服务等社工服务项目，为社区中的老年人和残疾人这两个需求最大的困难群体提供专业的社会工作服务，在原有的社区服务的基础上，进一步改善、缓解他们的生活困境。

本章将以同益社工站为描述对象，希望通过对这一个案的阐释，了解同益社工站如何扮演基层社区治理协同者角色，在这一过程中同益社工站形成了怎样的发展优势，又遇到了哪些困难和挑战。在此基础上，本章总结了同益社工站的经验，进而得出一些启发性的结论。

二 运作实施情况

（一）发展历程

同益社工站自 2013 年成立至今，共经历了 4 个不同的发展阶段。

1. 起步阶段：创办社工站，探索社区互助交流平台

2013 年，同益社工站在汕头市、金平区民政局两级指导单位及同益街道的支持下正式成立运营，其从建立之时便以居民需求为导向，注重社区发展，旨在为社区居民搭建一个互助交流的平台。

2. 发展阶段：引入专业手法，促进专业化发展

2014 年，同益社工站在开展现有服务的同时，进行更加深入的创新与发展。同益社工站引入社会工作的专业工作方法，如小组工作、社区工作等方法，从预防性、支持性、治疗性、发展性四个层面开展服务，并通过相关服务项目的开展，创新社区服务管理机制和社区服务模式。

3. 完善及延伸阶段：个案精准介入老人需求，推动助残事业多元发展

2015年，同益社工站进一步提升及推进项目实施方案的精细化，不断体现社工站在现有基层工作体系中的价值。同年，同益街道党工委、办事处率先探索推行以社区为基础、以社区组织为载体、以社工为骨干与核心的"三社联动"平台，以项目化的工作思路提升社区服务水平，使用项目经费为同益社工站聘请了专职社工2名，志愿者联络员1名，开始运作"守望夕阳，关爱无忧"社区"三无"老人服务与"集爱之旅、众爱同行"残疾人服务等社工服务项目，并结合基层党建工作，实现了社工站与街道的高效联动与合作。

4. 未来发展愿景：恰逢"双百计划"，社工站进一步转型契机

自2016年以来，同益社工站在扎实推进现有工作的基础上不断前行，在缓解社会矛盾、帮扶弱势群体、救助个体危难、链接社会资源等方面得到了各级领导及当地居民群众的充分肯定。同时，2016年汕头社会工作迎来了新的发展契机，同益社工站被纳入了"广东省双百镇（街）购买社会工作服务"五年工作计划之中。对于同益社工站而言，一方面有助于其保持专职社工的稳定性与专业性，另一方面，也为社会工作在基层立足再提升注入了新的力量，并在真正意义上创新基层社区服务模式和内容。

总体而言，同益社工站作为探索社区管理服务机制创新的实验性项目，通过引入专业的社会工作方法提供老人和残疾人服务，对创建富有特色的"三社联动"平台进行了卓有成效的探索。如今恰逢"双百计划"实施之际，同益社工站又迎来一个继续发展完善、不断提升专业服务水平的契机。

(二) 架构及人员组成

1. 工作机制

在日常运营中,同益社工站实行双重督导制度。首先,同益社工站接受同益街道方面,包括街道党工委、办事处提供的行政督导,行政督导人员是街道中直接负责管理项目的人员,对项目情况更加熟悉,对项目的运作能够提供更多的帮助,也能给予更多政策性和行政性的支持;同益社工站的日常活动计划都由社工站向街道进行申请,经街道审批通过后再由专职社工负责项目的实施运作。其次,同益社工站还通过外聘的形式,接受来自汕头市社会工作协会的专业督导。外聘督导能够起到更多专业支持方面的作用,给予社工站更多专业层面的指导,同时可以显著地提高项目运作的水平。社工站的督导形式如图9–1所示。

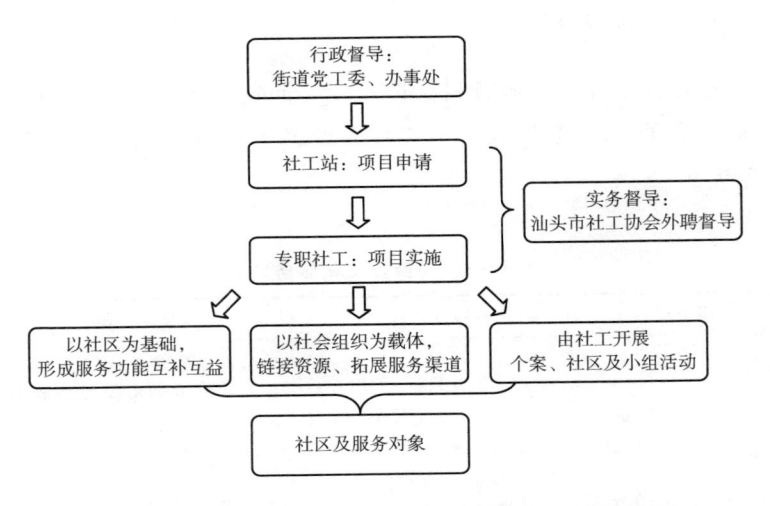

```
                    ┌─────────────────┐
                    │ 行政督导:        │
                    │ 街道党工委、办事处│
                    └────────┬────────┘
                             ↓
                    ┌─────────────────┐      ┐
                    │ 社工站:项目申请  │      │
                    └────────┬────────┘      │  ┌─────────────────┐
                             ↓               ├──│ 实务督导:        │
                    ┌─────────────────┐      │  │ 汕头市社工协会外聘督导│
                    │ 专职社工:项目实施│      │  └─────────────────┘
                    └────────┬────────┘      ┘
               ↙             ↓             ↘
    ┌──────────────┐  ┌──────────────┐  ┌──────────────┐
    │ 以社区为基础, │  │ 以社会组织为载体,│ 由社工开展    │
    │ 形成服务功能互补互益│ │ 链接资源、拓展服务渠道│ │ 个案、社区及小组活动│
    └──────────────┘  └──────┬───────┘  └──────────────┘
                             ↓
                    ┌─────────────────┐
                    │ 社区及服务对象   │
                    └─────────────────┘
```

图 9–1　同益社工站开展社工服务项目工作督导机制

2. 人员结构

同益社工站共有4名工作人员,分别担任站长、志愿者联络员和专职社工。其中,站长与志愿者联络员各1名,均为同益街道的工作人员,兼职担任社工站的职务并协助处理社工站的工作。专职社工共两名,均有助理社工师的职业资格认证,且有一定的社会服务经验,是服务工作的主要实施者。专职社工的人员资质情况如表9-1所示。

表9-1 同益社工站专职社工人员资质情况

序号	编号	性别	年龄	教育程度	所学专业	从业年限	现职务	主要服务领域	持证类型
1	ST12-01	男	30	大专	非社会工作相关专业	9个月	社工	长者、残疾人	助理社工师
2	ST12-02	女	27	本科	社会工作	27个月	社工	长者	助理社工师

(三) 服务内容

根据需求评估和服务目标的设定,同益社工站针对街道内7个居委会的"三无"老人及残疾人设置了各具特色的相关服务(见表9-2)。

表9-2 同益社工站服务内容

服务项目	服务目标	服务计划
"集爱之旅,众爱同行"社区残障人士社会工作服务项目	服务对象及目标:利用专业社会工作,使残疾人消除自我轻视的观念,增强残疾人自身能力,使其积极参与到社区生活中	生活自强计划:构建支持网络,提高残疾人的生活自理能力,提高社会参与度
		就业自强计划:利用社区工疗站作为跳板,增强残疾人的就业能力和自信
	社会目标:通过"三社联动"平台,形成家庭、社区、社会组织的支持网络,并大幅提高社会对社工项目的知晓度及参与度	社区集爱计划:通过宣传,让更多人接触、了解残疾人的需求,让残疾人能够融入到社区中

续表

服务项目	服务目标	服务计划
"守望夕阳,关爱无忧"项目——社区"三无"长者服务[①]	提高老年人的生活质量,改善困难老年人的生活状况,通过链接社会资源共同关注城市老年人的晚年生活	个案跟进为主,预防性、支持性活动为辅,整合资源,构建支持网络。现项目主要开展关怀行动、居家环境改善计划、黄手环行动等

在残疾人服务方面的工作中,同益社工站能够从服务对象的不同需求出发,开展服务对象个人能力提升活动,以改善其生活状况。社工站同时能够从社会层面开展改变社会对残疾人认识的活动和促进残疾人融入社会的服务,如组织社区工疗站的残障人士及其家属外出拓展,让他们接触外面的世界,参与到社会活动中。现该项目主要在社区工疗站结合残疾人的需求开展个案服务和活动。

而在"三无"老人服务方面开展的工作中,同益社工站在介入社区登记在册长者的同时,将服务范围扩大至失独、独残长者,进一步覆盖了社区内需要服务支持的长者群体。项目内容能够从健康、居家环境、社区照顾、经济支持和娱乐需求五个层面回应长者的需求,如表9-3所示。

表9-3　同益社工站长者服务内容

回应维度	服务内容
健康层面	结合社区卫生医疗资源积极链接其他资源
居家环境方面	链接资源与义工,促成友善的居家安全环境
社区照顾方面	链接爱心午餐服务项目
经济支持方面	转介居委会及链接其他社会资源
娱乐需求方面	开展丰富的长者日常娱乐活动

① "三无"老人是指城镇居民中无劳动能力、无生活来源、无赡养人和扶养人,或者其赡养人和扶养人确无赡养或扶养能力的60周岁及以上的老年人。

三 典型服务案例分析

本节将通过分析同益社工站的一个典型服务案例，借以了解同益社工站的服务模式与特色。

叶伯（化名）为社区中的一位"三无"长者，经常拾取别人弃置的杂物回家摆放，甚至长期占据了隔壁一间无人居住的房子，用来堆放垃圾杂物。狭小的空间内臭气熏天、跳蚤乱窜，家居环境每况愈下。周围邻居长期投诉无果，街道、居委会两级单位也曾多次上门劝说叶伯停止堆积垃圾的行为，甚至曾经组织人员多次进行小范围清理，但老人非常固执，不愿意改变自己的做法。

同益社工站在接到该个案后，首先对叶伯的生活现状和需求情况进行评估。社工通过了解，掌握了叶伯的日常生活情况，了解到了老人平时生活主要由其侄子负责照料，加上身体一直很差，长期背着尿袋，经济十分困难，而其侄子每天要外出打工，无法照料老人的日常三餐。同益社工站便决定从老伯的日常三餐出发，将其列入免费送餐服务对象，并迅速联系了社会团体提供送餐服务，通过这些渠道和措施解决了老人的吃饭问题，取得老人的信任。

其间，同益社工站的工作人员更是多次忍受恶臭上门走访，通过一段时间的接触，老人向社工反映其身体越来越差，身体插管的地方经常发炎、发臭，想去医院治疗，但无力支付治疗所需的3000元手术费。了解到老人的这一诉求，社工借此机会向老人普及了居住环境对身体健康的影响，而且向叶伯表示，若想让社工帮助筹集入院费用借此恢复健康，那么叶伯需要配合社工为其制订的身体恢复计划。得到老人的许可后，社工站一方面通过申请政策的帮扶，获取了一部分的紧急救助金，另一方面多方筹集资金，凑齐入院所需费用，并马上送老人去医院医治。在老人住院期间，社工站组织人力将房子里的垃圾清理掉并进行消毒，同时粉刷墙壁，安装了风扇等家用电器。等到老人病愈出院回家后，看到家中环境的变化十分开心，主动退还了之前占据的房子，并向社工表示以后再也不会堆积垃圾，实现了个人的全方位转变。

叶伯的案例反映了同益社工站在基层社区治理中所扮演的协同角色。街道、居委会两级单位都曾经试过使用行政力量解决叶伯堆积垃圾的问题，但均未能成功，而同益社工站的介入，不仅体现了专业社会工作方法和技巧在服务过程中的应用，同样也显示出同益社工站成功地联动包括政策支持、义工资源、资金支持、公益项目等在内的社区资源，引导多元主体参与解决社区问题，并以社会组织独特的优势参与到基层社区治理过程中。

四 发展模式——基层社区治理协同者

同益社工站不同于一般的社会组织，它不能够进行法人登记，也无法成为一个独立注册的社会组织，反而更接近街道属下的一个分支部门。首先，同益社工站的服务被纳入行政框架之中，即它对社会成员的帮助是结合行政系统进行的，同益社工站所服务的人群与街道、居委会的民政工作对象紧密相连；其次，同益社工站的日常运作需要配合街道的运作以及街道工作的行政程序，而这些工作可以被纳入行政管理的范畴。同时，同益社工站的站长与志愿联络员均为同益街道中从事民政相关工作的公务员，虽然未受过国际通行的社会工作知识、技巧的训练，但受过本职工作训练，有丰富的基层经验。以上这些性质都决定了同益社工站在实际运作中与独立的社工机构及社会组织有一定的差异。

让人欣喜的是，同益社工站成功地将这样的差异转化为社工站发展的优势，在其发展的过程中能够与街道、居委会形成互补共益的关系，一方面有效地利用了政府方面的资源来满足服务对象的需求，另一方面又能保持其专业的独立性。经过四年的服务，同益社工站不仅构建了以关怀老人、残疾人为纽带的多元组织网络，形成志愿者、专业技术、资金、咨询、政策支持等共同服务于核心理念的良性生态圈，而且明确了社工站在基层社区治理中的协同者角色，建立了本土社会工作发展的一种新模式。以下几点均是同益社工站在发展过程中体现的显著特征。

(一) 与基层政府互补共益，实现合作共建

同益社工站采取项目运营的方式，将服务个案及开展社区活动的过程与基层日常工作，尤其是近年来开展的党的群众路线、党员干部驻点普遍直接联系群众等党建工作巧妙结合起来，从而使其工作得到了街道、居委会和社区居民的肯定。同益社工站与街道下辖的各社区居委会建立了良好的沟通关系，因而不仅可以在开展走访、活动策划时得到大力支持，还获得了策划和组织实施街道的所有大型社区服务项目和群众服务活动的机会，如"学海扬帆"助学活动、"九九重阳节"长者游园会、"情有独钟"关注失独和独残家庭活动、"创建文明城市"宣传阵地等活动。同益社工站在街道的日常行政工作中发挥了积极的作用，同时也借助基层的公共服务平台，大力宣传社会工作，让干部、职工和居民群众了解社工站所做的项目以及所提供的服务，实现社区与社工的密切互动。

而在同益社工站的日常运作中，街道、居委会工作人员也积极向社工介绍各种民政政策信息和民政资源，这些资源和政策信息为社工开展介入服务、协助个案解决问题提供了有力的支撑，也使社工在介入个案时，能够敏锐地留意到与个案相关的资源，如医疗救助、临时救助、社会慈善组织等资源。

与此同时，同益社工站的社工还通过走访了解社区的情况，成功地充当了社区和服务对象之间联结的桥梁，实现了社区资源和社区居民的有效配对。相对于其他社工机构而言，同益社工站获得了更多来自社区行政力量的支持，双方形成了互补共益的合作模式，建立了社区治理的良性生态系统，而同益社工站在其中与街道、社区居委会积极互动，为辖区困难人群提供更优质的专业社会工作服务，充分发挥了政府部分服务职能承接者的作用。

(二) 发挥协同作用，引导多元主体参与社区治理

同益社工站的成长有赖于其链接社会资源，在其发展过程中

形成了以关怀老人、残疾人为纽带的多元组织网络，形成志愿者、专业技术、资金、咨询、政策支持等共同服务于核心理念的良性生态圈。

从同益社工站发展的经验来看，构建政府、企业、公众多方结合的资源保障机制具有非常重要的价值。一方面，争取政府的支持，能够让服务项目具有合法性及社会影响力，而另外一方面，其也能获得稳定的资源渠道。同益社工站成功地建立了多元资源生态圈，资源库中包括了来自街道、居委会、慈善会、社区卫生服务站、其他社会组织、义工组织、学校等的社会资源主体。而其中，街道方面给予同益社工站政策帮扶的了解及转介；居委会协助其进行社区走访并进行个案转介；市慈善总会提供救助资金的申请；社区卫生服务站提供了社区医疗资源；蓝天义工协助其进行探访活动和送餐活动；义工组织提供了志愿者力量；学校则为其开展服务提供了载体；等等。同益社工站的资源库如图9-2所示。

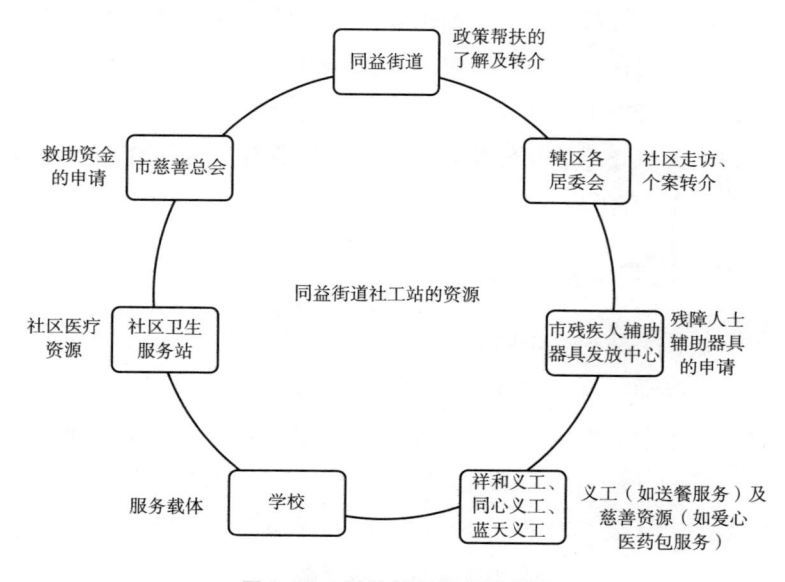

图9-2 同益社工站的资源库

(三) 坚守独立性与专业性

在政府体制改革和政府职能转变不断深化的背景下，同益街道通过政府购买服务的模式，引入社会力量和社会组织参与基层社区治理，而同益社工站便是在这一背景下诞生和发展的。在政府引导社会组织参与社区治理的过程中，社会组织往往会因为政府的大力支持而取得长足的发展，也同时会面对被基层政府同化的倾向。但同益社工站在参与社区治理的过程中，避免了被过度"同化"，坚守住了作为社工机构的独立性和专业性。

首先，同益社工站保持了日常工作场地的独立性，将社工站的办公地点与街道的工作场所分开，是同益社工站坚守独立性、独立开展服务的开始。其次，同益社工站成功地运用社会工作的专业方法建设了社区的社会资源库，在日常的个案服务和活动开展中不仅体现了社会工作的专业性，也得到了来自民众、居委会和街道的认可。例如在个案介入的过程中，同益社工站会多方链接资源协助，缓解服务对象的困境。政府认为这种处理方式是社工站可以独立存在并发挥特色的亮点，有利于补充其行政职能的不足，并且可以为党政、民政、计生活动等所借鉴。而这为同益社工站继续坚守专业性，独立自主地进行服务设计，开展社工专业服务奠定了良好的基础。

五　困难与挑战

同益社工站在参与同益街道基层治理中，与街道、居委会建立了良性互动关系，同时也充分发挥了对政府职能的补充作用，为辖区困难人群提供优质的专业社会工作服务。但是同益社工站在其发展的过程中，仍不可避免地面临着许多困难与挑战。

第一，资金来源单一且有限。因为同益社工站并非独立注册的社会组织，无法得到过多来自外部资源的资金支持。福彩公益金是同益社工站最稳定的资金来源之一，在2016年度的服务中，同益社工站获得福彩公益金 7 万元的支持。但在 7 万元的项目资金中，有 4 万元需要用于项目活动的开展和社工站的日常开支，仅有 3 万元用于人员支出。如此单一而有限的资金情况，不仅限制了社工站的日常运作和活动的开展，也在一定程度上对从业人员的工作积极性产生了不利的影响。

第二，服务对象的覆盖范围具有局限性。正如上文提到的，同益社工站的服务内容被纳入街道的行政框架之中，社工站所服务的人群与街道、居委会的民政工作对象紧密相连，所以社工站所针对的人群主要聚焦于"三无"老人及残疾人。这尽管能够在一定程度上保证服务的针对性，但同样会使服务对象的覆盖范围受到限制，社工站不能够服务到其他有困难和需要的弱势群体。

第三，社工站的运作自主性仍不可避免地受限。同益社工站尽可能地坚守独立性和自主性，避免了机构的官僚化和行政化，但在社工站运作的过程中，仍然面临着来自不同层级多个方面的行政管理，从而给社工站服务的自主性带来了不利的影响。社工站服务的开展可能会与街道政府的考量产生冲突，专业伦理与政府行为之间也可能产生一定的矛盾。而当同益社工站面对这样的困难时，其往往不得不选择放弃部分自主性。如当社工服务遇上了街道换届或"创建文明城市"这样的政治活动时，其往往需要选择延后或进行结合，而这在有些时候也会使社工站不可避免地陷入两难困境。

六　结语：互补共益的基层社区治理协同者

对同益社工站的描述，有助于我们理解在潮汕社会工作发展的过程中一种本土的社会工作机构发展模式。同益社工站作为在街道政府主导下成立的社会工作机构，积极扮演着与基层政府互补共益的基层社区治理协同者的角色。一方面，通过实际工作的开展，有效地嵌入街道或居委会的其他工作内容，并通过其在社会服务专业性上的优势，为政府的服务职能提供一定的补充，减轻政府负担。另一方面，运用社会工作专业力量在进入社区、服务弱势群体上的专业优势，搭建社区社会资源库，切实地给予困难对象支持和帮助，同时协助更多的困难对象增强自身发展能力并主动融入社会，从而促进了社区社会问题的缓解。令人欣喜的是，尽管面临着资金来源不足、服务范围受限以及自主性受影响等困境，但同益社工站依然在当地的基层社区治理体系中发挥着积极的作用，通过与基层政府、社会资源和服务对象建立良性的互动关系，推动多元主体参与社区治理的治理格局建设，从而促进地区的发展。

如今，同益社工站已经被纳入了"广东省双百镇（街）购买社会工作服务"五年工作计划之中。对于同益社工站而言，这也是一个进一步转型升级的契机，其将在人员经费、活动经费和内部人员晋升空间上具有更加坚实的保障。而我们也相信，在未来"双百计划"的执行过程中，同益社工站还将继续坚守基层社区治理协同者的角色，继续以专业力量服务于有需要的困难群众，并对增进社区福祉、促进社区发展发挥重要的作用。

第十章 基层政府主导下的
社会工作站发展之路

——汕头市澄海区莲下镇社会工作站的求索

一 机构简介

汕头市澄海区莲下镇社会工作站（以下简称"莲下社工站"）经汕头市民政局批准成立，是一个由政府购买服务，社会工作站承接运营，但尚未正式注册的非营利性民办单位。莲下社工站立足于素有"侨乡"和工业重镇之称的莲下镇，辐射周边地区，在莲下镇政府公共事业发展办公室（以下简称"莲下公事办"）的指导和管理下，通过整合公共服务资源，创新本土社区服务模式，为社区老年人、残障人士、青少年儿童、妇女以及其他弱势困难群体提供综合性服务。

莲下社工站是汕头市首批开展设立社会工作站试点工作的站点之一，于2013年4月开始筹备工作，并于2013年11月29日正式成立，成为汕头市澄海区第一家社会工作机构。莲下社工站以"至诚关爱、助人自助、和谐发展、团结共融"为宗旨，以"以人为本，发展自助潜能；开拓进取，创新本土社工"为理念，致力于创建和谐社区，创新本土社区服务模式。

莲下社工站采用的是在汕头市试点推行的"政府购买社会工作岗位"模式，在设立和运营的过程中，由莲下公事办承担业务主管单位的职责。在前期筹备阶段，莲下公事办牵头组织了招募专业社工、提供服务场地和设施、讨论社工站建设方案等相关工作，发挥了主导性的作用，并逐步组建了莲下社工站的管理和运营团队，如表10-1所示。

表10-1 莲下社工站人员情况

职务	担任人员	工作内容	备注
理事长（站长）	莲下公事办主任	负责管理和监督莲下社工站的运营	兼任
行政督导	莲下镇镇长、镇委委员	提供行政督导支持	兼任
业务顾问	当地心理咨询专家（具有专业社工资格和从业经验）	提供业务能力指导	兼任
顾问	莲下镇政府其他成员	提供行政管理工作的支持	兼任
副理事长/理事	莲下公事办成员担任	协助莲下社工站的建设和发展	兼任
秘书长	专业社工（助理社工师，有2年社会服务经验）	负责莲下社工站的实际运营工作和服务的开展	全职
成员	社工助理	协助莲下社工站的服务开展	全职

莲下社工站的组织架构图如图10-1所示。

从莲下社工站的组织管理架构中不难看出，莲下社工站与莲下镇政府的关系十分密切，莲下社工站是在莲下镇政府的主导下成立、运营和发展的，而这也是本章探究的一个重点内容。本章将首先介绍莲下社工站的基本服务内容和模式特点，然后展现莲下社工站在成立初期所取得的成绩与发展优势，描述在转型遭遇困难之后莲下社工站面临的挑战，最后讨论与总结社会工作机构与基层政府之间的联动关系，分析社会工作机构姓"政"还是姓"社"这一问题。

第十章　基层政府主导下的社会工作站发展之路

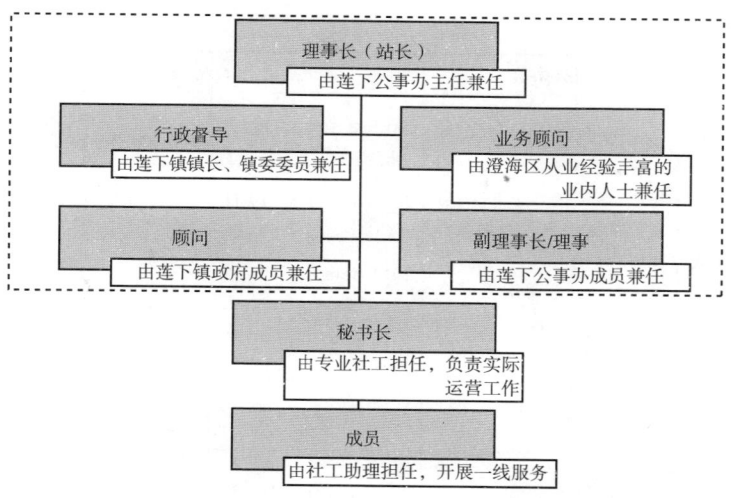

```
┌─────────────────────────────────────────────────┐
│                  理事长（站长）                  │
│               由莲下公事办主任兼任               │
│                                                  │
│   行政督导                    业务顾问           │
│   由莲下镇镇长、镇委委员兼任  由澄海区从业经验丰富的│
│                               业内人士兼任       │
│                                                  │
│   顾问                        副理事长/理事      │
│   由莲下镇政府成员兼任        由莲下公事办成员兼任│
└─────────────────────────────────────────────────┘
                      秘书长
              由专业社工担任，负责实际
              运营工作

                      成员
              由社工助理担任，开展一线服务
```

图 10-1　莲下社工站组织管理架构（虚线部分为兼职担任）

二　基本服务内容与模式特点

自 2013 年 11 月份正式成立以来，莲下社工站将老年人服务、残疾人服务、青少年服务及妇女家庭服务确定为社工站的主要服务内容，并将莲下社区内的弱势困难群体界定为重点服务人群，包括残疾人 1078 名、五保户 150 户、低保户 897 户、孤儿 11 名等。经过近四年的探索与实践，莲下社工站在各个领域中开展了一系列活动。其中具体的服务内容如表 10-2 所示。

表 10-2　莲下社工站开展的活动（2013~2016 年）

服务板块	服务内容	时间	活动/项目
老年人服务	面向莲下镇 60 岁以上的老年人开展服务，服务以入户探访、个案跟进为主，小组活动为辅，活动内容以养生保健、法律支援、康乐文化休闲活动等为主	2014 年 2 月 12 日	"严寒送温暖"探访敬老院活动
		2015 年 7 月 25 日	联合华南师范大学学生开展敬老院探访活动
		2015 年 9 月 25 日	助寡敬老中秋晚会
		2015 年 10 月 16 日	联合槐东村老年人协会开展探访长者活动
		2016 年 3 月 5 日	"关爱老人、奉献爱心"慰问老人活动

续表

服务板块	服务内容	时间	活动/项目
残疾人服务	面向莲下镇残疾人开展慰问探访、个案辅导、康复训练、资源链接等服务,为有需要的残疾人争取辅具资源,引导残疾人走出家门,融入社会,为残疾人家庭提供情绪支援。与此同时,在社区内呼吁居民关注残疾人群体,营造良好的社会关爱氛围	2014年5月17日	"关心帮助残疾人,实现美好中国梦"助残日活动
		2014年6月4~19日	阳光行动——关爱长期卧床贫困残疾人活动
		2014年6月9日	联合汕头市残联为莲下镇残疾人发放辅助器具
		2015年5月17日	"团结友爱、一路同行"扶残助残活动
		2015年12月3日	联合莲下镇中心卫生院开展义诊助残活动
青少年服务	面向莲下镇青少年及儿童开展知识拓展、兴趣培养、成长教育、亲子沟通、义工发展等方面的服务,目的在于培养他们的人际交往能力、团队合作能力、领导能力、感恩意识等综合素质	2014年7月21~31日	开展第一届义教活动
		2015年7月15~26日	第二届义教活动
妇女家庭服务	面向妇女及家庭开展社工服务,提供个案辅导、讲座、亲子活动等,协助妇女及家庭进行家庭成员关系调适,为家庭成员、家庭之间搭建沟通交流、互动友爱的平台,致力于打造和谐的家庭关系、亲子关系,提升家庭幸福感	2014年1月2日	元旦亲子活动(携手花儿妈妈)
		2014年3月7日	"魅力女性,舞动莲下"妇女广场舞活动
		2015年3月26日至2016年3月5日	"新莲下、心服务"社区妇女心理健康援助项目
		2015年8月12日	"敞开心扉、拥抱阳光、传递正能量"妇女小组活动
		2015年9月26日	"大手牵小手、共绘中国梦"亲子绘画活动
其他(重点服务弱势困难群体)	面向弱势困难群体,链接相关社会资源,提供物资和服务方面的支持	2013年10月21日	眼科义诊活动
		2013年12月27日	爱心体验活动(携手南方医院)
		2014年1月24日	"幸福过年,传达温暖"扶贫济困系列活动
		2014年8月3~6日	联合中山大学学生开展"关爱五保户,学子常关怀"暖心行动

第十章　基层政府主导下的社会工作站发展之路

续表

服务板块	服务内容	时间	活动/项目
其他（重点服务弱势困难群体）	面向弱势困难群体，链接相关社会资源，提供物资和服务方面的支持	2015年1月11日、2月10日	"幸福过年，传达温暖"扶贫济困系列活动
		2015年9月20日	"迎中秋、庆国庆"送温暖慰问活动
		2015年11月5~23日	"义诊服务、社工相伴"巡回义诊活动
		2016年1月24日至2月1日	"幸福过年，传达温暖"扶贫济困系列活动

资料来源：《莲下社工》系列期刊。

经过长期的实践，莲下社工站逐步形成了较为成熟的服务模式，这一服务模式的主要特点如下。

（一）重视前期需求调研

莲下社工站重视前期需求调研的重要性，将通过探访了解服务对象需求的过程作为开展社会服务前的必要准备工作，通过深入的需求调研和分析，才能够制订出符合服务对象需要的服务方案。如2013年，在莲下社工站确立开展老年人服务之前，社工首先对莲下社区老年人的需求情况进行了基本的摸查，并撰写了《莲下社区老年人服务需求及研究》一文，从社会工作专业的角度开展了需求调研，并从实务角度提出了许多建设性的意见，为接下来的介入服务提供了充足的支持。与此同时，通过探访，莲下社工站进一步深入地了解了服务对象的信息，建立起完整的服务档案。

（二）重视链接社会资源

莲下社工站在服务过程中注重对社会资源的链接，能够成功撬动当地的义工队伍、企业资源、爱心资金等相关力量，使社会资源力量参与到服务过程中，多次促进了服务目标的达成。截至

2016年底，莲下社工站已经成功建立了4支志愿者队伍，志愿者总人数达162人。与此同时，其多次成功链接企业资源，为五保户等困难群体捐献米、油等物品以及爱心资金，确保困难群体的最低生活需求。莲下社工站在服务过程中，展现了较为突出的资源链接能力。

三 发展历程

（一）发展前期：政府牵头、社工联动，成为社会服务标杆

2013年4月17日，汕头市民政局发布《关于在镇（街道）开展设立社会工作站试点工作的通知》，决定在澄海区莲下镇等11个镇（街道）以政府购买社会工作岗位的形式率先开展设立社会工作站试点工作。在这一政策条件的支持下，莲下公事办开始着手设立莲下社工站的筹备工作，并于2013年7月1日招聘曾在深圳从事社工行业，有志于"回乡拓荒"的社工阿杨（化名）加入社工站，阿杨成为莲下社工站第一位入职的专业社工。阿杨加入社工站之后，开始借莲下公事办办公，与莲下公事办的工作人员共同开始社会工作站的筹备工作，在这一过程中，他们起草了相关的办公文书、工作站建设方案等文件，讨论并确定了工作站的工作内容、服务内容、运作模式、宗旨等。

在莲下公事办与社工阿杨的积极筹备下，澄海区莲下社工站于2013年11月29日上午正式举行了揭牌仪式，标志着莲下镇社会工作正式进入实施阶段。莲下社工站不仅是汕头市首批11个社会工作站的试点单位之一，也是汕头市澄海区第一家社会工作机构。在成立之初，莲下社工站便确立了自己的组织管理结构以及服务体系，并通过莲下公事办招募更多人员进入社工站，从事服务工作。在社工站发展前期，除去莲下公事办的人员外，莲下社工站最多时曾有8名人员从事服务工作,包括2名社工与6名兼职社工,其中,秘书长阿杨已考取助理社会工作师资格证,具备专业社工的从业资格。

莲下社工站在2013年11月份正式成立之后,迅速发展并很快取得了一定的服务成效,项目的影响力不断扩大,它很快成为澄海区乃至汕头市的社会服务标杆。2015年3月19日,莲下社工站被共青团汕头市委员会授予"汕头市青年志愿服务先进集体"。2015年4月15日,莲下社工站被共青团澄海区委员会、澄海区青年志愿者协会授予"澄海区优秀青年服务集体"奖项。除了获奖之外,莲下社工站还引起了省、区、市多级媒体的关注,产生了广泛的社会影响。

莲下社工站之所以能够在发展前期取得较高的成就,成为汕头市社会服务界中的行业标杆和口碑担当,主要因为它有以下几点优势。这些莲下社工站发展前期所具备的发展优势,共同促进了莲下社工站的发展。

1. 当地多级政府的支持

作为汕头市社会工作站设立工作的首批试点单位之一,莲下社工站得到了当地多级政府的大力支持,包括汕头市政府、澄海区政府以及莲下镇政府,它们都对莲下社工站的筹备、运营、管理和发展工作给予了一定的支持和关注。当地多级政府的相关领导曾多次到莲下社工站指导工作,了解莲下社工站的发展情况,具体情况如表10-3所示。

表10-3 政府部门负责人到站指导工作情况(2013~2016年)

时间	前来视察、交流的政府部门人员
2014年4月1日	汕头社工委专职副主任、澄海区社工委专职副主任
2014年4月2日	汕头市澄海区副区长、莲下镇镇长
2014年4月9日	共青团汕头市委书记、汕头市青联主席
2014年6月19日	澄海区委书记、莲下镇委书记

续表

时间	前来视察、交流的政府部门人员
2014年10月17日	汕头市社工委领导
2015年10月13日	广州市督导及汕头市社会工作协会工作人员
2015年12月9日	澄海区社工委新任主任
2015年3月11日	广东省民政厅社工处负责人及其他工作人员,汕头市民政局副局长、人事科长,莲下镇民政干部

资料来源:《莲下社工》系列期刊。

除到站进行指导工作外,汕头市多级政府还提供了一定的资金支持和项目支持,为莲下社工站的发展"保驾护航"。莲下社工站的运营资金由汕头市福彩公益金提供,每年有5万元的资金支持,用于社工站的基本建设与人员费用的支出。另外,汕头市民政局定期提供了一些服务项目,莲下社工站可在经过莲下公事办同意后,向澄海区民政局提出申请。通过开展这些服务项目,莲下社工站可获得一定的资金支持,同时可以不断完善社工站的服务体系。

莲下公事办更是与莲下社工站的发展密不可分。莲下公事办不仅牵头组织了莲下社工站的前期准备工作,包括招聘社工和社工站其他工作人员、提供办公场地和相关活动设施、讨论并确定社工站的建设方案和服务内容等,还在莲下社工站实际开展服务的过程中,为社工站提供服务对象的基本名单和信息资料,并为莲下社工站提供宣传推广和资源链接的平台。在政府的牵头组织和大力支持下,莲下社工站在发展的前期取得了较为突出的成就,形成了一定的发展优势和站点特色。

2. 专业社会工作的引入

前文已经提到,莲下社工站自设立开始,便逐步建立了较为专业与成熟的服务模式,在服务过程中不仅强调前期需求调研的重要性,而且展现了较强的社会资源链接能力,这一较为成熟的服务模式促使莲下社工站在服务的过程中能够进行更加专业的介入，以促成服务目标的达成。

在莲下社工站于2014年介入的一个老年个案中，社工通过个案管理的方式，为一名儿子肇事入狱的低保对象链接就业机会和救助物资，同时为她链接法律援助的资源，帮助她提交相关上访材料，减少赔偿金额，缓解了家庭面对的困难。而在2016年介入的一个残障人士个案中，社工帮助服务对象链接了企业爱心资金和公事办的政府资金，成功筹措到了每个月1000元的护理费，可用于聘请护工定期为他提供护理服务和生活照顾。在这一过程中，莲下社工站展现了较为突出的资源链接能力，能够立足于莲下镇政府所提供的平台，撬动多方资源，投入到服务过程中，最终获得了理想的服务成效。

在专业服务模式的建立过程中，莲下社工站的秘书长阿杨起到了至关重要的作用。阿杨是社会工作专业出身，毕业之后曾经在深圳慈善公益网从事一线社工工作，并在深圳市某社区的社区服务中心积累了一年的工作经验。在得知家乡正在大力发展社会工作的消息之后，阿杨于2013年6月份回到家乡"拓荒"，于7月1日通过应聘加入了莲下社工站，担任秘书长职务，负责社工站的日常运作和活动规划，是社工站实际工作开展的负责人。阿杨在社工站工作期间，十分重视社工站专业社会工作服务的开展，对莲下社工站服务模式的建立发挥了重要的作用，并于2014年被汕头市澄海区民政局评为"优秀社工"，于2015年入选汕头市首批一星级社工。2016年，阿杨获评"广东省社工之星"，成为潮汕地区当年唯一一位获得该称号的社会工作者。在专业社工的影响下，莲下社工站以社工专业服务为切口，不断完善服务，扩大了社工站和社会工作在当地的影响力。

3. 社会资源力量的链接

莲下镇是汕头市澄海区中的工业重镇，本地居民的整体经济生活水平较高，有许多居民都有志于从事志愿服务工作。莲下社工站成立之后，充分利用这一特点和优势，建立了一支在专业性和人数上都领先的义工队伍，注册队伍达 4 支，志愿者总人数达 162 人，每支队伍人数都超过了 30 人。其中，配置有一支专业的医疗服务义工队伍，由莲下镇卫生院的医疗志愿者组成，可定期提供义诊等医疗服务，人数达 40 人。其余义工队伍则以本地中老年居民为主，在服务的过程中更容易与服务对象找到话题，建立关系，开展服务。同时，莲下社工站还在寒暑假的时候利用回乡大学生的力量，为弱势群体提供更多志愿服务。当地较为丰富的义工资源，使得莲下社工站在开展服务的前期能够更加容易与服务对象建立信任，更加深入地了解服务对象，而且在日常工作的过程中也可以避免人手不足带来的限制，更加有利于社工站服务的开展。

除义工队伍之外，莲下社工站还链接了当地的爱心企业与爱心人士，为弱势群体捐献了大量的米、油等生活物品与资金，缓解了他们的生活困境。

4. 宣传推广工作的开展

莲下社工站在莲下镇政府和莲下公事办的支持下，建立起了完善的宣传推广体系。

莲下社工站在 2014 年 4 月正式发布了期刊《莲下社工》。期刊内容十分丰富，包括社工专业服务技巧、社工服务动态、个案服务介绍、社工专业角色与定位、社工与义工的区别等内容，对宣传社工和社工行业有较为突出的作用，是在其他社会工作发展较为成熟的地区也很少见的一本内部宣传的刊物。截至 2016 年底，《莲下社工》已经出版发行了六期，并有一期关于"新莲下、心服务"社区妇女心理援助项目的特刊。

与此同时，莲下社工站还邀请澄海区民政局陈副局长题词，创作了莲下社工站之歌《情洒莲阳河》，并制作了歌曲 MV。该 MV 在汕头市当地媒体和市民范围内广泛传播，充分提升了社工站的知名度和影响力。莲下社工站还吸引了来自省、区、市级别媒体的采访和报道，充分扩大了社工站和社工行业在当地的影响力。与此同时,莲下社工站依托一年一届的岭南社工宣传周活动,宣传社会工作站的项目和社会工作专业的理念。莲下社工站在宣传推广方面所开展的工作如表10-4所示。

表10-4 莲下社工站宣传推广工作(2013~2016年)

类型	时间	媒体
《莲下社工》期刊	2014年4月18日	《莲下社工》创刊成功
	2014年7月1日	《莲下社工》第二期发布
	2014年12月1日	《莲下社工》第三期发布
	2015年2月8日	《莲下社工》特刊发布
	2015年4月1日	《莲下社工》第四期发布
	2015年9月2日	《莲下社工》第五期发布
	2016年4月	《莲下社工》第六期发布
媒体报道	2014年10月16日	汕头电视台《今日视线》栏目
	2015年10月14日	澄海电视台《百姓生活》栏目拍摄纪录片
	2015年12月10日	《南方日报》记者到站采访
	2016年3月14日	《汕头特区报》专访社工阿杨
澄海区岭南社工宣传周活动	2014年3月18日	"幸福澄海,社工同行"汕头市澄海区第三届岭南社工宣传周活动
	2015年3月17日	澄海区第四届岭南社工宣传周活动
	2016年3月19日	澄海区第五届岭南社工宣传周活动

(二)发展现状:出现困境、主动转型,探索未来发展模式

然而,自2016年下半年以来,莲下社工站在发展前期依靠政府的支持与帮助逐步建立起来的运营模式开始逐渐暴露弊端,难以为继。它遇到了一系列的困难与挑战。

1. 缺乏独立,出现困境

在发展过程中,莲下社工站作为社会工作机构的独立性受到了一定的影响。

在财务层面,莲下社工站从成立之初便缺乏财务上的独立

性。社工站由于并未经过注册登记程序，因而并非受承认的民办非营利企业单位，这也就意味着社工站并不是独立法人，不能够设立独立的财务部门和账户，也没有独立账目。一直以来，经由汕头市福彩公益金发放的运营经费和项目经费都由莲下公事办代为管理，因而莲下社工站往往对经费的发放情况、使用情况、申请情况缺乏了解。而因为在财务管理上缺乏独立性，社工站也曾出现社工工资无法准时发放、需要社工提前垫支活动经费且报销等待时间过长等问题，在一定程度上影响了自身的发展。

除了财务方面，莲下社工站的日常运营与工作开展无法完全独立于莲下镇政府，也对社工站的发展造成了一定的影响。

首先是容易造成社会工作专业伦理与政府行为考量之间的矛盾。长期以来，莲下社工站的服务开展都基于由莲下公事办提供的服务名单和信息，社工站并无主动发现和挖掘服务对象的权限。莲下社工站在开展服务的过程中所面向的服务对象，基本来自莲下公事办选定的服务地域和提供的服务对象名单，而并非莲下社工站经过扎根社区，走访社区，开展需求调研所发现的。在这样的影响下，莲下社工站开展的部分服务可能更为看重短期内能够产生的成效与影响力，且很容易受到当时当地热点政策、方针的影响，因而组织开展的服务往往延续性不足，其无法长期持续地为服务对象提供服务，这也在一定程度上影响了莲下社工站服务的开展。

其次是容易造成社工站陷入政府行政事务中。2017年上半年，汕头市轰轰烈烈铺开了一场创建文明卫生城市的运动，莲下社工站的工作人员也参与到了这项活动中，协助社区进行卫生清洁、清理牛皮癣等工作。而在这个过程中，莲下社工站对于自身的定位和与政府之间的关系并无明确的界定和说明，因而导致了莲下社工站有可能成为莲下公事办与莲下镇政府的附属部门，影响了社工站的独立性，也给社工站的发展带来了一定的影响。

2. 主动转型，直面困境

莲下社工站的社工们意识到了社工站本身独立性缺失所带来的一系列问题，并积极计划进行转型，注册成为民办非企业单位，以迎来新的发展契机。2016 年下半年，莲下社工站在秘书长阿杨的组织下，开始着手准备申请成立独立的社会工作机构，注册为民办非企业单位的相关工作。尽管莲下社工站在前期进行了充分的准备，但由于澄海区并无社会工作机构注册为民办非企业单位的先例，澄海区民政局最终未能批准这一申请。

民办非企业单位注册申请的失败，导致社工站对于面临的困境难以找到直接的解决方法，这也直接引发了秘书长阿杨的离职，他在 2016 年底辞去秘书长职务，离开了莲下社工站。尽管莲下社工站很快迎来了新的负责人，但阿杨的离职还是带来了一系列的连锁反应。工作动力和热情的减少、服务专业性和宣传推广力度的下降，以及在阿杨离职前就出现的财务无法独立、社工站无法独立、服务项目缺乏持续性等问题，成为新任秘书长不得不面对的困境。

与此同时，2017 年启动的广东省"双百镇（街）社会工作服务五年计划"也让莲下社工站的未来充满不可预测性。据悉，通过"双百"计划招募的社工，将继续在莲下社工站中服务，双方将以合作的方式推进当地社工服务的发展。但莲下社工站的负责人对于"双百"计划招募的社工进入社工站之后，如何适应社工站目前面临的困境，如何申请项目和如何开展服务等问题，依然存在担忧。

然而，莲下社工站的社工们依然在积极探索主动转型的路径，他们依然希望能够推动社工站的民办非企业单位注册工作，他们相信，只要能够再进一步，很多问题便可以迎刃而解，而与此同时，也能够探索建立起本土社工站的发展模式。

四 反思：基层政府主导下的社会工作站发展之路

莲下社工站的案例与上章的案例（同益社工站）在一定程度上都体现了社会工作机构与政府之间的互动关系，这种关系在基层镇街的社会工作发展中尤为重要。我们可以从莲下社工站和同益社工站的发展比较中看出，社会工作站的发展与政社关系互动中政府让渡给社会组织的"共治空间"的大小有关。只有当政府给予社会组织一定的"共治空间"，让社会组织可以更好地承接政府的部分服务职能时，社会工作机构和良性的政社互动关系才能够取得不断的发展。在同益社工站的发展过程中，当地政府由于需要承担其他更多的行政事务，因而给予社工站的"共治空间"会更多一些。而在澄海区莲下镇推行的社会工作站模式中，基层政府在社会工作站的发展过程中则起到了主导作用。

可以发现，莲下社工站的设立和前期的发展是离不开政府的支持与协助的。在这一阶段中，政府无论是在硬件、软件设施上，还是在政策资源条件上，都能够为社工站的成长保驾护航。但随着时间的发展，社会工作站容易在基层政府占主导地位的政社关系中逐渐丧失自己的独立性，成为政府的附属机构。

从社会工作专业的发展角度来说，社会工作站的发展自然离不开政府的大力支持和引导，但在这一过程中，保持作为社会组织和第三部门的独立性同样十分重要。对于社会工作站来说，保持自身的独立性，才能够保证按照社会工作的专业方法、理论体系和价值伦理来完成服务专业的使命，从机构长期发展的角度开展机构的运营和规划。而对于政府来说，探索合作共治的政社关系，促进社会工作机构承接政府转移的部分职能，参与到地区社会治理的过程中，建立多元主体协同参与的治理格局，同样有利于地区的整体发展。

当然，在本土社会工作的发展中，政府力量依然是不可或缺的。莲下社工站要在未来取得更大的发展，还需要政府的引导与支持。对于莲下社工站而言，未来的发展可能不仅需要注册成为独立的民办非企业单位，保持社会工作机构的独立性，还需要与莲下镇政府一同探索社会工作机构与基层政府的合作互动模式，共同促进当地社区的发展，探索建立潮汕地区可以借鉴和复制的政社互动模式。

第十一章 "三社联动"的服务资源平台建设

——揭阳市榕城区礼德社区社工综合服务中心

一 机构简介

揭阳市榕城区礼德社区社工综合服务中心（以下简称为"礼德社工中心"）于2015年9月18日由揭阳市榕城区民政局批准成立，于2015年11月29日正式揭牌成立，是个人出资成立并从事非营利性社会服务活动的社会组织，于2016年3月15日被授予"揭阳市社工人才重点试点单位"的称号。揭阳市政府将榕城区梅云街道确立为开展社区、社会组织、社会工作专业人才"三社联动"工作的试点街道，为礼德社工中心的成立和工作的开展奠定了政策基础，也使礼德社工中心成为揭阳市"三社联动"试点工作的重要一环。

中心目前设有主任1名，副主任2名，督导1名，社工助理2名，社工1名。其中，礼德社工中心的主任是机构的出资人，是当地一名以教育产业为主要经营范围的民营企业家，他在担任礼德社工中心负责人的同时，兼任揭阳市某教育公司的负责人与某职业技术学校的校长。礼德社工中心日常的行政管理与服务工作由两名中心副主任分工负责，其中，社工及社工助理负责服务工作，而日常的行政工作则由主任负责的教育公司的行政人员协助负责。礼德社工中心的社工人员资质情况如表11-1所示。

表 11-1 礼德社工中心社工人员资质情况

序号	编号	性别	年龄	教育程度	所学专业	从业年限	现职务	主要服务领域	持证类型
1	JY01-01	女	23	本科	社会工作	6个月	一线社工	儿童青少年、家庭、残疾人、外来工、便民、妇女、就业、社区发展	助理社工师
2	JY01-02	女	29	本科	社会工作	6个月	社工助理	长者、家庭	中级社工师
3	JY01-03	女	23	本科	社会工作	2周	社工助理	社区发展	助理社工师

礼德社工中心遵循以下服务宗旨：（1）遵守宪法和国家政策、社会品德风尚，秉持"以人为本、助人自助、源于需求、富于创新"的社工理念；（2）为社会建设与进步、创新社会管理贡献力量。

礼德社工中心长期开展各项扶贫济困、社会救助、网上公益活动、社区社工服务等活动，如文化下乡、社会工作者培训、心理讲座、义诊活动、义剪活动等。自2015年成立至今，礼德社工中心累计筹得善款近25万元，开展活动28场，服务人数已达9000人。

本章将首先介绍礼德社工中心的基本服务内容，然后介绍礼德社工中心是如何发展搭建资源平台这一优势的，同时结合案例说明其服务模式与特点，并分析其遇到的困难和挑战，最后总结与讨论礼德社工中心是如何在"三社联动"背景下探索发展方向的。

二 基本服务内容

礼德社工中心自2015年11月正式成立以来，深入基层开展社区工作和社工个案工作，不仅为留守老人、留守儿童、残疾人等特殊群体提供社会工作服务，同时也与其他合作机构一同参与到助学、环保、公益培训等服务活动中。根据礼德社工中心开展与承接的项目与服务，可将礼德社工中心的服务内容划分为四种不同的类型，分别是承接梅云街道购买的"三社联动"服务项目、主动在东兴街道设立专业社会工作服务窗口、自筹经费或与其他单位合作开展其他类型的服务、接受其他地区弱势群体的主动求助并开展服务。具体如下文所示。

（一）政府购买的"三社联动"服务项目

在揭阳市试点开展"三社联动"工作的背景下，礼德社工中心于 2015~2016 年承接了由揭阳市榕城区梅云街道购买的"三社联动"服务项目，为期一年，共有 5 万元的服务经费。在一年的时间里，礼德社工中心通过开展社会服务的形式，参与到社区问题的解决过程中。具体的服务开展情况如表 11-2 所示。

表 11-2　礼德社工中心"三社联动"服务项目的服务内容与服务范围

服务范围	服务内容
1. 居家养老服务	以专业社工为主，以居委会工作人员和社区志愿者为补充，为老人提供文化娱乐、健身养生、居家服务、心理关怀、医疗服务等多层次、全方位的服务，满足老年人的服务需求
2. 关爱青少年、儿童服务	以青少年、儿童的特点和需求为中心，以整合社区资源为方法，运用专业技巧和方法为青少年、儿童提供优质的支持性和发展性服务，构筑家庭、社区、学校三位一体的社会工作新模式。主要包括社区志愿者服务、青少年社区行为矫正、社区 4:30 教育服务等
3. 救助解困服务	通过链接相关社区公益资源，发掘利用社区公共设施，整合各类社区专项服务设施，为老弱病残等社区困难家庭提供经济援助和生活帮扶，以及为其他生活困难的居民家庭提供帮扶支援和志愿者服务等； 礼德社工中心每月组织志愿者队伍，以"社工+志愿者"的模式，对社区内 14 户困难儿童家庭进行探访，包括智障、自闭症、孤儿等类型，共计完成探访 168 人
4. 便民公益服务	通过上门咨询、热线电话、网络咨询及开展心理讲座相关活动等方式，为社区居民建立快捷的网络服务，搭建一个关爱互助的社区支持网络，方便居民的日常生活，营造良好的社区环境。加强社区的综治、信访、维稳工作，努力化解各类矛盾纠纷，切实维护社区稳定，为和谐社会建设做出应有的贡献

（二）主动设立的社工服务窗口

与此同时，礼德社工中心还在揭阳市榕城区的东兴街道办主动设立了社会工作的服务窗口，这一服务并无购买经费支持。东兴街道不是揭阳市"三社联动"工作的试点街道，但同样有许多弱势群体存在接受社会工作服务的需求。礼德社工中心通过在街道办事处设立服务窗口，一方面可以针对有需要的服务对象开展服务，提供帮助，如开展自闭症相关政策的咨询辅导、协助办理残疾证、转介相关服务机构等工作，另一方面可以在街道范围内宣传社会工作专业，加强民众对社会工作专业的认同感。

（三）自筹经费或与其他单位合作开展的其他服务

除了承接政府购买服务项目与设立服务窗口外，礼德社工中心在资源不足的情况下，依然自筹经费或与其他单位进行合作，开展了包括助学、环保、义诊等活动在内的活动及服务。部分服务活动如表11-3所示。

表11-3 礼德社工中心自筹经费或与其他单位合作的部分服务及活动开展情况

服务/活动板块	服务/活动时间	服务内容/活动名称	情况说明
助学	2015~2016年	困难学生家庭走访	以秘书处的形式参与，与爱心助学会合作，共走访30户
环保	2015~2016年	环保宣讲	以工作人员的形式参与，与环保会、民政局、教育局合作，入校开展2场。服务人数分别为900人、700人
	2016年1月24日	寻找最美揭阳，还揭阳一片净土	自筹经费开展，主要用于购买物资，每场约500元，共计2000元
	2016年2月24日	制作水果环保酵素	
	2016年3月10日	便民利民，旧衣回收	
	2016年4月5日	环保酵素分享会	

续表

服务/活动板块	服务/活动时间	服务内容/活动名称	情况说明
义诊	2015年11月14日	白塔广场义诊义医	与医院建立合作关系,由合作医院提供药品和医疗器材
	2016年1月14日	广联村老年人义诊活动	
	2016年7月18日	"健康义诊,关爱老人"活动	
其他活动	2015年11月12日	孝感动天,我们挺你	自筹经费开展,主要用于购买物资,每场约500元,共计5500元
	2016年1月16日	"我为人人、人人为我"公益讲座	
	2016年1月18日	"积极的心理暗示"讲座服务	
	2016年1月28日	"青春情暖,感恩有您"——关爱环卫工人活动	
	2016年2月4日	"收集阳光送温暖"敬老院探访活动	
	2016年2月20日	"鑫心相印"爱心大义卖	
	2016年3月12日	尊老探访活动	
	2016年3月12日	爱幼节目活动	
	2016年3月15日	慈善法志愿者交流分享会	
	2016年3月24日	急救措施公益讲座	
	2016年4月24日	关爱溪新小学留守儿童	

资料来源:礼德社工中心项目资料。

(四)针对主动求助对象的服务

除了主动开展服务之外,礼德社工中心也会接受来自揭阳市不同地区的弱势群体对象的主动求助，其中以无力支付医疗费用或遭遇工伤事故的个案居多。礼德社工中心会通过考察评估、制订服务方案、链接资源和开展服务等流程，为主动求助对象提供帮助。

三 发展优势——服务资源平台建设

礼德社工中心相比于其他社工机构而言，多了一层企业背景。其创办人原为在教育产业中发展的民营企业家，希望借助社工机构促进家乡社会服务的发展和良好社区氛围的形成，而机构创办人的这份情怀与揭阳市政府试点开展的"三社联动"工作相契合。也正因此，在开展服务的过程中，礼德社工中心基于其企业背景与"三社联动"政策的支持，展现出了突出的搭建资源平台、链接社会资源、联动社会力量的特点和优势，能够将当地的政府资源、医疗资源、义工资源、企业资源、社会资源联动起来，最终取得理想的服务成效。

（一）政府资源

1. 政策支持

礼德社工中心是在揭阳市各级政府的支持下筹办、成立并开展工作的。首先，礼德社工中心在揭阳市各级政府铺开"三社联动"试点工作的契机下成立，这一契机为中心的发展提供了重要的政策支持。其次，在每个季度举办的购买方会议中，礼德社工中心会向当地政府反馈该季度服务的基本情况和取得的成效，同时会将服务过程中遇到的一些亟须政府和政策支持的问题进行反映，双方形成了良性、有效的互动和沟通机制。如礼德社工中心通过购买方会议，成功从当地政府处获得了办理自闭症儿童残疾证的权限，为自闭症儿童争取到了更多的政府资源支持。

2. 资源提供

礼德社工中心成功在榕城区民政局处注册成为非营利性社会

组织，拥有了独立的财务、账目和办公场地，能够更加自主地开展工作。与此同时，礼德社工中心通过广东省"三社联动"专项资金从当地政府处获得了基本的项目资金和服务经费（一年一签，第一个服务年从2015年11月至2016年10月，一共5万元，每季度拨款一次），确保了机构的正常运营和项目的有序开展。同时，礼德社工中心通过政府获得了更多的宣传资源，较快地扩大了品牌影响力。

3. 服务保障

在日常服务的开展中，礼德社工中心不仅能够从揭阳市各级政府处获得服务名单和服务对象的基本信息，还能够获得进入社区开展服务较为正式的身份许可，为日常接触服务对象、开展服务提供了有利的保障。

（二）医疗资源

礼德社工中心在服务过程中，能够基于自身服务人群的特点，链接到自闭症康复中心、残疾人康复机构、综合医院等医疗资源。在面对自闭症儿童时，中心能够进行基本的评估，然后转介到自闭症康复中心进行治疗。而面对重疾家庭，礼德社工中心也能够及时联系综合医院，与医生沟通，跟进服务对象的基本情况。

（三）义工资源

经过一年多的工作开展，礼德社工中心已经建立起了一支各方面建设皆较为健全的义工队伍，包括200名志愿者，其中核心志愿者有80人。与此同时，礼德社工中心还能够链接到当地的学校、企业以及其他青年志愿者队伍，充分挖掘了当地的义工资源，培育了社区民众互助的氛围。在梅云街道开展的"三社联动"服务项目中，礼德社工中心以"社工+志愿者"的形式进行人员安排，组织开展对困难儿童家庭的探访，通过一个月一次的探访，了解服务对象的基本情况与服务需求。

（四）企业资源

企业出身的背景让礼德社工中心在链接企业资源方面有着较大的优势。而与此同时，当地政府也对礼德社工中心发挥联动企业力量的作用给予了一定的支持，并在一定程度上希望借助社工机构来链接当地企业的爱心力量。如礼德社工中心成功与当地的某大型房地产公司建立了合作关系，由企业提供经费支持，礼德社工中心进行策划，双方共同举办公益活动，服务弱势人群，协力推进公益服务资源在当地社区中的投放和使用。

（五）社会资源

除了企业资源之外，礼德社工中心还利用了社会组织在社会民众和社区氛围中具备亲切感的优势，通过举办公益活动以及向社会进行众筹，成功地挖掘了当地的社会资源和社区力量，更好地为弱势群体提供帮助。

综上所述，礼德社工中心成功建立了搭建服务资源平台的发展优势，这一服务资源平台如图11-1所示。

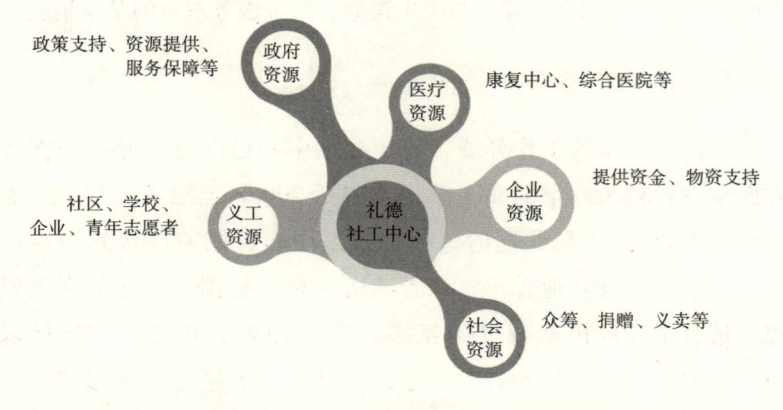

图11-1 礼德社工中心发展优势——搭建服务资源平台

在这一平台的搭建过程中,礼德社工中心也在一定程度上参与了当地的社会治理过程,承担了当地政府转型为服务型政府过程中外包的部分政府职能,作为社会组织在其中发挥了重要的作用,不仅能够联动社会力量,面向资源提供方成为资源链接者,发动社区民众参与到社会建设中,还能够服务弱势群体,面向服务对象,成为服务的输出者,让他们共享社区发展的成果,促进了当地"三社联动"工作与社会治理创新的发展。

四 基本服务模式——以介入个案为例

礼德社工中心立足于资源平台优势,建立了基本的服务模式。接下来本章将结合礼德社工中心曾经介入的两个特殊个案——大病患者阿军(化名)和失聪双胞胎儿童阿礼、阿德(化名)进行总结(见表11-4),分析其基本服务模式与特点。

表11-4 服务个案基本情况

序号	姓名（化名）	基本情况描述	需要的治疗费用	家庭经济情况
个案1	阿军	重症病患,肺部大出血,急性肾衰竭,面临出血与细菌感染难关	每天高达1万元以上不等的医疗费用	贫困
个案2	阿礼、阿德	双胞胎儿童,听力受损情况严重,需要进行"人工耳蜗"手术	13万元	来自贫困山区,家中8人,只有父亲从事搬运工工作赚取微薄收入

在进行个案介入的过程中,礼德社工中心建立了以下服务流程与模式。

1. 接案与建档

礼德社工中心的服务对象一方面来源于由当地街道提供的服务对象名单,由礼德社工中心作为社会组织发挥专业的社工力量,针对弱势群体开展服务,参与到社区治理过程中;另一方面则来源于主动求助的对象，礼德社工中心依托"三社联动"政策的支持，其宣传影响力和覆盖面较大，使其成为服务对象进行主动求助的服务纽带。

针对当地街道提供的服务对象，礼德社工中心会根据其基本信息建立档案，而针对主动求助的服务对象，中心会首先初步评估其是否符合机构的服务范围，其次为服务对象建立基本的服务档案。个案阿军以及阿礼、阿德兄弟均为主动求助的对象，他们的家属从不同的宣传媒介中了解到礼德社工中心，并进行了主动求助。礼德社工中心经过初步评估后，决定接案，并建立了基本的服务档案，成功地参与到这一社区事务的解决中。

2. 考察与评估

紧接着，礼德社工中心会进行进一步的考察与评估，确定服务对象的基本情况和服务需求，为制订服务计划提供依据。无论是街道提供的对象名单，还是主动求助的对象，礼德社工中心都会通过"家访"的形式了解服务对象的需求。而在部分对象存在无力承担医疗费用、需要筹措治疗资金等需求时，中心除了通过"家访"了解服务对象的家庭经济情况与困难程度外，还会"医访"核心服务对象的病情和所需治疗费用，以便下一步为服务对象开展服务。个案阿军及阿礼、阿德兄弟都是礼德社工中心在经过考察与评估，确定其家庭经济状况困难的情况属实，确实存在亟须筹措医疗费用的需求之后，才着手进行下一步的服务介入。

3. 资源链接与服务开展

在确定服务对象的需求后，礼德社工中心发挥其搭建资源平台的优势，为服务对象开展资源链接，提供服务支持。其通过链接政府资源、医疗资源、义工资源、企业资源、社会资源为服务对象提供帮助。

在个案阿军的介入中，礼德社工中心在阿军重症入院阶段成功为阿军筹措了治疗经费，保证了阿军能够顺利得到治疗，并成功从重症昏迷中苏醒。之后，礼德社工中心成功链接了义工上门进行探访，为阿军提供了物资支持和精神支持，改善了阿军由重病带来的消极情绪。同时中心成功链接到当地的爱心商企，为阿军举办了爱心义卖活动，通过联系商家以低利润的价格义卖爱心物品，为阿军筹措手术费用，减缓其家庭承受的经济压力。

而在阿礼、阿德兄弟的个案中，礼德社工中心则成功通过众筹等形式向社会募捐13万元，为个案提供了手术治疗的费用，同时成功地链接到了残疾人康复机构，康复机构对服务对象进行了听觉康复训练，最终成功帮助服务对象恢复了听力，取得了较为理想的治疗效果。

图11-2是礼德社工中心发挥资源平台优势，为个案阿军（个案1）、个案阿礼、阿德兄弟（个案2）提供服务支持的示例图。

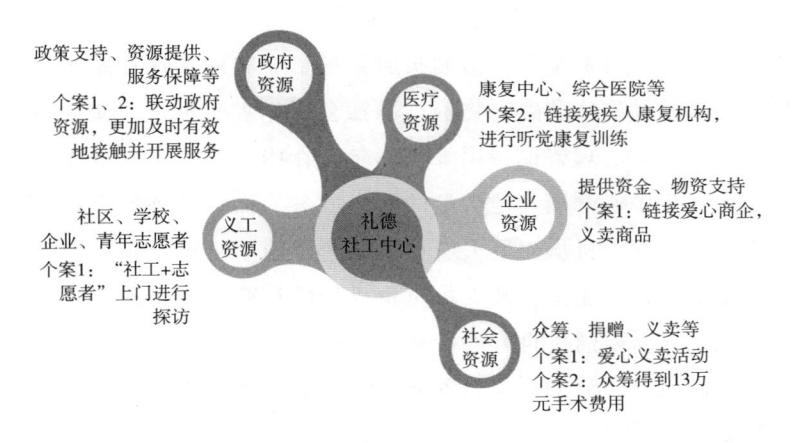

图11-2 礼德社工中心针对个案提供的服务支持

4. 持续跟进

在服务介入之后，礼德社工中心会通过恒常的电访、家访等探访形式跟进服务对象的恢复情况，确定服务成效，在必要的时候重新进行考察与评估，进行进一步的介入。在个案阿军与阿礼、阿德兄弟的介入中，礼德社工中心仍定期到医院进行探访，并向捐助资金的社会民众反馈个案的恢复情况，进一步体现了服务的成效。

五 困难与挑战

自成立以来，尽管礼德社工中心已经取得了一定的服务成效，并在项目发展过程中保持了较强的机构独立性，但同样遇到了以下困难与挑战。

（一）资金来源不足

资金问题是目前礼德社工中心发展面临的最为直接的困难。据礼德社工中心副主任表示，礼德社工中心的资金主要来源于广东省民政厅"三社联动"的专项资金，需由当地街道向区级政府申请专项资金扶持，资金总额一共5万元，一个季度1万余元。但5万元的项目资金只包括购买服务项目相关的活动补贴，主要用于购买活动物资和慰问物资，而社会工作者的工资、交通运营成本、餐补、心理咨询费用等都不包含在内，这些资金也无法支撑礼德社工中心开展其他类型的社会服务。面对这种资金短缺的状态，一方面，机构出资人所在的其他公司不得不承担社工人员的工资支出，并派出行政人员负责机构的行政管理工作，另一方面，机构还需要通过自筹经费或与其他单位合作，才能够开展其他类型的服务和活动。项目资金来源的不足直接影响了机构的发展与服务的开展。

（二）项目人员专业性不足

项目人员专业性不足和流动性较高则是礼德社工中心在发展过程中遇到的另一个问题。自成立以来，礼德社工中心的一位拥有社会工作师资格证的专业人员选择离开机构，去往当地的自闭症康复机构担任康复老师，而另外一位由机构自己培养的助理社工师，则因为在服务的过程中见证了濒临死亡的服务对象最终不幸去世的过程，无法承受心理层面的冲击，也选择了离开。

在经过频繁的人员变动之后，礼德社工中心目前所具备的专业队伍，无论是从人员数量上还是从专业资质上讲，都已经无法承担更高层次的服务。一方面，因为专业人员数量与能力的限制，礼德社工中心无法提供直接的专业服务，如个案辅导、小组工作等，只能更多地以资源链接者的身份出现，以资源链接、搭建平台为服务核心。但在很多时候，资源链接并不能够直接地解决问题，这在一定程度上导致了服务的片面化，无法取得更为直观的服务成效。另一方面，社工中心日常工作的开展会与街道的工作部署密切相关，因而也很难独立地开展较为深入和多层次的介入服务。

与此同时，礼德社工中心也缺乏项目整体的专业支持和督导。对于机构的项目规划而言，缺少来自更高层级专业人员的指导，无法解决机构在项目设计框架和服务思路上遇到的问题。而从社工的角度出发，机构全职人员也无法对实习生提供包括专业能力提升和情绪支持在内的督导。专业支持和督导的缺乏，也对服务的专业性产生了不利的影响。

（三）当地社工发展氛围存在不足

尽管揭阳市政府、榕城区政府、东兴街道、梅云街道都给予了礼德社工中心及其他社会工作服务机构大力的支持，但整体而言，当地无论是从社会氛围方面还是从政府决策方面都还未形成对社会工作的充分理解与支持。揭阳市当地的社工机构多数由有企业背景的人士承办，或接受妇联、残联、团委等人民团体的指导，成为其附属的服务机构。社工机构在服务工作的开展和机构自身的发展过程中还需要得到更多的政策资源和社会资源的支持，民众及政府部门对社会工作专业的认同度亟须提高。

六 讨论："企业背景"与"三社联动"的互动

礼德社工中心是在揭阳市试点推进"三社联动"工作中诞生

和不断发展的。"三社联动"作为一种新型的社会治理模式，不仅能够促进政府向服务型政府的转型，更能够以社区为发展平台，以社会组织为专业载体，以社工为人才力量，将社区、社会组织、社会工作专业人才三者串联起来，起到承接政府部分职能及引入社会资源和力量的作用，最终不仅能够促进社会服务的优化、社区居民的参与，还能够促进社区发展形态的升级。

礼德社工中心作为企业背景出身的社会工作机构，在"三社联动"的过程中发挥了社会组织所需要承担的专业载体功能，形成了特有的资源链接模式，能够有效地链接到当地的政府资源、医疗资源、义工资源、企业资源、社会资源等，同时能够用本土化的服务方法和服务经验促进服务的落地，为当地形成更有活力的社区氛围做出了贡献。

尽管有"三社联动"政策背景的支持，礼德社工中心的发展依然受制于外部支持资源的不足。从上文介绍的服务内容中可以看出，礼德社工中心获得的5万元的经费不足以支撑项目开展专业服务，而受制于资源不足的情况，礼德社工中心自筹经费开展的活动依然以助学、环保等活动为主，而非专业服务。中心在专业个案、专业小组以及其他专业服务方面的缺失让社工的介入难以取得直接的成效，无法拉近社工与弱势群体以及弱势群体与社会之间的距离，在服务中容易产生一定的偏差。

对于遇到的困难与挑战，礼德社工中心在未来的服务周期内，已经有了一定的发展思路和方向。一方面，它计划以协助服务对象"脱贫"为工作目标，链接能够帮助服务对象改善生活、获得更多收入的就业资源和生产资源，同时继续链接物质资源，以改善服务对象的生活现状。另一方面，它已经与揭阳学院签订了合作协议，成为揭阳学院社会工作专业学生的校外实训基地，双方将在人才配对和专业支持两方面进行合作。揭阳学院不仅将派学生到礼德社工中心进行实训，同时还将通过专业老师，为礼德社工中心的项目运作和发展提供专业指导。礼德社工中心与当地专业院校的合作将使其在未来获得源源不断的专业人才和专业支持，促进其发展。

在未来的发展中，礼德社工中心将立足于搭建资源链接平台，促进当地弱势群体脱贫工作的开展，同时也将得到来自揭阳学院的专业督导和专业人才支持。在未来的工作中，希望当地政府能够更加重视社会工作的发展，给予更多的服务资金和配套设施支持，给予社会工作更多的运作空间。而礼德社工中心也将不断增强自身的专业力量，培养属于自己的专业人才队伍和志愿服务队伍，确立机构的定位和发展目标，改善服务的片面化倾向，继续发挥在资源链接方面的优势，力争成为当地"三社联动"工作的排头兵和社会服务行业的标杆。

第十二章 自主运作型的社工机构发展模式

——潮州市湘桥区启明星社会工作综合服务中心

一 机构概况

潮州市湘桥区启明星社会工作综合服务中心是潮州市第一家专业从事青少年特色教育和社区综合服务的社工机构（以下简称"启明星社工中心"）。该机构于 2012 年 9 月经潮州市湘桥区民政局批准注册成立。启明星社工中心自成立伊始，便以"倡导关爱、文明和谐、以人为本、自助助人"为服务宗旨，以"打造专业的社工队伍，提供优质的社工服务"为服务目标，以"社区综合服务、社区青少年服务、居家养老服务、劳务工服务、妇女儿童服务"等领域为服务方向，积极发挥"社工 + 义工"联动的优势，贯彻落实单位统一领导、政府主导推动、民间组织运作、公众广泛参与的主导思想，致力于为个人、家庭、团体、企业及社会弱势群体提供专业的社会工作服务。

启明星社工中心在正式注册成立之前，已有近五年的服务历史。早在 2008 年，启明星社工中心便有了发展的雏形——一个由十几名分别来自政府、法律工作、教育工作、心理咨询和训练等行业的志愿者组成的爱心小组。该小组从成立开始，便着力于帮助"问题青少年"进行思维、行为改变训练和家庭亲子关系处理，引导叛逆青少年回归家庭与学校教育，减少青少年过早进入社会而造成的社会不安定因素。2010年8月18日,该志愿小组与潮州市创佳爱心协会建立合作关系,从事关爱青少年与家庭系统协调工作。此后,该小组成员通过不断整合原有资源,逐步孵化成熟,终于在2012年9月19日经湘桥区民政局批准,成立启明星社工中心,并于同年10月6日正式投入运作。

启明星社工中心内设三个分支单位,除了社工综合服务中心外,另设有青少年智能拓展训练中心、心理疏导中心两个分支单位。具体情况如表12-1所示。

表12-1 启明星社工中心分支单位

序号	分支单位	成立时间	具体服务内容	备注说明
1	社工综合服务中心	2012年9月19日	为弱势群体提供专业的社会工作服务	承接政府购买服务、基金会资助或自筹经费,无偿提供服务
2	青少年智能拓展训练中心	2011年12月30日	定位为家、校之外的第三种青少年素质教育力量,采用国内外先进的教育理念和培训技术(传统教育+右脑记忆+体验式拓展训练),以实现"了解孩子、因材施教、尊重共性、发展个性"的宗旨	自主运营,根据具体服务收取相关费用
3	心理疏导中心	来源于1997年成立的心理咨询师沙龙(潮州市最早)	为求助者进行心理疏导和行为矫正	

启明星社工中心目前有6名专职人员,其中有3名人员在社工综合服务中心从事社工服务工作。社工人员的基本情况如表12-2所示。

表 12-2 启明星社工中心社工人员情况

序号	编号	性别	年龄	教育程度	所学专业	从业年限	现职务	主要服务领域	持证类型
1	CZ01-01	女	30	大专	社会工作	2个月	一线社工	义工、调查员	无
2	CZ01-02	女	25	大专	社会工作	2年	一线社工	长者	助理社工师
3	CZ01-03	女	24	大专	平面设计	6个月	社工助理	残疾人、儿童和青少年	无

二 服务内容

启明星社工中心同时开展有偿收费的服务项目和无偿的社会工作专业服务。一方面，启明星社工中心所设立的青少年智能拓展训练中心与心理疏导中心设置了收取一定费用的服务项目，针对当地的偏差青少年开展心理咨询、行为矫正等相关服务。另一方面，启明星社工中心以社区内的长者及弱势青少年群体为主要服务对象，无偿地开展社会工作专业服务。有偿收费的服务项目所获得的相关经费，基本用于支撑无偿的社会工作服务的开展和社工中心的日常运营。以下是启明星社工中心开展的具体服务内容。

（一）青少年智能拓展训练中心——有偿收费服务

启明星社工中心通过成立青少年智能拓展训练中心（以下简称"青少年特训中心"），同时整合另一分设机构心理疏导中心的力量，采取收取服务费用的方式，针对当地行为出现偏差的青少年开展服务。青少年特训中心关注亲情冷漠、学习困难、有偏差情绪和不良行为习惯以及不适应常规教育而逃学的未成年学生，以社会工作、心理辅导的介入手段，运用心理咨询技术和科学的特训教育模式，为青少年提供保护、转化、领航的专业特训服务，旨在成为青少年教育中的第三方力量,在家庭与学校之间发挥纽带作用。

青少年特训中心的服务对象均来源于主动向中心报名求助的家庭。在 2016 年中,青少年特训中心共有超过 40 位学员,其中 80% 为存在偏差行为的问题青少年,其中偏差行为包括打架、早恋、离家出走、飙车等,而另外 20% 则是存在精神健康问题(如被害妄想倾向)的青少年。学员以 16~17 岁的青少年居多,最小的为 14 岁。

青少年特训中心针对不同家庭经济情况及不同介入难度制定了针对性的收费标准,平均收费标准为每月 700 元(与当地学业辅导的费用基本一致)。针对经济条件较为优越且子女介入难度较大,家长配合程度较低的家庭,收费水平会相对高一些,而针对经济困难的家庭,也会酌情减免费用。2016 年,共有 5 名学员得到了青少年特训中心的免费服务。

在青少年特训中心中,工作人员会针对子女教育问题、未来培养方案、亲子关系、青少年常见行为偏差问题开展介入,以下将以介入个案 A 为例,介绍青少年特训中心的服务内容及流程(见表 12-3)。

表 12-3 青少年特训中心偏差青少年个案介入流程与服务内容

流程	服务内容(以介入个案 A 为例)
接案/了解基本信息	接收到个案母亲的主动求助,了解个案的基本信息,正式接案: 基本信息:1 名小学五年级且已经辍学的女生,12 岁 个案存在的问题:在一些年龄更大的同辈群体的影响下,加入到当地一个进行青少年援交交易的 QQ 群中,有下一步参与到援交交易中的倾向 个案母亲诉求:希望能够改变女儿的想法,不再参与到援交交易中
建立关系/预估	个案报名参加了由青少年特训中心组织的学业辅导班,工作人员通过学业辅导班成功接触到了个案,并与个案建立基本的信任关系,评估个案的基本情况,制定初步的服务目标和方案

续表

流程	服务内容（以介入个案 A 为例）
介入服务	在介入个案的过程中，工作人员经历了三个不同的介入阶段： 继续建立信任关系：在介入初期，工作人员从个案更为关注的学习问题出发，继续与个案建立信任关系。当信任关系逐渐建立之后，工作人员开始将日常的沟通话题转换为心理、生活等方面 引导个案发现问题：在两个月的服务时间中，工作人员几乎在个案出现在学业辅导班中的每个晚上都会与她进行沟通，并以"大姐姐"的身份观察个案的心理和情绪变化，将话题引导到个案目前存在的核心问题上。最终让个案将内心真实的想法说出，并在工作人员的引导下对这一问题进行思考 引导个案发生转变：通过与个案探讨参与援交这一问题，向个案提供更多思考这一问题的信息和方式，慢慢地引导个案形成了回归学校和正常生活，成为更加独立和优秀的女生的想法。在两个月的介入之后，个案终于退出了原有的参与援交的社交圈，回到学校，回归了正常的生活
评估	对个案的介入成效进行评估，评估服务目标是否达成，同时评估个案是否还存在需要介入的问题与需求
结案	最终结案，成功达成服务目标，实现了个案的转变

青少年特训中心较为成熟与专业的运营服务模式，不仅为启明星社工中心的发展提供了专业力量与服务经费方面的支撑，也在一定程度上扩大了启明星社工中心的社会影响力，使其成为当地较为知名的社会服务品牌。

（二）社工综合服务中心——无偿开展社会工作专业服务

1. 长者服务（社区）

启明星社工中心依托社区服务平台及康乐会活动中心，开展了一系列立足于提升长者生活质量的服务，包括了恒常跟进服务与项目服务。

一方面，启明星社工中心立足于社区长者的整体服务需求，不仅建立了长者个案健康档案，同时开展了一些恒常跟进服务，包括开展精神文化生活类服务、提供家访及个案辅导支持、为长者家属提供支持等内容。具体如表12-4所示。

表 12-4　启明星社工中心长者恒常跟进服务

开展精神文化生活类服务	开展多元精神文化生活类服务,丰富长者晚年生活,培育长者领袖,提升长者自我认同感
提供家访及个案辅导支持	为长者提供家访及专业个案辅导服务,传达对长者的关怀与支持,提升长者自我解决问题的能力
为长者家属提供支持	为长者家属提供专业知识培训及情绪支援服务,减轻家属的照顾压力,提高家属对长者的照顾质量

而另一方面,启明星通过承接政府购买服务项目、基金会项目及自筹资金等形式,组织开展了一些有助于满足长者群体需求、提高长者群体生活质量的项目服务,包括"益苗计划""暖巢行动""康乐会""暖冬计划"等。自注册成立至今,启明星社工中心开展过的长者服务项目如表12-5所示。

表 12-5　启明星社工中心长者服务领域开展的项目与服务内容

序号	项目名称	起止时间	项目服务内容	项目产出
1	"益苗计划"——广东志愿服务	2014~2015年	社工带领青少年志愿者对长者服务对象进行探访,了解长者的生活情况和服务需求,既能够帮扶长者,又能够通过"体验式教育",促进青少年的成长,培育青少年的社会责任	暂无数据
2	"暖巢行动"——潮州市湘桥区金山街道关爱空巢老人活动	2015~2016年	加入粤东西北社工服务项目牵手互助计划,牵手启创社会工作服务中心合作开展该项目,启创提供资深督导,对启明星项目进行为期一年的督导。在服务期间,启明星社工中心组建"青少年志愿者团队",以"社工+青少年志愿者+群众"的联动模式关注和服务空巢老人	暂无数据
3	"康乐会"	2015年至今	组建康乐会,成立康乐会活动中心,为社区内的长者提供了固定的活动场地和互相交往的平台,并形成了"长者志愿者团队"。在康乐会中,长者们组织策划了包括出游、踏青、歌友会等在内的系列活动	团队人数现今58人,运营较为稳定,并能够定期开展服务

续表

序号	项目名称	起止时间	项目服务内容	项目产出
4	"暖冬计划"	2016年至今	为社区内的"三无""五保"的长者们提供服务,采用入户、链接资源,建立邻里守望、关爱互动的模式等方式,为长者们提供系列针对性的服务。而其中邻里守望的互动模式经过初步建立可以自行运作,为长者提供更多的帮扶资源	服务对象共1082名,得到当地居委会/村委会的认同

2. 青少年服务

在青少年服务领域中,启明星社工中心通过定期承接或组织开展相关项目,一方面为社区内的弱势青少年群体提供支持和帮助,另一方面为社区内的家庭亲子关系改善贡献力量。自注册成立至今,启明星社工中心开展过的青少年服务项目如表12-6所示。

表12-6 启明星社工中心青少年服务领域开展的项目与服务内容

序号	项目名称	起止时间	项目服务内容	项目产出
1	"成长360"——阳光之家进校园	2014~2015年	在学校设立"阳光之家"工作站,中心每周派出专业社工、心理咨询师和行为训练师到校为学生提供心理疏导,协助学校做好学生的普法与安全教育以及部分边缘青少年的行为纠正,为贫困生提供帮助	在3所学校进行,共开展10场活动,参与的学生有300人以上,学生家长200人以上,实际受训人数达5890人
2	"绿色青春·环保少年"——广东省青少年环保宣传教育实践活动	2014~2015年	协助潮州市团委,在校园内对青少年进行环保科普,培养其践行低碳生活、保护绿色家园等意识	在15所小学开展"环保系列"活动

续表

序号	项目名称	起止时间	项目服务内容	项目产出
3	社区矫正项目	2015~2016年	针对社区内的偏差青少年,通过体验式教育、野外拓展、心理疏导等协助青少年进行行为纠偏及亲子关系调节。同时采用"社工+心理疏导"模式,为社区矫治人员设置针对性的情景模拟体验小组	参与该项目活动人员达7020人
4	启明星"580"(我帮你)工程	2012年至今	开班。通过团队拓展活动、才艺表演、互动游戏等形式和青少年一起探讨亲子感恩教育、情绪管理、时间管理、自我管理、团队协作	每学期开设一班,每班60人,获得青少年及其家长的一致好评
5	"430"社区学堂	2012年至今	通过"430"社区学堂项目,及时发现青少年存在的不同程度问题,起到及时预防和紧急介入的作用	参与人数高达15200人,得到家长的好评及社会的认可
6	"秋记亲子情"	2014年至今	通过亲子活动,让孩子与家长在娱乐中体验沟通与协作,建立和谐的家庭关系	参加人数为15000多人
7	"启明星亲子营"系列活动	2012年至今	通过亲子互动及亲子教育讲座,协助家长和孩子们构建良好的亲子关系	共举办30多场,受益人数达1200人

三 关于启明星社工中心发展模式的探讨

在当前国内社会工作机构的发展路径中,有的机构选择依附于政府部门力量,作为政府部门的一个分支机构开展服务,有的选择独立注册为非营利的民办非企业单位,再承接政府购买服务的项目。但启明星社工中心的运营和发展模式独具一格,属于在国内并不多见的"自主运作型"的社会工作机构发展模式。

启明星社工中心从注册成立到开展服务,更多地是承担自主运作的社会组织角色,而并非依附于政府的社会服务单位或承接政府部分社会治理职能的社会组织。从表12-7中可以看出，从成立至今，启明星社工中心开展了项目资金共计273.35万元的社会工作服务项目，其中来源于政府购买服务的经费仅为34.1万元，占全部资金总额的12.5%，来源于基金会提供的经费仅为12万元，占全部资金总额的4.4%，而由启明星社工中心自筹，从有偿收费的青少年特训中心中获取或由机构负责人自行筹措的经费达到了227.25万元，占全部资金总额的83.1%。在共计11个社会工作服务项目中，只有2个项目存在政府购买服务的经费，2个项目存在基金会资助的经费，而由启明星社工中心自筹经费支持的项目则达到了10个。

表12-7 启明星社工中心服务项目的资金来源

序号	项目名称	经费来源	经费总额（万元）	政府购买经费（万元）	基金会资助经费（万元）	自筹资金（万元）
1	"2014助益苗计划"——广东志愿服务	基金会、自筹	3	0	2	1
2	"暖巢行动"——潮州市湘桥区金山街道关爱空巢老人活动	政府、自筹	6.1	4.1	0	2
3	"康乐会"	自筹	1.6	0	0	1.6
4	"暖冬计划"	自筹	15	0	0	15
5	"成长360"——阳光之家进校园	自筹	20	0	0	20
6	"绿色青春·环保少年"——广东省青少年环保宣传教育实践活动	自筹	0	0	0	不详①
7	社区矫正项目	政府、基金会	40	30	10	0
8	启明星"580"（我帮你）工程	自筹	135	0	0	135

① 该项不纳入自筹资金的合计统计中。

续表

序号	项目名称	经费来源	经费总额（万元）	政府购买经费（万元）	基金会资助经费（万元）	自筹资金（万元）
9	"430"社区学堂	自筹	30.6	0	0	30.6
10	"秋记亲子情"	自筹	10.8	0	0	10.8
11	"启明星亲子营"系列活动	自筹	11.25	0	0	11.25
	合计		273.35	34.1	12	227.25
	所占比例		100%	12.5%	4.4%	83.1%

由此可见，启明星社工中心展现了较为鲜明的"自主运作型"的社会工作机构发展特点，而这一特点在启明星社工中心发展的过程中，也带来了一定的发展优势和困境。

（一）启明星社工中心发展模式的优势

启明星社工中心"自主运作型"的发展模式，在一定程度上促进了机构服务设计的专业性和独立性，同时也使机构的发展避开了对外部资源的依赖和过多来自行政力量的干预，使得机构能够更多地按照机构运作团队的意志和想法发展。在这一发展过程中，最大的优势便是机构发展的自主性，具体如下。

1. 摆脱对外部资源的依赖

从启明星社工中心的社会服务项目资金来源中可以看出，83.1%的项目运作资金来自机构内部的有偿收费项目或者机构其他的自筹资金渠道，仅有其余的16.9%的资金来自包括政府购买社会服务的专项购买资金和基金会对社会组织的资助经费在内的外部资源。启明星社工中心较为突出的"自我造血"功能，成功地摆脱了机构发展中对外部资源的依赖，不仅可以节省用于和资源提供方进行反复沟通的行政成本，而且可以应对资金拨付问题，如拨款迟缓、款项不足等带来的对项目开展的负面影响，还可以避免缺乏资金来源、没有经费支持而使机构发展陷入困境的局面。

2. 避开过多的行政干预

"自主运作型"的发展模式还可以避开过多来自行政力量的干预。一方面，由于不接受过多来自外部资源的经费，启明星社工中心在进行服务设计和开展服务的过程中，可以不受外部资源的约束，避免过多的行政指标。而另一方面，启明星社工中心可以有相对独立的财务部门和运作机制，避免过多来自当地政府部门和社区管理人员的干预，不用过多地依附于当地政府，可以更加自主地开展服务，实现机构的自我发展。

3. 自主选择机构的发展路线

"自主运作型"的发展模式能够让机构自主选择未来的发展路线，而对于启明星社工中心而言，保持服务的专业性和针对性，便是机构未来发展的明确方向。在进行服务设计和开展服务时，启明星社工中心不需要过多地考量承接政府或基金会项目时可能需要考量的服务指标和行政职能，从而可以更多地立足于弱势群体的生活现状和迫切需求以及社区整体的发展，进行更加科学和系统的服务设计，开展更加专业和贴切的服务。

而当启明星社工中心摆脱了对外部资源的依赖，可以更多地按照机构团队成员的意志和想法来规划机构未来的发展时，团队的凝聚力和工作效率也得到了一定的提高，更为重要的是，他们可以发现社区中尚未被政府及其他社会组织、社会资源所发现，或者是政府、其他社会组织及社会资源尚未能够解决的社会问题，再通过整合机构的自主运作资源，针对性地进行介入，从而能够为完善社区的治理格局，建设更加良性的社区发展环境贡献更多的力量。

（二）启明星社工中心发展模式的困境

当然，"自主运作型"的发展模式也使启明星社工中心在发展的过程中陷入了一定的困境。首先，启明星社工中心在一定程度上缺乏接触服务对象和进入服务地域的"正当性"和"合法性"。其次，经费更多地来自自筹经费也使机构在开展服务时容易受到经费的限制。与此同时，"自主运作型"的发展特点也使得启明星的项目服务更容易呈现单次性的特点，一定程度上缺乏持续性、整体性的服务规划。具体如下。

1. "正当性"和"合法性"的缺乏

在目前国内社会工作的发展情境下，社会工作机构与社会工作者依然是社区的"外来者"，在潮汕地区尤其如此。而想要更加便捷地进入服务社区，获取服务对象的信任，获得政府部门所给予的"正当性"对于"外来者"而言是十分重要的。对于承接政府购买服务项目的机构而言，其可以通过承接服务，获得政府授予的机构"合法性"和相关资源的支持，但对于"自主运作型"的启明星社工中心而言，这方面的支持无疑是缺乏的。

由于更多的是运作由机构自发组织的项目，启明星社工中心在开展服务的过程中，往往缺乏牵头的支持单位，在开展青少年相关服务时，社会工作者可以通过外展的形式吸纳服务对象，获取服务对象的信任，拓展服务覆盖范围，但对于长者板块的服务而言，老人们对街道、村（居）委会两级单位依然存在较高的信任感，因此启明星社工中心要获得老人们的信任，往往需要得到街道、村（居）委会的支持。而当它缺乏这一支持的时候，它往往容易在接触服务对象的过程中遭遇阻力，往往需要花费较多时间掌握服务对象的家庭背景、人员结构及社会关系等情况，甚至有可能遭受服务被拒绝，给项目的开展带来了负面的影响。

2. 服务经费的限制

尽管启明星社工中心的有偿收费服务能够为无偿社会工作服务的开展提供充足的经费支持，但有偿收费服务这一类进入市场场域的服务类型并不稳定，往往面临着较高的风险。一旦出现有偿收费服务项目经营不佳的情况，无偿社会工作服务的开展就会受到影响。与此同时，启明星社工中心的政府购买资金仅占

12.5%的比例，也在一定程度上说明了启明星社工中心缺乏来自政府购买服务的稳定的资金保障。过多地依赖机构自身的积累，也使得启明星社工中心容易面临项目经费短缺的困境，有时会出现需要四处筹集服务经费或需要机构团队成员个人垫支的情况。服务经费方面的限制也在一定程度上制约着机构的发展和项目的运作。

3. 缺乏持续性、整体性的规划

"自主运作型"的发展模式使启明星社工中心在开展服务的过程中容易陷入缺乏"正当性"和"合法性"以及服务经费受限等困境，而这也影响了启明星社工中心对机构整体服务项目的规划。尽管涌现了类似于"康乐会"、启明星"580"工程等长期持续的品牌服务项目，但从整体而言，启明星社工中心的服务项目的持续性和整体性依然有所欠缺。"自主运作型"的发展模式所带来的不稳定性也给项目的整体发展带来了不利影响。

四 总结

启明星社工中心起源于当地关注青少年发展问题的志愿小组，经过不断地孵化与发展，其最终在2012年正式注册为社会工作机构，并通过整合当地的服务资源，设立了包括社工综合服务中心、青少年智能拓展训练中心、心理疏导中心在内的三个分设机构。启明星社工中心采用"自主运作型"的发展模式，通过开展有偿的收费服务项目，为无偿的社会工作服务提供服务资金，发挥机构的"自我造血"功能，从而实现了服务开展的专业性和机构发展的自主性，但同时也缺乏"正当性"与"合法性"，面临经费受限、缺乏整体服务规划等困境。

启明星社工中心之所以选择"自主运作型"的发展模式，一方面是出于对机构发展自主性的考量，另一方面是因为需要应对由潮汕地区整体社会服务较为滞后，缺乏社会服务专项资金而带来的"巧妇难为无米之炊"的困境。令人欣喜的是，启明星社工中心在探索社会工作机构发展新模式上做出了尝试，它不仅通过实际服务的开展改善了弱势群体的生活，实现了机构自身的发展和成熟，还为潮汕地区社会工作机构的发展提供了一种新的模式。启明星社工中心通过实践证明了"自主运作型"的发展模式在潮汕地区甚至是国内的环境下并非行不通。当地区缺乏社会服务资金，而社工机构又希望能够通过开展服务项目改善弱势群体的困境时，采用"自主运作型"的发展模式也是一种可行的思路。

当然，"自主运作型"的社工机构发展模式依然容易遇到很多困难，目前国内社会工作的发展尚未达到多种社工机构模式共同发展的阶段。对于启明星社工中心以及与其相似的其他"自主运作型"的社工机构而言，如何在自主运营、自我造血和承接政府购买服务项目之间进行更好的平衡，依然是未来数年内机构发展需要思考的关键问题。

第十三章 总结与讨论

一 前文总结

本书前文已经从机构情况、项目基本情况、项目购买方、指标完成及项目经费、从业人员情况及社会工作机构发展案例等不同方面描绘了潮汕地区社会工作发展的状况。下文将对本书前文进行总结，从购买主体情况、社工机构发展情况、社工人员情况以及项目情况四个方面对前文内容进行总结和梳理。可以发现，目前潮汕地区已经初步形成了"不同政府部门主导购买服务、多种社工机构发展模式并存、专业人才队伍初步搭建、各类服务项目全面推行"的社会工作发展格局。

（一）购买主体：不同政府部门主导购买服务

在购买主体方面，潮汕地区已经形成了不同政府部门主导购买服务的特点，无论是从购买项目的数量，还是从购买项目的经费，抑或是购买项目的类型来看，不同政府部门都占据了主导的地位。

1. 购买项目数量

经过对潮汕地区43个社会服务项目购买情况的统计分析，可以发现在2013年7月至2016年7月，有5类购买主体为潮汕地区的社会服务项目提供了服务经费，其中包括各级政府职能部门（26个，占60.5%）、各级群团组织（2个，占4.7%）、各类事业单位（5个，占11.6%）、镇街或村居（2个，占4.7%）以及市内外社会组织（8个，占18.6%）。

不同政府部门（包括各级政府职能部门、各级群团组织、各类事业单位、镇街或村居、市内外社会组织）购买服务的项目占到了所有购买服务项目的81.4%，基本形成了主导地位。而在不同政府部门中，民政部门的22个购买项目，占据了所有购买服务项目的51.2%，是潮汕地区社会服务项目最主要的购买方。

2. 购买项目经费

从购买项目的经费情况上看，在43个项目中，5类购买主体所提供的项目经费共计318.3万元，其中各级政府职能部门投入191.4万元，占市内外社会组织总额的77.8%；各级群团组织投入2万元，占总额的0.8%；事业单位投入39.7万元，占总额的16.1%；镇街或村居投入6.8万元，占总额的2.8%；市内外社会组织投入6.1万元，占总额的2.5%。

不同政府部门（包括各级政府职能部门、各级群团组织、事业单位、镇街或村居、市内外社会组织）购买的项目经费达246万元，占总额的77.3%，占据了主导地位。

3. 购买项目类型

从购买项目类型看，各级民政部门是长者类型、残障类型、组织孵化类型、优抚双拥类型、婚姻类型、社区矫正类型、综合服务类型的主要购买方。各级环保部门是社区文康服务类型的主要购买方。福利院/养老院是青少年类型的主要购买方。军休所是优抚双拥类型的主要购买方。各级妇联是组织孵化类型的主要购买方。总体而言，不同的政府部门在不同购买项目类型中，都占据了主导地位。

（二）社工机构：多种社工机构发展模式并存

在社会工作机构方面，潮汕地区已经形成了多种社工机构发展模式并存的特点。在社会工作孕育并不断发展成熟的过程中，潮汕地区的社会工作机构探索出了本土化的机构发展模式，而这也成为地区社会工作发展的一个重要特点。以下将从潮汕地区社会工作机构的数量以及主体类型出发，一方面描述潮汕地区社工机构数量较少、规模较小、发展速度较缓慢、尚处于初级阶段的总体情况,另一方面重点阐述这一地区多种社工机构发展模式并存的显著特点。

1. 社工机构数量

据统计,截至2016年底,潮汕地区共有33间社会工作机构,其中有19间社工机构参与了本次调研,汇报了机构在2013年7月至2016年7月间承接的项目数量(总计为52个),其中有13个社工机构汇报了在2013年7月至2016年7月间承接项目具体的经费情况(38个项目,共302.3万元)。另外,还有13间其他类别的社会组织和4个镇(街道)社工站参与了调研。

据统计数据可以发现,潮汕地区社工机构呈现如下特点。一是承接项目的数量较少,承接3个及以下项目的机构共有13间(占机构总数的68.4%),而承接了3个以上项目的共有6间(占机构总数的31.6%),平均每个机构仅承接项目2.79个。二是承接项目的购买经费较少,13间填写了项目具体经费情况的机构合计承接38个项目,共302.3万元经费。其中,承接项目总经费最少的机构只有4万元,最多的为55.2万元,平均每个机构承接项目的总经费仅约为23.3万元。

总而言之,无论是从承接项目的数量上,还是从承接项目的经费上看,潮汕地区社工机构依然处于总体数量较少、规模较小、发展较缓慢的初级阶段。

2. 社工机构的主体类型

潮汕地区社会工作发展形成了多种社工机构发展模式并存的特点。其中有以镇(街道)社工站形式开展服务的(如莲下社工站、同益社工站),也有以民办非企业组织为载体开展服务的。而在民办非企业组织中,既有传统慈善背景的(如存心社工综援中心),也有民营企业背景的(如礼德社工中心),还有街道背景的(如韩星社工中心),以及没有外部背景、自主运作的(如启明星社工中心)。

表13-1将对潮汕地区社会工作机构的不同主体类型和发展模式进行比较。

第十三章 总结与讨论

表13-1 潮汕地区社会工作机构的不同主体类型和发展模式

发展模式	模式介绍	发展优势	存在缺陷
镇（街道）社工站（如连下社工站、同益社工站）	主要在汕头市试点推行，由镇（街道）设立社工站，设置社会工作岗位，提供专业服务，不注册为民办非企业单位	1. 得到基层政府全方位的支持，包括政策、资金、宣传、办公环境、"正当性"等；2. 与基层政府互补共益，实现合作共建，参与地区社会治理	1. 服务经费受到限制；2. 服务对象的覆盖范围具有局限性；3. 社工站容易面临自主性、独立性层面的挑战
民办非企业组织 传统慈善背景（如存心社工综援中心）	依托存心慈善会，同时承接政府购买服务项目，开展社会工作专业服务	依托存心慈善会的慈善资源，服务对象搭建了就业支持体系	1. 服务经费有限制，项目的持续性仍需要提升；2. 社工机构与慈善会的职能界限尚未得到清晰划分；3. 专业人才不足，人员专业性有待提升
民办非企业组织 企业背景（如礼德社工中心）	依托机构创立人的企业背景及社会资源，同时承接政府购买服务项目，推动机构自身服务项目的发展	联动社会资源能力突出，搭建了包括政府、医疗、义工、企业、社会资源在内的资源平台，同时链接了当地的高校资源	1. 服务经费受到限制；2. 项目人员的专业性不足；3. 当地社工发展的氛围需要提升
民办非企业组织 街道背景（如启明星社工中心）	由街道牵头成立，社区居委会成员组成，同时承接其他地政府购买服务项目，为街道内的服务对象提供服务	1. 扎根社区，推动积极老龄化，建立"居委会+志愿者+社工机构"的养老模式；2. 与街道紧密合作，互利共生	1. 服务经费受到限制；2. 专业支持仍有待加强
民办非企业组织 自主运作型（如启明星社工中心）	机构内部设置有偿收费服务，同时通过多种渠道自筹经费，自主运作和发展	摆脱对外部资源的依赖，避开了过多的行政干预，自主选择机构的发展路线	1. 服务经费受到限制；2. 缺乏进入服务场域的"正当性"；3. 项目缺乏持续性，整体缺乏机构的规划

如表13-1所示，整体而言，潮汕地区的社会工作发展更加依赖基层政府的力量。得到来自政府的行政性支持以及资金资助，对社工机构的发展有着重要的作用，但同时也使社工机构不得不面临坚守独立性和自主性的挑战。依赖其他外部资源，如慈善会力量的社工机构也会面临这样的问题，如何界定社工机构和依托机构之间的关系，同样是一个艰难的挑战。而选择自主运营的机构，尽管能够自主运作机构的项目，但也会面临缺少资源和"正当性"的问题。不同的发展模式都存在自身的发展优势和缺陷。

无论哪一种发展模式，都是潮汕地区本土社工机构面对具体的政策和社会环境所积极探索的成果。这种多元的社会工作机构主体和社会工作机构发展模式也成为潮汕地区社会工作行业发展过程中的重要特色。

（三）人员情况：专业人才队伍初步搭建

在人员情况方面，潮汕地区已经形成了专业人才队伍初步搭建的发展特点。经过一段时间的发展，潮汕地区已经初步建成了一支专业人才队伍，其主要特征如下。

一是以小规模团队为主。在社工岗位人员的机构分布方面，潮汕地区社工机构以小型规模为主，普遍拥有较少的社会服务人员。68.4%的社工机构拥有的社工岗位人员在5人以内（不包括5人），社工站普遍仅拥有1名社工岗位人员。尽管人数较少，但社工岗位分布合理，以一线社工、社工助理为主。

二是专业能力不断提升。在所抽样的90名社工机构和社工站的社工岗位人员中，持有社工资格证的有63人，占社工岗位人员总数的70.0%。其中，持有助理社会工作师证书的有56人，占社工岗位人员总数的62.2%；持有社会工作师证书的有7人，占社工岗位人员总数的7.8%。

三是专业队伍逐步建立。潮汕地区初步建立了一支专业的人才队伍。在社工机构和社工站的社工岗位人员中，社工岗位人员的平均年龄为29.2岁，从事社会工作行业的平均年限为1.6年。有约65%的社工岗位人员年龄在30岁及以下。在社工岗位人员中，硕士有2人（占有资料统计的人员总数的2.3%），本科有42人（占48.3%），大专有43人（占49.4%）。

四是初步形成了专业督导体系。在19间填写了外聘督导情况的机构中，共有7间社工机构表示有外聘督导，合计8人。而在这8名外聘督导中，来自潮汕地区非高校的督导占总数的75.0%（6人），潮汕地区高校的督导占12.5%（1人），境外督导占12.5%（1人）。专业督导基本由本土人员担任。督导的平均社会工作从业年限为2.7年。而在接受督导的机构中，平均每名社工岗位人员接受个别督导4.5小时/年，团体督导4.4小时/年，参加培训25.5小时/月。

五是行业工资水平还有待提高。截至2016年7月，所抽样的社工机构和社工站的社工岗位人员平均每月实收工资为2192.44元，低于其他类别的社会组织从业人员的平均实收工资。总体来说，潮汕地区社会服务行业的工资有待提升。

（四）项目情况：各类服务项目全面推行

在项目情况方面，潮汕地区已经形成了各类服务项目全面推行的特点。经过一段时间的发展，潮汕地区已经成功地发展出了多种服务项目类型，而这些项目的全面铺开推行，也为潮汕地区的社会发展做出了积极的贡献。据对汇报了指标完成情况的19个项目的统计，这些项目在2013年7月至2016年7月一共开展了554个个案、68个小组、130个社区活动，19130人次探访，合计服务77290人次，取得了一定的服务成效。下文将从项目类型及项目经费两方面内容介绍潮汕地区社会服务项目全面推行的发展情况。

1. 项目类型

潮汕地区已经形成了12类服务项目类型。

在调研过程中，共有19间社工机构、4个其他类别的社会组织、4个镇（街道）社工站填写了在2010年7月至2016年7月六年间的项目开展情况。经统计，这些样本合计开展了82个项目，其中有71个项目报告了服务类型，合计共有12个类型：长者、青少年、妇女、残障、组织孵化、低保、优抚双拥、社区文康服务、婚姻、社区矫正、外来工和综合服务①。

在这71个项目中，以各项目类型的数量来划分，数量最多的项目类型为长者类型和青少年服务类型，都分别有17个服务项目，各自占全部服务项目的23.9%；数量较多的还有残障类型，共有9个，占全部服务项目总数的12.7%；妇女类型和综合类型各有5个，占全部服务项目总数的7.0%。除此之外，其他各项目类型的数量依次如下：社区文康服务类型有4个（占5.6%），低保类型有3个（占4.2%），优抚双拥类型有3个（占4.2%），组织孵化类型有2个（占2.8%），婚姻类型有2个（占2.8%），社区矫正类型有2个（占2.8%），外来工类型有2个（占2.8%）。

由此可见，潮汕地区的社会服务项目中，长者类型（23.9%）与青少年类型（23.9%）是开展项目数量最多的项目类型。

2. 项目经费

潮汕地区各项目类型都得到了一定的购买经费，用于项目的开展。

在调研过程中，共有19间社工机构、4个其他类别的社会组织、4个镇（街道）社工站填写了2013年7月至2016年7月的项目经费情况，共有43个项目被纳入统计。这43个项目可被归类为10种不同的项目类型，项目经费合计为318.5万元。

在这43个项目中，以各项目类型的购买经费来进行划分，购买经费最高的是长者类型的项目，共有126.6万元的服务经费，占全部购买经费的39.7%，其次是综合服务类型，共有37.6万

---

① 综合服务类型是指同时服务多类群体的服务。

元的服务经费，占全部购买服务经费的11.8%，再次是组织孵化类型，共有30万元的服务经费，占全部购买服务经费的9.4%。除此之外，其他项目类型的购买经费如下：妇女类型（共24.5万元，占7.7%），青少年类型（共20.9万元，占6.6%），优抚双拥类型（共18万元，占5.7%），残障类型（共17万元，占5.3%），社区矫正类型（共10万元，占3.1%），婚姻类型（共9万元，占2.8%），社区文康服务类型（共2.8万元，占0.9%）。

由此可见，潮汕地区的社会服务项目中，长者类型（126.6万元，39.7%）是开展项目的购买经费最高的项目类型。

总体而言，目前潮汕地区已经初步形成了"不同政府部门主导购买服务、多种社工机构发展模式并存、专业人才队伍初步搭建、各类服务项目全面推行"的社会工作发展格局。

二 广东省社会工作发展的对比：以广州市、江门市、潮汕地区为例

本节将通过整理潮汕地区社会工作发展、广州市家综项目以及江门市社会工作发展的一些重要数据（如购买主体类型、购买经费、项目类型、项目经费、机构数量、机构项目情况、机构人员情况等），将社会工作发展尚处在起步和孕育阶段，具备粤东地区社会工作发展经验的潮汕地区与广州市（社会工作发展十分发达，广东甚至是国内社会工作发展的核心地区之一，具备珠三角地区的发展经验）、江门市（社会工作发展起步较晚，但发展十分迅速、成果十分突出的后发地区）进行比较，希望借此得出潮汕地区社会工作发展的特点、优势以及未来发展的方向。潮汕地区与其他地区在社会工作发展各个方面所存在的共性与差异，具体如下。

1. 潮汕地区社会工作发展遵循着本土化社会工作发展的基本路径

潮汕地区在发展社会工作和社会服务时，依然遵循着国内本土社会工作发展的基本路径，即由当地各级政府职能部门通过政府购买社会服务项目的形式，活化地区的社会组织资源，扶持地区的社会工

作机构发展，促进社会服务项目的落地，最终促进地区社会工作从"无"到"有"，再从"有"进入不断发展与完善的下一个阶段。

广州市家综项目的发展由广州市、区两级财政专项资金予以每年3.1亿元的支持，100%的资金来源于政府购买；在江门市社会工作的发展中，以各级政府职能部门为主的多元政府主体依然是江门市社会服务项目的最主要购买方，5225.2万元的项目经费中，有96.9%的经费来自多元政府主体。而潮汕地区社会工作的发展与广州市家综项目和江门市社会工作的发展经验保持基本一致，以政府购买服务项目先行，带动社会工作机构和社会服务项目的发展。潮汕地区有81.4%的社会服务项目属于政府购买服务项目，有77.3%的购买经费来源于政府。如图13-1所示。

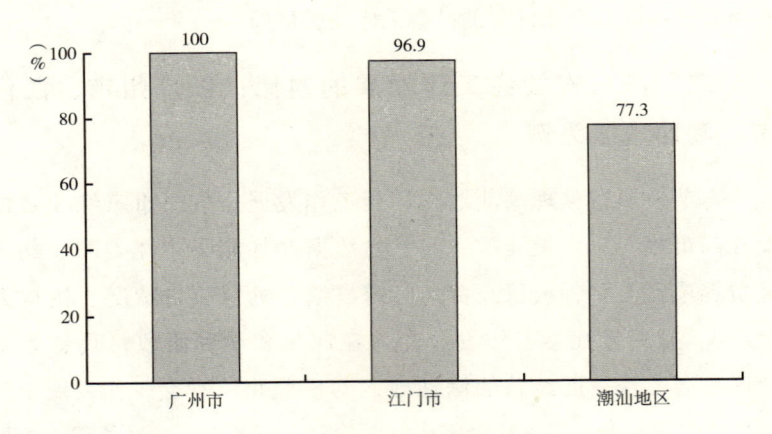

图 13-1　三地政府购买服务经费所占比例

当然，潮汕地区相较广州市家综（0）和江门市整体社会工作（3.1%）而言，有更多的购买经费（22.7%）并非来自政府，而是来自基金会等社会资源，这也在一定程度上体现了潮汕地区不同社会资源对社会工作发展的支持。

除了项目服务资金的来源以外，潮汕地区社工发展以长者、青少年服务项目为主的发展模式，也与其他地区社会工作发展情况相一致，江门市的"养老助残"项目和广州市的家综项目，都以长者、青少年等基础的服务对象为主，从最为迫切和较为显著的社会问题入手，与传统的街道、社区民政工作相结合，这也成为潮汕地区社工发展的一个基本特点。

经过广州市及广东省内其他地区（如江门市）实践检验的本土社会工作发展模式，成功地在潮汕地区落地生根，也使潮汕地区的社会工作发展有迹可循，有条不紊地稳步前行。

2. 潮汕地区社会工作发展尚处于摸索与建设阶段

从图13-1的比对中可以看出，潮汕地区社会工作的整体发展相较于广州市家综项目和江门市社会工作的发展状况而言，尚处于初级的建设和发展阶段。

首先，社会工作服务项目的投入资金存在不足。据统计，潮汕地区自2013年7月至2016年7月的项目经费总额仅为318.5万元，而广州市家综项目一年3.1亿元的经费投入是潮汕地区三年投入的近100倍，而与潮汕地区整体经济社会发展水平差距相对较小的江门市在2013年1月至2015年7月的时间内投入的5225.2万元，也是潮汕地区三年投入的16倍之多。政府购买服务的投入经费以及社会资源投入社会服务的经费在很大程度上直接决定着地区社会工作发展的状况，潮汕地区在这方面依然处于发展较为滞后的阶段。

其次，社会工作机构的发展与建设尚不完善。相较于广州市在2014年底已有267家社会工作机构，其中有79家机构承接了家综项目，江门市在2015年7月前已有86家社工机构而言，截至2016年7月，潮汕地区三个城市总共只有33家社会工作机构。而无论是从平均每个机构承接的项目数量上（潮汕：2.79个；江门：3.28个；广州：4.30个）还是从平均每个机构所承接的项目经费总额上（潮汕：23.3万元；广州：392.4万元；江门：60.8万元），抑或是从平均每个机构所有的社会工作岗位人员数量上（潮汕：3.91个；广州：18.1个；江门：4.8个）看，潮汕地区社会工作机构的发展都仍然落后于广州市和江门市，依然需要进行不断的发展和完善（见图13-2、图13-3）。

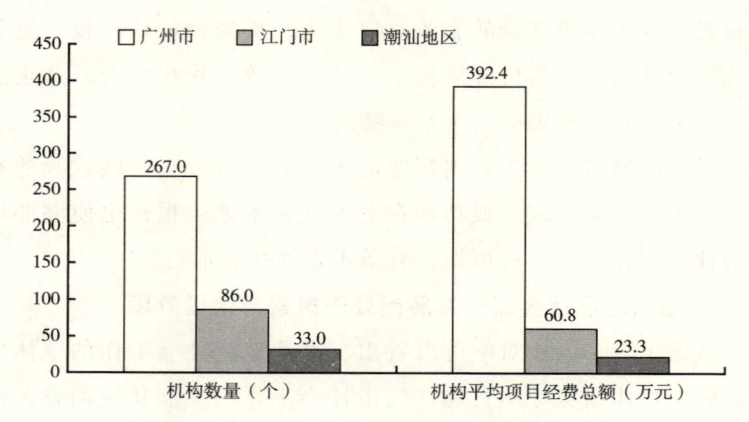

图 13-2　三地机构数量和项目经费总额的对比

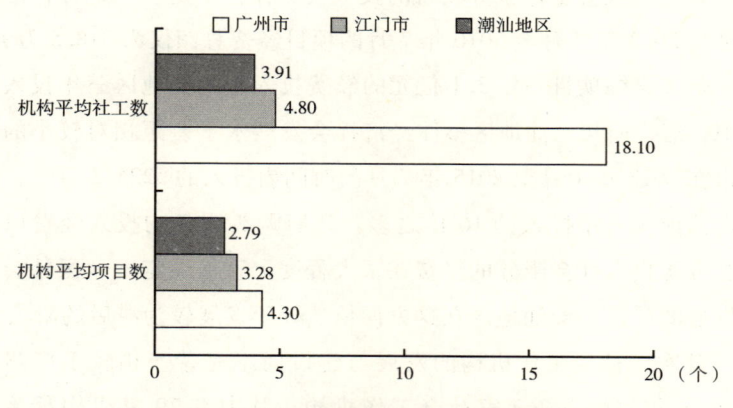

图 13-3　三地机构平均社工数和项目数的对比

通过与广州市家综项目和江门市社会工作发展状况的对比，可以看出潮汕地区社会工作发展尚处于初步发展的阶段，无论是从项目投入资金方面还是从机构的发展建设方面，依然需要更多的投入与发展。

3. 潮汕地区社会工作发展有赖于一支逐步建立、不断扩大的人才队伍

一个地区社会工作的发展与建设离不开一支健全的社会工作专业人才队伍，这支人才队伍的教育程度、专业能力和服务经验会直接影响地区社会工作发展的整体水平。以广州市家综项目为例，社会工作岗位人员中的持证比例达到了62.7%，其中助理社工师达到了50.1%，社会工作师达到了12.5%，[①] 社会工作岗位人员的专业能力也为广州市家综项目的有效运作提供了一定的保障。令人欣喜的是，潮汕地区已经初步地建立起了一支具备一定专业能力的人才队伍。尽管这支队伍的数量相较广州市和江门市而言还有一定的距离，但其获得专业资格的人数比例不仅远超江门市（36.1%），甚至还超过了广州市（62.7%），持证比例达到了70%，其中助理社工师为62.2%，社会工作师为7.8%（见图13-4）。良好的专业能力不仅将使社会工作专业人才队伍成为潮汕地区社会工作发展的重要力量，也将为地区探索建立本土化的创新发展模式奠定扎实的基础。

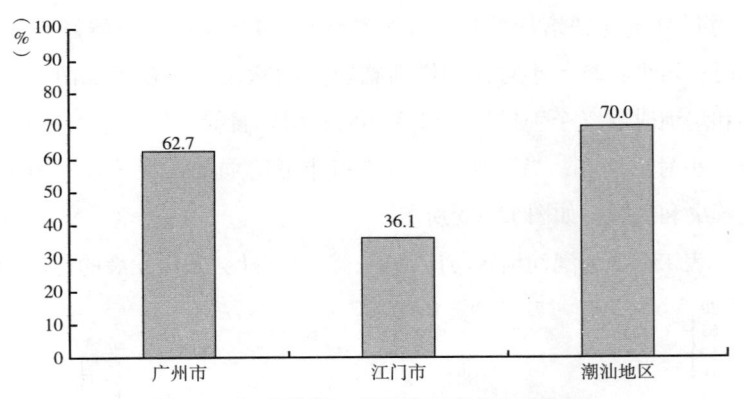

图13-4 三地社工岗位人员持证比例对比

潮汕地区的社会工作岗位人员的平均年龄（29.2岁）介于广州市（26.5岁）与江门市（30.1岁）之间，性别比例与广州市、江门市基本保持一致，为接近1:3的行业正常比例，服务年限（1.6年）则少于广州市（2.0年）与江门市（2.1年），是一支年轻化、配置基本合理的人才队伍。

---

① 助理社会工作师与社会工作师的人员比例均为四舍五入，数据引自《广州家综》。

但与此同时,潮汕地区社会工作岗位人员工资收入较低的问题十分突出。潮汕地区社工岗位人员月平均2192.44元的工资低于江门市的2650.5元和广州市的3374.7元,无论是和广东省内其他地区社会工作行业的工资水平相比较,还是与潮汕地区当地一般的工资标准相比较,都处于较低的水平。社会工作专业人才队伍的工资福利待遇仍有待提升。

不仅如此,潮汕地区的社会工作督导支持体系仍然有待建立和完善。潮汕地区的专业督导无论是从人数(不完全统计,仅8名)上,还是从从业年限(平均2.7年)上都大大落后于广州市(221名,平均14.2年的从业年限)和江门市(23名,平均10.2年的从业年限),受到数量、专业能力和服务经验的限制,目前的督导体系可能无法为地区的社会工作岗位人员提供必要的支持。而社会工作岗位人员所反馈的平均每年接受到督导的时数和平均每月接受到培训的时数(个别督导:4.5小时;团体督导:4.4小时;培训:25.5小时)同样面临较少的状况,相较于江门市的督导和培训时数(个别督导:12.3小时;团体督导:10.3小时;培训:60.3小时)而言,尚且处于专业支持十分薄弱的发展阶段,亟须得到解决和提升。如图13-5所示。

表13-2为潮汕地区与广州市、江门市社会工作发展的比较。

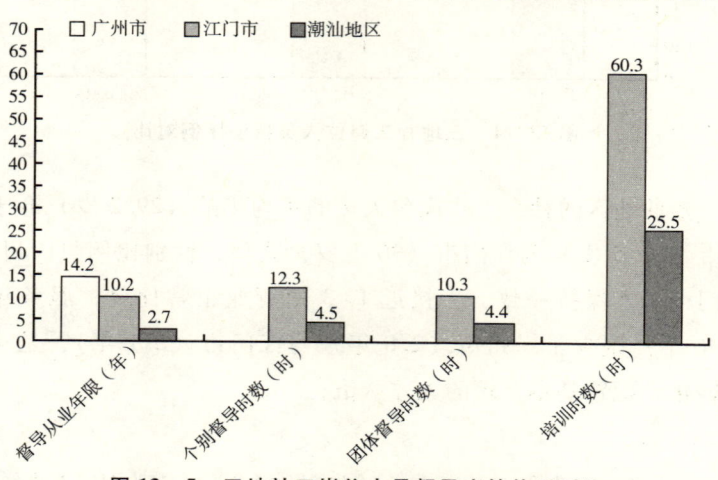

图13-5 三地社工岗位人员督导支持体系对比

表 13-2 广州市、江门市、潮汕地区社会工作发展的比较

地区	购买主体类型	购买经费	项目类型及数量	项目经费	机构数量	平均项目数量	平均项目经费
	5类主体,多元政府主体占81.4%。各级民政部门(51.2%)是最主要购买方①	共计318.3万元,其中多元政府主体246万元,占77.3%②	共82个,分为12类,长者、青少年项目数量最高(17个)②	共计318.3万元,长者项目经费最高(126.6万元)	33家(至2016年7月)	2.79个③	每个机构23.3万元④
潮汕地区	平均人员数量	人员持证情况	人员教育程度	人员性别比例(男:女)	平均人员年龄	平均人员年资	平均人员工资	督导情况
	3.91个⑤	持证人数(比例):63人(70.0%);助理社工师:56人(62.2%);社会工作师:7人(7.8%)	硕士:2人,2.3%;本科:42人,48.3%;大专:43人,49.4%	21:69(约1:3)	29.2岁	1.6年	2192.44元	人数:8名;本土督导:7名;从业年限:2.7年;个督:4.5小时/年;团督:4.4小时/年;培训:25.5小时/月⑥

① 以参与调研的43个项目数据为主(2013年7月至2016年7月)。
② 以参与调研的82个项目中报告了项目服务类型的71个项目为主(2010年7月至2016年7月)。
③ 以参与调研的19间机构数据为主(2013年7月至2016年7月)。
④ 以参与调研的19间机构中报告了项目经费数据的13间机构的数据为主(2013年7月至2016年7月)。
⑤ 以参与调研的90位社工岗位人员数据为主(截至2016年7月)。
⑥ 以参与调研的19间机构中报告了督导情况的7间机构的数据为主(2015年7月至2016年7月)。

续表

地区	购买主体类型	购买经费	项目类型及数量	项目经费	机构数量	平均项目数量	平均项目经费
广州家综	政府,广州市、区两级财政资金	3.1亿元(2014年)	共171个家综项目,街(镇)家综156个	每年共计3.1亿元,每间家综200万元	267家,其中79家机构承接了家综项目(2014年底)	4.30个	每个机构392.4万元
	平均人员数量	人员持证情况	人员教育程度	人员性别比例(男:女)	平均人员年龄	平均人员年资	平均人员工资	督导情况
	18.1个①	持证人数(比例):804人(62.7%);助理社工师:643人(50.1%);社会工作师:161人(12.5%)	硕士:48人,3.7%;本科:761人,59.3%;大专:413人,32.2%	167:581②	26.5岁	2.0年	3374.7元	人数:221名;从业年限:14.2年

① 以参与调研的71家家综1283名从业人员的数据为主(2013～2014年度)。
② 以参与GSSWP调查的748位从业人员的数据为主。

第十三章 总结与讨论

续表

地区	购买主体类型	购买经费	项目类型及数量	项目经费	机构数量	平均项目数量	平均项目经费
江门市	6类主体,以多元政府主体(96.9%)为主导	共计5225.2万元,其中多元政府主体5065.8万元,占96.9%	共282个,分为20类;养老助残项目数量最高(136个)	共计5225.2万元;养老助残项目经费最高(2908.7万)	86家(2015年7月)	3.28个	每个机构60.8万元①
	平均人员数量	人员持证情况	人员教育程度	人员性别比例(男:女)	平均人员年龄	平均人员年资	平均人员工资	督导情况
	4.8个	持证人数(比例):121人(36.1%);助理社工师99人(29.5%);社会工作师22人(6.6%)	硕士:4人,1.2%;本科:153人,45.7%;大专:123人,36.7%	88:247	30.1岁	2.1年	2650.5元	人数:23名;从业年限:10.2年;个督:12.3小时/年;团督:10.3小时/年;培训:60.3小时/月②

① 以参与调研的70间机构,共335位社工岗位人员的数据为主(2013年至2015年7月)。
② 以参与调研的70间机构中55间报告了项目督导情况的机构数据为主(2014年6月至2015年6月)。

三 对策建议

潮汕地区社会工作的发展离不开政府、社会工作行业协会、社会工作机构、社会工作人才队伍、其他社会力量等多方面的影响。本书建议从地方政府层面、行业发展层面和机构建设三个层面采取相应的措施，以改善目前潮汕地区社会工作实践过程中存在的问题，促进潮汕地区社会工作的健康发展。

（一）地方政府层面

一是增加政府购买服务预算，加大社会服务方面的投入资金。从上文中的描述中可以看出，潮汕地区政府购买服务的单个项目购买经费较少，项目的运行周期较短，不利于服务的精细化和持续性发展。潮汕地区的整体经济总量高于江门市，但政府购买服务的预算及社会服务方面的投入资金和江门市尚有很大的差距，一定程度上影响了社会工作的整体发展。建议潮汕地区各市政府要适当增加社会服务方面的投入资金，统筹各项政府职能部门、事业单位、各镇街等不同政府部门的购买服务事务，为地区社会工作的发展提供服务经费层面的保障。这些经费将不仅为社会工作机构发展提供必要的项目经费（如启明星社工中心、礼德社工中心等），还能够用于适当提高社工岗位人员的工资和福利待遇，让更多优秀的人才留在潮汕地区从事社会工作服务。

二是提供相应的政策支持和指引，为社会工作发展提供必要条件。在过去几年间，潮汕各地政府为推动社会工作的发展，已经出台了包括试点设立社会工作站或社会工作岗位、全面铺开社会工作人才队伍培育、出台"三社联动"相关文件，汕头市还积极推动社会工作立法工作，为地方社会工作的发展提供了政策支持。在接下来的工作中，潮汕地区社会工作的发展依旧有赖于地方政府提供的相关政策支持与指引，政府不仅需要对社工服务的各环节，包括政府购买、经费使用、服务活动等进行规范，还需要联动各级行政单位和职能部门,为社会工作发展提供更多的支持。

三是协调地区及服务类别的不平衡,推动社会工作发展的均衡化。潮汕地区的社会工作发展由于是采取试点推行和从"点"到"面"的方法,因而存在地区与地区间的不平衡,而又因为尚未深入开展,存在服务类别间的不平衡,服务集中在长者和青少年等服务领域,而部分服务类别(如社区矫正)的经费投入较少,部分服务类别(如医务社工)还尚未开展。建议地方政府重视协调地区及服务类别的发展不平衡,推动社会工作发展的均衡化,拓展潮汕地区社会服务的宽度、广度和深度。

四是制定科学完善的项目评估机制,促进项目的良性发展。潮汕地区仍需要统筹地区社会服务项目的评估体系,建立统一的评估管理方法,并引导不同的购买方建立系统的项目评估机制和实施细则,同时需要完善项目的专业第三方评估机制,从而促进项目的科学和良性发展,体现社会服务项目的成效。

五是探索政府职能转型,建立与社会组织协同治理的"共治"空间。在政府逐渐转型为"服务型"政府,培育"大社会,小政府"的社会背景下,潮汕地区的各市政府应当积极探索政府职能转型,给予社会组织更多的"共治"空间,让社会工作机构发挥它们在贴近服务对象、建立信任关系、精确发现需求、链接社会资源、提供专业服务等方面的优势,从而促进潮汕地区整体社会治理水平的提高。

(二)行业发展层面

一是完善行业协会建设,发挥行业协会在引领地区社会工作发展中的作用。潮汕地区社会工作的发展离不开地方行业协会的推进。在接下来的工作推动中,各市的社会工作协会还需要在进一步加强协会内部建设的基础上,一方面整合社会工作发展的政府、行业、高校和社会资源,另一方面推进本土行业服务标准的研制，提升行业建设的专业化和规范化，从而发挥促进潮汕地区社工发展的中枢平台作用。

二是加强对外交流，充分利用本土高校、珠三角高校及服务机构的支持力量。潮汕地区社会工作发展可以在一定程度上利用本土高校的智力平台力量，推动社工机构与当地的本科和高职院校加强合作（如礼德社工中心与揭阳学院的合作）。与此同时，由于地区开设社会工作专业的高校数量较少，潮汕地区应该重视借鉴和利用来自珠三角地区和广东省内其他地区的教育科研资源和发展经验。社会工作行业一方面应当与珠三角的社会服务机构加强联系，珠三角服务机构可以提供督导支持、项目指导、机构建设等多方面的帮助，形成结对帮扶、合作成长的"伙伴同行"关系；另一方面，应当重视链接珠三角地区社会工作专业教育发展较为成熟的高校力量，以普及式的在职培训或其他形式的指导，进一步为潮汕地区社会工作发展提供智力支持和资源支持。

三是锻造本土人才队伍，提高社会工作人才队伍的稳定性、专业性和实践性。潮汕地区已经初步建立了一支具备一定专业性和服务经验的人才队伍，但接下来依然需要通过建立督导支持和培训机制，更加重视专业督导和在职培训对社会工作人才培育的重要性。与此同时，还需要出台更多的人才激励机制和考取社工资格激励机制，推动更多的社会工作人才尤其是本土人才留在潮汕地区的社会工作行业贡献力量，推动更多的在职社会工作岗位人员考取社会工作者职业水平证书，提升自身的专业能力和业务水平。潮汕地区有望通过探索本土人才的培育路径，进一步促进社会工作的发展。

四是扎根潮汕本土慈善文化，利用本土慈善资源和力量。潮汕地区是一个慈善文化氛围十分兴盛、社会慈善资源十分丰富的地区，同时还是举国闻名的"侨乡"，有大量的海外侨民愿意为家乡贡献力量。社会工作从诞生开始便与慈善事业紧密相连，而在潮汕地区，社会工作行业可以扎根本土慈善文化，充分利用本土的慈善资源和社会力量，如传统的善堂资源（如存心社工综援中心案例中的"存心善堂"等）、本土的慈善基金会（如李嘉诚基金会等）、来自社会民众或海外侨民的资助等，将社会工作的发展与本土慈善事业的发展结合在一起，相互促进和发展。

五是鼓励民间组织转型发展社会工作，扩大社会工作组织力量。从潮汕地区社会工作多元的发展模式中可以看出，有许多社工机构是由民间社会组织转型而来。在本土专业社会工作发展尚不健全，教育资源、人力资源和资金资源尚不充分的现有阶段，要鼓励更多的民间组织转型成为社会工作机构，培育本土社会工作人才，提供专业服务，使潮汕地区出现越来越多的社会工作机构和组织，不断扩大社会工作的组织力量，使潮汕社会工作的发展有更多的组织实体作为载体。

（三）机构建设层面

一是树立机构发展目标，促进机构的规范化建设和特色发展。对于社会工作机构而言，树立机构的发展目标和发展战略是十分重要的。对于潮汕地区的社会工作机构而言，机构的发展目标不仅可以与社会工作的价值伦理相结合，还可以与潮汕地区的社会与文化发展相衔接。在确立发展目标之后，社会工作机构一方面可以加强机构的规范化建设，包括完善机构的服务设计、服务开展、服务记录、档案管理等方面的工作，另一方面可以发挥机构的特色，如搭建资源链接平台、参与地区社会治理、发展自主运作能力等。

二是扎根社区和本土文化，参与基层社会治理。潮汕地区的社会工作机构还需要更加扎实地扎根本土社区和本土文化（如韩星社工中心的案例），如潮汕地区的宗族祭祀文化、潮语文化、潮剧文化等，设计更多贴合本地社区居民多元需求的服务。与此同时，在本土"行政性、半专业性"社会工作尚占据主导地位的现阶段，社会工作机构（如同益社工站的案例）还需要与地区的行政单位、民政部门加强交流，积极地参与基层的社会治理工作，承接政府转型期的职能，促进社会工作服务的优化与升级。

三是坚守社会工作专业的独立性和专业性。潮汕地区的社会工作机构需要在融入地区行政事务和社会治理工作的同时，坚守住社会工作专业的独立性和专业性，避免沦为基层政府的附属机构，发挥作为社会组织的独特优势，从而进一步扩大社会工作在潮汕地区的影响力，促进潮汕地区社会工作的整体发展。

在本书完成之际，由广东省民政厅主办的广东"双百镇（街）社会工作服务五年计划"已经在潮汕地区的多地全面铺开，这也就意味着潮汕地区社会工作的发展已经进入了一个新的阶段。本书所描述的潮汕地区社会工作发展状况将成为潮汕地区社会工作发展从建设元年到"双百计划"前这一时期的缩影。可以期待的是，在不久的将来，潮汕地区的社会工作发展将以更加崭新的面貌出现在世人面前，这片土地上的人民和社会工作行业中的先驱们，也将不懈努力，继续探索属于潮汕地区的本土社会工作发展模式。

附录一　潮汕地区社会工作行业发展的重要文件（2009~2017年）

序号	文件名称	发文单位	年份
\multicolumn{4}{c}{汕头市}			
1	《关于在汕头民政系统开展社会工作人才队伍建设试点工作的通知》	汕头市民政局	2009
2	《关于继续推进我市民政系统社会工作人才队伍建设试点工作的通知》	汕头市民政局	2011
3	《关于在镇（街道）开展设立社会工作站试点工作的通知》	汕头市民政局	2013
4	《关于建立镇（街道）社会工作专业服务常态化运作机制的通知》	汕头市民政局	2015
5	《汕头市社会工作者星级评定试行办法》	汕头市社工协会	2015
6	《汕头经济特区社会工作者条例》	汕头市人大	2015
7	《关于社会工作者继续教育的实施办法》	汕头市民政局、汕头市人社局	2015
8	《关于推进社区、社会组织和社会工作专业人才"三社联动"的实施意见》	汕头市民政局	2016
9	《关于开展"专业社工　全民义工"试点工作的通知》	汕头市民政局	2016
10	《关于做好汕头市灾害社会工作服务队组建工作的通知》	汕头市民政局	2016
11	《关于成立汕头市灾害社会工作服务队的通知》	汕头市民政局	2017
	揭阳市		
1	《关于加强社会工作人才队伍建设的实施方案》	揭阳市委、市政府	2011
2	《揭阳市社会工作岗位设置及社会工作专业人员薪酬待遇实施意见》	揭阳市民政局	2014
3	《揭阳市民政局关于推进"三社联动"试点工作实施方案》	揭阳市民政局	2016

续表

序号	文件名称	发文单位	年份
4	《揭阳市民政局关于开展"专业社工全民义工"试点工作的通知》	揭阳市民政局	2016
潮州市			
1	《潮州市民政系统社会工作人才队伍建设试点工作指导意见》	潮州市民政局	2011
2	《潮州市民政系统社会工作人才教育培训方案》	潮州市民政局	2011
3	《潮州市民政局事业单位编制内社会工作岗位设置实施办法》	潮州市民政局	2011
4	《关于加强社会工作专业人才队伍建设的实施意见》	潮州市民政局	2012
5	《关于加强青少年事务社会工作专业人才队伍建设的意见》	潮州市民政局	2014
6	《关于印发〈潮州市青少年事务社会工作和社工专业人才培养三年计划（2015年~2018年）实施方案〉的通知》	潮州市民政局	2015
7	《潮州市青少年社区矫正工作实施方案》	潮州市民政局	2016

附录二　潮汕地区社会工作发展大事记

汕头市

(一) 总体规划

1. 2008 年 12 月 31 日，经市民政局党组会议研究，市民政局下发《关于成立民政局社会工作人才队伍建设工作领导小组的通知》（汕民〔2008〕124 号），成立汕头市民政局社会工作人才队伍建设领导小组。

2. 2009 年 11 月 6 日，经市民政局党组研究下发《关于同意市福利院增加内设机构的批复》（汕民组〔2009〕45 号），批准市福利院增设"社会工作股"，配备正副股长各 1 名。

3. 2011 年 7 月 29 日，市民政局下发《关于继续推进我市民政系统社会工作人才队伍建设试点工作的通知》（汕民通〔2011〕97 号），部署继续推进民政系统社会工作人才队伍建设试点工作。

4. 2013 年 4 月 17 日，市民政局下发《关于在镇（街道）开展设立社会工作站试点工作的通知》（汕民通〔2013〕60 号），决定从 2013 年 1 月开始至 2014 年 12 月结束，集中两年时间，采取以政府购买社会工作岗位的形式，在金平区新福街道、金平区石炮台街道、金平区同益街道、龙湖区金霞街道、龙湖区珠池街道、濠江区玉新街道、濠江区广澳街道、潮阳区棉北街道、潮南区陇田镇、澄海区莲下镇、南澳县后宅镇等11个镇（街道）率先开展设立社会工作站试点工作。

5. 2014年12月29日，市十三届人大常委会第二十八次会议表决通过了《汕头经济特区社会工作者条例（草案修改二稿）》。同时，市人大向社会正式公布《汕头经济特区社会工作者条例》。

6. 2015年2月6日，市社工协会发布《汕头市社会工作者星级评定试行办法》。

7. 2015年3月1日，《汕头经济特区社会工作者条例》正式施行。该《条例》是全国首部社会工作者方面的地方性法规，标志着汕头市进入了法治社工的时代。

8. 2015年10月10日，市民政局发布《关于建立镇（街道）社会工作专业服务常态化运作机制的通知》。

9. 2015年12月22日，市民政局与市人社局联合出台政府规范性文件《关于社会工作者继续教育的实施办法》，该《办法》是《汕头经济特区社会工作者条例》的配套文件，对社会工作者继续教育的时间、施教机构、形式与内容进行了规范。

10. 2015年12月30日，市民政局召开会议，部署推进全市社区社会工作暨"三社联动"工作。

11. 2016年1月1日，《汕头市民政局 汕头市人力资源和社会保障局关于社会工作者继续教育的实施办法》正式施行。

12. 2016年1月6日，根据全市"三社联动"会议精神，制定并印发《关于推进社区、社会组织和社会工作专业人才"三社联动"的实施意见》，明确了"到2020年，全市100个城乡社区实现三社联动建设"的目标任务。

（二）试点实施

1. 2009年5月7日，市民政局下发《关于在汕头民政系统开展社会工作人才队伍建设试点工作的通知》（汕民通〔2009〕49号），启动民政系统社会工作人才队伍建设的试点工作。同时，确定市福利院、市军休所、金平区、龙湖区、澄海区作为全市民政系统社会工作人才队伍建设的试点单位,并明确了试点目标、任务等。

2. 2010年7月13日,经市民政局党组研究,市民政局下发《关于市救助管理站(市流浪未成年人救助保护中心)设立社会工作岗位的批复》(汕民组〔2010〕14号),批准市救助管理站暂设4个社会工作岗位。

3. 2013年1月14日,市民政局决定将市救助管理站、市存心慈善会纳入试点范围。至此,全市开展社会工作专业人才队伍建设的试点地区(单位)由5个增加至7个,具体地区(单位)为:金平区、龙湖区、澄海区、市福利院、市军休所、市救助管理站、市存心慈善会。

4. 2013年10月22日,市民政局下拨2012年度福利彩票公益金40万元,以每个社会工作站5万元的标准,资助金平区(石炮台街道、新福街道)、龙湖区(珠池街道)、澄海区(莲下镇)、濠江区(玉新街道、广澳街道)、潮阳区(棉北街道)、南澳县(后宅镇)、潮南区(陇田镇)等7个区(县)9个镇(街)社会工作站开展试点工作。

(三) 项目开展

1. 2013年5月27日,市民政局下拨2011年度福利彩票公益金10万元,分别资助金凤花社会工作服务中心和金平区阳光社会工作服务中心各5万元,用于开展"青少年抗逆力培养计划"和"把正能量注入老年群体"社工服务项目。

2. 2013年10月30日上午,市民政局民政工作示范点建设督导组赴存心慈善会开展示范点验收评估工作。

3. 2014年8月5日,市民政局下发《关于征集福彩公益金资助社会工作专业服务项目的通知》(汕民通〔2014〕126号),向全市民政系统事业单位、镇(街)社会工作站、民办社会工作服务机构、义工（志愿者）服务组织和其他社会工作相关的社会组织征集社会工作专业服务项目。

4. 2014年10月30日，市民政局下发《关于下拨2013年度市级福利彩票公益金专业社会工作服务项目资助经费的通知》（汕民通〔2014〕190号），对"幸福莲下，让爱常伴"等8个专业社会工作服务项目进行资助，总资助金额为30万元。

5. 2014年11月18日，市民政局联合市社工委出台《开展汕头市社会工作专业服务项目示范创建活动的通知》（汕社委〔2014〕18号），在全市八个领域创建"守望夕阳""有爱无碍""活力青年""情暖玫瑰""爱满校园""真诚帮扶""温馨家园""和谐医务"等示范项目，并由市社工委出资80万元，项目为期2年。

6. 2015年7月27~28日，市民政局委托市社工协会对2014年市级福彩公益金资助的8个社工项目进行中期评估。

7. 2015年8月1日上午，市民政局委托市社工协会与广州恒福社工中心签订社工督导项目协议，为全市一线社工提供1年的督导服务。

8. 2015年8月14日，市民政局召开市级福彩公益金资助社工服务项目评审会，评选出9个项目并予以资助，总资助金额为40万元。

9. 2015年12月29~30日，市民政局委托市社工协会开展2013年度市级福利彩票公益金资助社工专业服务项目的末期评估工作，并召开评估总结会。

10. 2016年1月18日，市民政局下发《关于做好2016年市级福彩公益金资助社会工作专业服务项目申报工作的通知》（汕民通〔2016〕14号），面向社会公开征集社工项目。

11. 2016年3月11日上午，市民政局召开2016年福彩公益金资助社会工作服务项目评审会，评选出14个项目并予以资助，总资助金额为80万元。

12. 2016年5月30日、31日，市民政局委托市社会工作者协会开展2015年资助的社会工作专业服务项目中期评估工作。

13. 2016年9月7~9日，市民政局委托市社会工作者协会开展社会工作专业服务项目评估。评估的内容包括2015年市级福彩公益金资助的9个项目的末期评估和2016年市级福彩公益金资助的14个项目的中期评估。

14. 2016年9月10日，市民政局委托市社会工作者协会与广州市恒福社工中心签订社工督导项目协议，继续为汕头市一线社工提供1年的督导服务。

15. 2016年11月16日，市民政局下发《关于做好汕头市灾害社会工作服务队组建工作的通知》（汕民通〔2016〕230号），动员持证社工参加灾害社会工作服务队，共有20多人自愿报名参加。

16. 2016年12月，市民政局成功申报16个镇街列入省民政厅"双百"镇街社会工作服务站项目资助范围，共配备73名社工。

17. 2017年3月30日，市民政局发布《关于2017年度市民政局福彩公益金资助社会工作专业服务项目的公告》，对15个项目进行资助，总资助金额为125万元。

18. 2017年4月12~13日，市民政局委托市社会工作者协会开展了针对2016年市级福彩公益金资助的14个项目的末期评估工作。

19. 2017年4月29日，市民政局在汕头经济管理干部学校开展"双百"镇街社工站社工招聘面试工作，率先在全省开展"双百"社工站招聘面试工作。

20. 2017年5月11日，市民政局下发《关于成立汕头市灾害社会工作服务队的通知》（汕民通〔2017〕95号），对组建灾害社会工作服务队的组队原则、工作职责，以及队员选拔日常管理、培训和使用等进行了明确。

（四）行业发展

1. 2008年2月1日，市民政局转发省民政厅《关于做好社会工作者职业水平考试准备工作的通知》（粤民人发〔2008〕2号），要求各区县民政局认真做好宣传发动及报名摸底准备工作。

2. 2008年6月28日、29日，全市共有206人参加首次全国社会工作者职业水平考试，通过考试人数为40人。

3. 2009年6月13日、14日，全市共有93人参加全国社会工作者职业水平考试，通过考试人数为6人。

4. 2009年12月15日，市民政局转发省民政厅《关于做好我省首次社会工作者职业水平证书登记工作的通知》（粤民社〔2009〕2号），同时启动汕头市首次社会工作者职业水平证书登记工作。全市共有42名社会工作者完成证书登记，其中35名登记为助理社会工作师，7名登记为社会工作师。

5. 2010年6月19日、20日，全市共有77人参加全国社会工作者职业水平考试，通过考试人数为1人。

6. 2011年6月11日、12日，全市共有87人参加全国社会工作者职业水平考试，通过考试人数为8人。

7. 2011年10月20日，据统计，全市共有社会工作专业人才50人，社会工作从业人员32903人，每万人中有66名社会工作从业人员。

8. 2012年2月15日，据统计，全市共有38995名社会工作从业人员，60名社会工作专业人才。

9. 2012年6月16、17日，全市共有138人报考全国社会工作者职业水平考试，通过考试人数为27人。

10. 2013年6月15、16日，全市共有2174人报考全国社会工作者职业水平考试，通过考试人数为417人。

11. 2014年6月14、15日，全市共有849人报考全国社会工作者职业水平考试，通过考试人数为128人。

12. 2015年6月13、14日，全市共有861人报考全国社会工作者职业水平考试，通过考试人数为100人。

13. 2016年6月18、19日，全市共有890人报考全国社会工作者职业水平考试，通过考试人数为149人。

（五）会议召开

1. 2009年1月19日上午，市民政局召开汕头民政系统社会工作人才队伍建设工作会议。

2. 2009年6月10日上午，市民政局召开社会工作人才队伍建设试点工作座谈会，与会人员就如何推进社会工作人才队伍建设试点工作进行座谈。

3. 2012年3月21日，市民政局在市福利院二楼会议室召开"幸福汕头，社工同行"座谈会，市民政局相关领导及各区县单位的社会工作业务骨干和一线社工共约三十人参加。

4. 2013年9月25日下午，汕头市社会工作者协会成立大会在龙湖宾馆三楼会议厅召开。成立大会共有99名会员参加。

5. 2014年12月23日，市民政局人事科（社会工作科）科长谢章仟、工作人员张海潮同市社工委专职副主任黄海平、社工委社会建设指导科科长刘心耿及科员翁锐腾等人赴市残疾人活动中心、市青少年活动中心、矢崎工厂、新福街道金福社区妇女之家、金平区同益街道家庭综合服务中心等地实地察看了社会工作专业服务示范项目创建活动的场地。市社工委专职副主任黄海平对示范项目的意义和工作方法进行了现场指导。

6. 2014年12月26日，省民政厅在汕头市龙湖宾馆召开粤东西北地区社会工作专业人才队伍建设工作座谈会。市民政局配合省厅做好会议的会场布置、食宿安排、人员接待等会务工作，保障会议顺利举行。

7. 2015年3月4日上午，市民政局在八楼大会议室召开座谈会，就如何学习贯彻《汕头经济特区社会工作者条例》进行座谈交流，并对2015年社工报考及开展第四届"岭南社工宣传周"活动进行动员部署。市民政局副局长许廷贤出席会议并讲话。各区县民政局、直属各有关单位的分管领导及业务骨干，市社工协会、各民办社工机构、各镇（街道）社工站的负责人和社工代表等40多人参加了会议。

8. 2015年5月7日，广东省民政厅社工处李进民处长、谭钊明同志来汕调研社会工作专业人才队伍建设工作。调研组在市民政局八楼中会议室召开政策研讨座谈会，听取了局社工科、基层政权和社区建设科、社会事务科、救灾救济和社会救助科等科室负责人对《关于加快推进我省灾害社会工作服务的实施意见》《广东省民政厅关于推进社区、社会组织和社会工作专业人才"三社联动"的意见》《广东省民政厅关于加快推进我省灾害社会工作服务的实施意见》三个文件的意见，并实地考察市救助管理站社会工作实务开展的情况。

9. 2015年5月13日上午，市民政局在澄海区莲下镇许厝村召开全市镇（街道）社会工作站暨2014年市级福彩公益金资助项目负责人座谈会。各区县民政局分管领导及业务骨干，各镇（街道）社会工作站负责人及一线社工，2014年市级福彩公益金资助社工服务项目负责人，以及澄海区所有镇（街道）的公事办主任共约50人参加了会议。

10. 2015年12月30日，市民政局召开会议，部署推进全市社区社会工作暨"三社联动"工作。会议由市民政局副局长许廷贤主持。会上，市社会组织管理局局长刘勤裕传达了全国、全省社区社会工作暨"三社联动"推进会会议精神。金平区民政局和澄海区民政局分别介绍了当地开展"三社联动"工作的做法和经验。市民政局局长陈镇坤在会上做了重要讲话。市社会组织管理局、基层政权和社区建设科、社会工作科负责人，各区县民政局局长和社会组织、基层政权和社区建设、社会工作业务负责人，以及民办社工机构的代表共约40人参加了会议。

11. 2016年11月18日，市社会工作者协会召开全市社会工作专业服务示范项目总结会，原市社工委专职副主任黄海平出席了会议。会议总结了2014年底社工示范项目开展以来的成效和经验。

12. 2017年3月21日下午，汕头市"双百"镇街社工站建设座谈会在市民政局召开。

13. 2017年5月16日上午，市民政局召开2017年市级福彩公益金资助社会工作服务项目工作会议。

（六）培训学习

1. 2009年3月11日，市民政局组织动员民政系统各单位报名参加社会工作者职业水平考试的人员参加广东省民政职业技术学校举办的社会工作职业水平考试辅导培训班。

2. 2010年3月8~12日，市委组织部、市民政局与汕头大学联合举办汕头市社会工作专题素质提升班，共培训60名社工骨干。

3. 2012年7月25~27日，省社会工作师联合会与市民政局在格林豪泰酒店联合举办汕头市专业社会工作知识培训班，共培训110名社工。

4. 2012年12月，省厅组织实训班，市民政局派出市救助管理站办事员许庭佳、市福利院社工李燕霞、市存心慈善会社工陈启聪参加了培训班。

5. 2013年3月22日上午，市福利院举办"岭南社工宣传周"专家讲座，邀请李嘉诚基金会全国宁养医疗服务计划社工服务主任刘晓芳女士讲授社工知识，共100多人参加了讲座。

6. 2013年4月14~28日，市救助管理站张泽沛、市福利院林旭辉、市妇联王洁燕等人参加了省民政厅组织的广东社工实务能力提升班。

7. 2014年3月20日上午，市民政局邀请到德教太和观黄光星总监来汕开设"社会工作实务"讲座,共100多人参加了讲座。

8. 2014年7月21~25日,由民政部主办,深圳市社会工作者协会承办,市民政局和市社会工作者协会协办的民政部社会工作骨干实务能力提升班在龙湖宾馆举行,共培训80名社工骨干。

9. 2014年9月22~23日,市民政局支持汕头大学举办粤东地区社工服务能力基础培训班,共培训83名社工行政管理人员和一线社工。

10. 2015年3月19日上午,市民政局在市福利院举办"鮀城社工讲堂",共100多人参加了讲堂。

11. 2015年4月27~28日,市民政局联合汕头大学国家社会工作专业人才培训基地举办了城乡社工社区发展能力建设培训班,共培训60名社工。

12. 2015年5月25~29日,市民政局在民政部长沙基层民政干部培训中心举办汕头市法治民政与社会工作专题研修班,市、区县民政局局长、副局长,机关科室主要负责人及部分社会工作站试点街道(镇)的分管领导约60人参加了培训。

13. 2015年8月12~15日,市民政局、市社工委、市社工协会在市金乐大酒店举办社会工作专业实务能力提升班,共培训120名社工业务骨干。

14. 2015年11月24~25日,澄海区民政局举办社会工作知识培训班,共培训320名社工及镇街、社区工作人员。

15. 2015年11月26~27日,金平区民政局开展社会工作知识培训班,共培训100名社工及镇街、社区工作人员。

16. 2015年12月7~9日,市民政局联合汕头大学国家社会工作培训基地在龙湖宾馆举办了首期汕头市一线社工实务能力培训班,共培训50名一线社工。

17. 2016年5月8~13日,市民政局在重庆城市管理职业学院举办汕头市领导干部社会工作专题班,各区县分管民政工作的领导、市直社会工作相关单位的领导干部、市民政局领导班子、各区县民政局局长和市民政局业务科长，以及社会工作试点单位的负责同志共52人参加了培训。

18. 2016年5月14~15日、21~22日，市民政局委托市社会工作者协会在汕头教育学院举办了社会工作者职业水平考试培训班（初级），共培训100多名考生。5月28日，市福彩发行中心举办了中级社工培训班，共培训30多名考生。

19. 2016年8月11~13日，汕头市百名社区干部社会工作业务培训班在汕头大学举行，共培训110名社区干部。

20. 2016年10月26~28日，市民政局委托市社会工作者协会举办汕头市一线社工实务能力培训班，共培训50名一线社工。

21. 2017年5月2日至7日，市民政局在云南大学国家社会工作人才培训基地举办了社会工作行政管理人员培训班，市民政局领导干部及业务科长，社会工作相关的市直部门领导、业务科长，区县分管民政的领导、区县民政局的领导，以及市级民办社工机构的负责人共51人参加了培训。

22. 2017年5月6日至13日，市社会工作者协会在汕头职业技术学院（金园校区）举办社会工作者职业水平考试考前培训班（初级、中级），共培训考生250多名。

23. 2017年6月26日至27日，"双百"社工站社工岗前培训班在皇格酒店10楼会议室举行，首批65名"双百"社工参加了培训。

（七）对外交流

1. 2012年4月10日，新加坡最大的慈善福利机构德教太和观的主席李锦祥先生、干事长黄光星先生等一行四人到汕头市民政局拜访交流，局长陈镇坤、副局长钟岳峰、人事科（社会工作科）科长谢章仟、救灾和社会救助科科长沈立伟、民间组织管理局主任李妩，以及龙湖、金平、市福利院的社会工作相关人员各一名参加了交流。之后，副局长钟岳峰、人事科（社会工作科）

科长谢章仟陪同新加坡德教太和观一行参观了金平区金厦街道百合社区居家养老示范中心。

2.2012年12月4~5日，省民政厅党组成员、纪检组长、监察专员林惜文带队赴福建省学习考察社会工作专业人才队伍建设的做法和经验，市民政局副局长钟岳峰和市民政局人事科（社会工作科）科长谢章仟参加了这次学习考察活动。

3.2013年10月8~12日，市民政局联合市法制局共8人赴香港开展立法调研工作，先后拜访参观了香港社工注册局、香港社会工作人员协会和邻舍辅导会。

4.2013年11月22~25日，市民政局人事科（社会工作科）科长谢章仟应邀参加广东社工发展论坛（主题：社会工作本色与本土），市社会工作者协会会长刘松明和副秘书长张海潮也应邀参加论坛。

5.2015年3月23~25日，市社会工作者协会组团赴广州、深圳学习考察社区社会工作服务情况。3月23日，市社会工作者协会还与深圳、汕头商会签订了友好合作框架协议。

6.2015年4月9日上午，市民政局副局长许廷贤、人事科（社会工作科）科长谢章仟与来访的汕头职业技术学院教研室主任潘素娟、刘庆、余廷文等人员在八楼中会议室座谈交流。会上，双方就汕头社工发展现状、汕职院设立社区管理与服务专业、社工继续教育、社工知识培训等主题进行了交流。

7.2015年6月10~11日，市民政局组织了民政事业单位、民办社工机构人员共11人参加汕头妇女研究中心在汕头大学举办的全国社会公益组织妇女服务经验交流会。

8.2015年10月20~23日，市民政局组织民政干部、社会工作人员共36人赴广州、惠州两地培训交流。

9.2016年7月11日上午，中山大学社会工作教育与研究中心雷杰（副教授）等一行来汕调研本市社会工作发展情况。市民政局与来访的调研团队在市社会工作者协会进行了座谈交流。

（八）宣传工作

1. 2012年3月20~24日，市民政局举办以"幸福汕头，社工同行"为主题的第一届"岭南社工宣传周"活动。活动围绕"四个一"开展，即一次基层社会工作知识普及教育活动、一次社会工作成果展示活动、一次社会工作进社区宣传活动、一次"幸福汕头，社工同行"为主题的座谈交流活动。

2. 2013年3月10~23日，市民政局举办以"幸福汕头，社工同行"为主题的第二届"岭南社工宣传周"活动。其中，3月10~17日开展社会工作知识百题有奖问答活动（本次活动设一等奖3名，每名奖金300元；二等奖10名，每名奖金200元；三等奖20名，每名奖金100元），全市共有572人参加有奖问答活动。3月22日，市福利院举办"岭南社工宣传周"专家讲座，邀请了李嘉诚基金会全国宁养医疗服务计划社工服务主任刘晓芳女士讲授社工知识；同时，向有关单位发放《汕头市社会工作专业人才队伍建设政策文件汇编（2008~2012）》，加强政策宣传。

3. 2014年3月18~22日，市民政局举办以"幸福汕头，社工同行"为主题的第三届"岭南社工宣传周"活动。3月20日上午，邀请德教太和观黄光星总监来汕开设"社会工作实务"讲座，组织举办一线社工实务分享会。3月21日金平区金厦街道百合社区开展"社工爱心服务日"活动。

4. 2015年3月16~22日，市民政局举办以"幸福汕头，社工同行"为主题的第四届"岭南社工宣传周"活动。3月16日，市中山公园开展了以"活力社工·倾情服务"为主题的社区宣传；3月19日，举办首届鮀城社工讲堂，解读《汕头经济特区社会工作者条例》，邀请广州资深社工来汕做"社会工作嵌入社区工作"的主题演讲；3月20日，开展首期汕头社工沙龙。

5. 2015年12月7日，汕头市委办公室第51期信息刊载了《市民政局四措并举大力推进社会工作人才队伍建设》的文章，向全市宣传推进社工人才队伍建设的做法和经验。

6. 2016年3月11日下午，省民政厅社工处处长郑章树携《南方日报》记者一行4人来汕调研，深入市福利院和澄海区莲下镇社会工作站了解市社工发展情况，《南方日报》进行了组稿宣传。

7. 2016年3月15~21日，市民政局举办以"专业社工全民义工 助力扶贫济困"为主题的第五届"岭南社工宣传周"活动。3月15日，举办宣传周启动仪式暨第二届鮀城社工讲堂，邀请广州社工导师谢泽宪副教授做了"社区为本的社会工作实践"专题讲座；3月17日，举办第三期社工沙龙等活动；3月19日，市存心善堂广场开展"专业社工全民义工，助力扶贫济困"社区宣传，同时，编印发放了《汕头市志愿服务记录制度工作政策文件汇编（2013~2015）》《汕头市社会工作人才队伍建设政策文件汇编（2013~2015）》2本书，加强政策宣传。

8. 2017年3月19~25日，市民政局举办以"'双百'社工进社区 社工助您更幸福"为主题的第六届"岭南社工宣传周"活动。3月21日，召开"双百"镇街社工站建设座谈会，省民政厅社工处处长郑章树、"双百"项目办专家张和清教授应邀出席会议；3月22日，举办"情暖平湖西——社工助力精准扶贫"座谈会，邀请省社工师联合会秘书长丁蓓等10多名工作人员到挂勾扶贫点潮南区井都镇平湖西村实地参观并座谈交流；3月24日，金樟学校举办以"'双百'社工进社区 社工助您更幸福"为主题的校园宣传活动，此外，组织编印了《汕头社工》宣传册和《双百社工进社区，社工助您更幸福》宣传专刊。

9. 2017年3月21日，全省第六届"岭南社工宣传周"启动仪式在汕头市国际大酒店举行。启动仪式上进行了优秀社工颁奖典礼、"双百"镇街社会工作服务站项目宣讲、岭南社工培育（实践）成效巡礼，以及2017年社工智慧对对碰等活动。

（九）所获荣誉

1. 2012年3月，市福利院社工林慧娴被省社工师联合会评为"广东省社工之星"。

2. 2013年2月，市福利院社工杨晓芬同志被省社工师联合会评为"广东省社工之星"。

3. 2014年1月，市存心慈善会社工陈启聪被省社工师联合会评为"广东省社工之星"称号。

4. 2015年2月，市妇女维权与信息服务站社工王洁燕被省社工师联合会评为"广东省社工之星"。

5. 2016年3月，澄海区莲下镇社会工作站秘书长杨勃被省社工师联合会评为"广东省社工之星"。

6. 2017年3月，金平区石炮台街道社会工作站社工许晴被省社工师联合会评为"广东省社工之星"。

（十）其他

1. 2014年9月25日上午，市民政局、市社会工作者协会在龙湖宾馆举办了以"汕头市社会工作本土化发展"为主题的首届鮀城社工发展论坛，奖励了11篇优秀论文获得者，邀请了广州、汕头、潮州等地的优秀论文获得者进行演讲，100多名市社工协会会员参加了论坛活动。下午，举办社会工作实务工作坊，邀请了珠三角资深社工来汕讲解为老服务项目策划。

2. 2015年9月25日上午，市民政局、市社会工作者协会在龙湖宾馆举办了以"基层社会工作服务的创新与发展"为主题的第二届鮀城社工发展论坛。在论坛活动中，市社会工作者协会表彰了首批5名"汕头市一星级社工"（陈启聪、许庭佳、李燕霞、李玟欢、杨勃），奖励了6名优秀论文获得者，共有100人参加此次论坛。

3. 2016年9月24日，市民政局、市社会工作者协会在龙湖宾馆举办了以"汕头社区社会工作服务的探索与创新"为主题的第三届鮀城社工发展论坛，表彰了3名"汕头市一星级社工"（郑晓虹、钟燕霞、庄丽丽），奖励了6名优秀论文获奖者，嘉宾及会员共100多人参加了论坛活动。

揭阳市

（一）总体规划

1. 2011年，揭阳市市委、市政府印发《关于加强社会工作人才队伍建设的实施方案》。

2. 2012年4月，揭阳职业技术学院设立社工专业。市民政局联合社工委积极推动揭阳职业技术学院设立社工专业，经努力，揭阳职业技术学院在2012年开设了社会工作专业。

3. 2014年3月，揭阳市印发了《揭阳市年度社会工作者职业水平考试目标任务分配方案》。

4. 2014年7月，揭阳市编委同意市民政局增设"社会工作科"，主要职责是：会同有关方面编制社会工作发展规划，拟订社会工作政策和职业规范；协助开展社会工作师登记注册管理工作；组织本部门政府购买社会服务项目立项评审、绩效评估和监督考核；指导和培育社会工作服务行业的发展；推进社工人才和相关志愿者队伍建设。

5. 2014年11月，揭阳市印发了《揭阳市社会工作岗位设置及社会工作专业人员薪酬待遇实施意见》。

6. 2015年3月，市民政局与社工委、组织部、人社局联合下发了《揭阳市年度社会工作者职业水平考试目标任务分配方案》。

7. 2016年3月，市民政局与社工委、组织部、人社局联合下发了《揭阳市年度社会工作者职业水平考试目标任务分配方案》。

8. 2016年5月，市民政局印发了《揭阳市民政局关于推进

"三社联动"试点工作实施方案》和《揭阳市民政局关于开展"专业社工全民义工"试点工作的通知》。

(二) 试点实施

1. 2012年3月，市民政局与市社工委推动建设全市首家试点——榕城区东升街道社区社工综合服务中心。

2. 2014年3月，在总结首个试点成功运作经验的基础上，市民政局与社工委推动全市9个县（市、区）在城镇各试点建设一家社区社工综合服务中心。

3. 2015年，榕城区新增2家民办社工机构，蓝城区新增1家民办社工机构。

(三) 行业发展

2017年3月，市民政局牵头成立了揭阳市社会工作机构联合会，联合会的组成单位主要是本市社会工作领域的社会组织。

(四) 培训学习

1. 2015年7月22日和10月22日，揭阳市举办了2015年全市社会工作专业管理人才第一期和第二期培训班。

2. 2017年3月，市民政局和揭阳市社会工作机构联合会联合举办了揭阳市社会工作机构社会工作能力提升班，邀请了社工处领导和两位省级专家到场授课。

(五) 对外交流

2016年4月，市民政局局长魏洁林带领市民政局有关领导和业务科室负责同志，榕城区民政局，新兴、梅云街道办事处以及市区部分社工机构负责人等一行20多人，前往惠州市民政局和深圳市民政局就"三社联动"和"专业社工全民义工"工作的经验和做法进行学习交流。

(六) 宣传工作

揭阳市于 2016 年 3 月 15~21 日在全市范围内组织开展以"专业社工全民义工，关爱留守老人儿童"为主题的市第五届"岭南社工宣传周"活动，在活动期间，全市共举办 17 场社工、义工专业服务宣传活动。

(七) 其他

2016 年 3 月，市民政局授予揭阳职业技术学院"揭阳市社工人才重点培育基地"，授予揭阳市聚龙湾护理院、揭阳市空港区榕鹏社区社工综合服务中心两家单位"揭阳市社工人才重点实训基地"称号，授予揭阳市聚龙湾护理院、揭阳市空港区榕鹏社区社工综合服务中心、榕城区养正社区社工综合服务中心、榕城区礼德社区社工综合服务中心等四家单位为"揭阳市社工人才重点试点单位"称号。努力打造一批社工人才示范单位。为社工人才的培养提供较好的服务平台。

潮州市

1. 2011 年，潮州市民政局印发《潮州市民政系统社会工作人才队伍建设试点工作指导意见》、《潮州市民政系统社会工作人才教育培训方案》、《潮州市民政局事业单位编制内社会工作岗位设置实施办法》(潮民发〔2011〕25 号)。

2. 2012 年，潮州市委办公室、潮州市人民政府办公室联合印发《关于加强社会工作专业人才队伍建设的实施意见》(潮办发〔2012〕15 号)。

3. 2014 年，团市委、市综治办、市财政局、市人社局联合印发《关于加强青少年事务社会工作专业人才队伍建设的意见》(团潮联〔2014〕27 号)。

4. 2015 年，潮州市综治委预防青少年违法犯罪专项组、潮州市社会治安综合治理委员会办公室、市民政局、团市委、市财政局、市人社局制定并下发《关于印发〈潮州市青少年事务社会工作和社工专业人才培养三年计划（2015年~2018年）实施方案〉的通知》（团潮联发〔2015〕1号）。

5. 2016年，团市委联合市综治委预防青少年违法犯罪专项组、市司法局印发《潮州市青少年社区矫正工作实施方案》（市潮综治委预青字〔2016〕1号）。

附录三　重要文件选编

《汕头经济特区社会工作者条例》
（摘录）

汕头市第十三届人民代表大会常务委员会公告
（第 21 号）

《汕头经济特区社会工作者条例》已由汕头市第十三届人民代表大会常务委员会第二十八次会议于 2014 年 12 月 29 日通过，现予公布，自 2015 年 3 月 1 日起施行。

汕头市人民代表大会常务委员会
2014 年 12 月 29 日

目录

第一章　总则
第二章　社会工作者
第三章　社会工作服务机构
第四章　社会工作服务
第五章　社会工作者协会
第六章　保障与支持
第七章　法律责任
第八章　附则

第一章 总则

第一条 为了提升社会工作专业水平和服务质量，推进社会工作专业人才和队伍建设，促进社会工作健康发展，根据有关法律、法规，结合汕头经济特区（以下简称特区）实际，制定本条例。

第二条 特区范围内的社会工作者、社会工作服务机构和社会工作者协会及其服务活动适用本条例。

第三条 市、区（县）民政部门负责本行政区域内的社会工作者、社会工作服务机构以及社会工作者协会的指导、监督、管理及相关服务工作。

人力资源和社会保障部门会同民政部门负责社会工作者职业水平评价工作的组织实施和监督、检查。

财政部门负责组织制定购买社会工作服务的项目目录，并对政府购买社会工作服务的公共财政资金进行监督管理。

税务部门负责落实国家规定的各项税收优惠政策。

审计机关依法对使用的财政资金进行审计监督。

其他相关行政管理部门按照各自职责，协同实施本条例。

第四条 市、区（县）人民政府应当将社会工作专业人才和队伍建设纳入国民经济和社会发展规划，所需经费列入本级政府年度财政预算。

第五条 国家机关、社会团体、企事业单位、城乡社区应当鼓励和支持社会工作专业服务活动，维护社会工作者的合法权益。

鼓励和倡导社会力量支持和参与社会工作。

第二章 社会工作者

第六条 特区社会工作者分为助理社会工作师、社会工作师和高级社会工作师三个级别。助理社会工作师、社会工作师的职业水平评价实行全国统一考试制度，高级社会工作师的职业水平评价按照国家有关规定执行。

特区社会工作者纳入专业技术人员管理范围。

第七条 特区实行社会工作者职业水平证书登记制度。未经依法登记的，不得以社会工作者名义从事社会工作服务活动。

社会工作者职业水平证书登记分为首次登记和再登记。首次登记的受理期限为社会工作者取得社会工作者职业水平证书之日起一年内，登记有效期为三年；再登记的受理期限为上次登记有效期满前三个月。

第八条 申请首次登记的社会工作者，应当向市民政部门提出申请，并提交以下材料：

（一）身份证明；

（二）社会工作者职业水平证书；

（三）登记申请表；

（四）依法应当提供的其他材料。

第九条 申请再登记的社会工作者，应当向市民政部门提出申请，并提交以下材料：

（一）身份证明；

（二）社会工作者职业水平登记证书；

（三）再登记申请表；

（四）继续教育证明；

（五）依法应当提供的其他材料。

第十条 市民政部门应当自受理登记、再登记申请之日起十五日内，对申请人提交的材料进行初审。初审合格的，报省民政部门予以审核再登记。初审不合格的，应当告知申请人并书面说明理由。

第十一条 社会工作者应当接受社会工作专业继续教育，其所在单位应当予以支持；社会工作者未按照规定接受社会工作专业继续教育的，不得申请办理社会工作者职业水平证书再登记。

助理社会工作师在每一登记有效期内接受社会工作专业继续教育的时间累计不得少于七十二小时；社会工作师、高级社会工作师在每一登记有效期内接受社会工作专业继续教育的时间累计不得少于九十小时。

社会工作者的社会工作专业继续教育活动及其监督管理，按照有关法律、法规的规定执行。

第十二条 尚未考取社会工作者职业水平证书的高等学校社会工作专业毕业生，或者经过社会工作专业培训、具备相应条件的现有社会工作从业人员，可以向市民政部门申请登记为社会工作员。社会工作员参照社会工作者进行管理。

第十三条 市民政部门应当会同人力资源和社会保障、财政、价格等部门，参照特区同等条件专业技术人员的平均薪酬水平，制定、调整并定期公布社会工作者薪酬指导标准。

社会工作者的具体薪酬和福利待遇，由聘用单位参照薪酬指导标准与社会工作者协商确定。法律、法规另有规定的，从其规定。

第十四条 社会工作者享有以下权利：

（一）开展或者参与社会工作服务活动；

（二）接受与社会工作服务有关的知识和服务技能培训；

（三）获得所参加的社会工作服务活动的相关信息；

（四）获得从事社会工作服务应得的报酬和所需的物质以及安全保障；

（五）本人有社会工作服务需求时优先获得服务；

（六）法律、法规规定的其他权利。

第十五条 社会工作者应当履行以下义务：

（一）遵守国家法律、法规，秉持职业操守和专业行为规范；

（二）接受民政部门、社会工作者协会和社会工作服务机构的管理，参加其安排的教育和培训；

（三）履行社会工作服务承诺，向服务对象提供社会工作服务；

（四）尊重服务对象的权利与意愿，保守服务对象的隐私和秘密；

（五）维护社会工作者和社会工作服务机构的形象和声誉；

（六）法律、法规规定的其他义务。

第三章 社会工作服务机构

第十六条 申请设立社会工作服务机构，应当符合有关社会组织登记的法律、法规，并具备以下条件：

（一）发起人中至少有一人取得社会工作师职业水平登记证书或者至少有两人取得助理社会工作师职业水平登记证书；

（二）专职工作人员中至少有三分之一以上取得社会工作者职业水平登记证书；

（三）有固定的工作场所和规定的注册资金。

符合前款规定条件的，发起人应当依法向民政部门申请登记，并按照核定的业务范围开展社会工作服务活动。未经依法登记的，不得以社会工作服务机构名义从事社会工作服务活动。

第十七条 鼓励社会工作专业教师依托专业资源优势创办社会工作服务机构，引导现有企事业单位和社会组织按照承担社会工作服务的要求调整或者变更为社会工作服务机构。

第十八条 社会工作服务机构可以在社会福利、社会救助、扶贫济困、慈善事业、社区建设、婚姻家庭、精神卫生、残障康复、教育辅导、就业援助、职工帮扶、犯罪预防、禁毒戒毒、社区矫正、安置帮教、人口计生、应急处置、群众文化等领域开展社会服务工作。

第十九条 社会工作服务机构应当遵循公平竞争、诚信自律、依法执业的服务准则，完善工作流程，根据服务项目组织实施服务计划，制定项目资金预算，对项目资金进行财务管理和会计核算，并接受监督。

第二十条 社会工作服务机构应当建立健全以章程为基础的

约束机制，对本机构的硬件设施、内部管理、人力资源管理、财务管理和对外服务管理等进行规范。

社会工作服务机构聘用或者解聘社会工作者的，应当在三十日内向民政部门备案。

第二十一条 社会工作服务机构应当将机构简介、宗旨和目标、服务项目、服务程序、业务规程、收费标准、公益服务情况、年检情况以及接受社会捐赠等相关信息，通过本机构网站或者电视、广播、报刊等媒体向社会公布。

接受社会捐赠、政府资助或者政府向其购买服务的社会工作服务机构，应当在次年第一季度向民政部门报告上一年度的资金收支情况和财务审计报告，并通过本机构网站或者电视、广播、报刊等媒体向社会公开，接受社会和有关部门监督。

第二十二条 社会工作服务机构应当设立督导岗位，做好督导人才的选拔培养与管理服务，保证本机构社会工作者获得督导、培训和咨询服务。

第二十三条 社会工作服务机构应当建立应急工作机制，制定应急预案，应对服务过程中的紧急情况。

社会工作服务机构应当积极参与公共突发事件处置，在自然灾害、事故灾难、公共卫生、社会安全等重大危机事件发生时，协助做好应急救援、灾后重建、信息搜集、决策咨询、纠纷调处和心理辅导等工作。

第二十四条 社会工作服务机构应当加强与志愿服务组织的沟通与联系。

社会工作服务机构可以通过向志愿服务组织申请或者招募志愿者，共同开展社会工作服务，形成社会工作者引领志愿者、志愿者协助社会工作者的工作机制。

第二十五条 社会工作服务机构应当建立档案管理制度，妥善保存社会工作服务活动中的记录和资料，有关档案资料保存期限不得少于三年。

第二十六条　社会工作服务机构应当建立公众投诉渠道，公布投诉电话号码和电子信箱，受理公众投诉。

社会工作服务机构应当在收到公众投诉之日起十五日内作出书面答复。

第四章　社会工作服务

第二十七条　社会工作者、社会工作服务机构根据单位或者个人的申请和实际需要，提供社会工作服务。

申请社会工作服务的单位或者个人，应当告知与服务活动有关的真实、完整信息和可能出现的风险。

社会工作者、社会工作服务机构应当对单位或者个人提出的社会工作服务申请及时给予答复；不能提供社会工作服务的，应当说明原因。

第二十八条　社会工作者、社会工作服务机构与服务对象之间应当就社会工作服务的主要内容协商一致，并订立社会工作服务协议。

社会工作服务协议应当符合法律、法规，包括以下内容：

（一）双方姓名或者名称以及住所；

（二）服务的内容、报酬以及时间、地点；

（三）双方的权利、义务；

（四）风险保障措施；

（五）协议的变更和解除；

（六）争议解决方式；

（七）其他需要协议的事项。

第二十九条　社会工作者、社会工作服务机构和服务对象应当建立自愿、平等的服务与被服务关系。

社会工作者、社会工作服务机构应当根据服务协议的要求，为服务对象提供专业的社会工作服务。

服务对象应当尊重社会工作者的劳动，主动配合社会工作者开展社会工作服务,并为其开展社会工作服务提供便利。

第三十条 任何单位和个人不得强行指派社会工作者或者社会工作服务机构提供服务,不得利用社会工作者或者社会工作服务机构的名义进行非法活动。

社会工作者不得以个人名义为服务对象提供有偿的社会工作服务。

第三十一条 接受政府资助或者政府向其购买服务的社会工作服务机构,应当按照有关规定开展社会工作服务活动。接受社会捐赠的社会工作服务机构,应当按照捐赠人的意愿开展社会工作服务活动,并接受捐赠人的监督。

第五章 社会工作者协会

第三十二条 社会工作者协会是公益性、专业性和非营利性的社会团体,是推动社会工作职业化、专业化发展的行业自律组织。

社会工作者协会应当依法登记,并按照其章程开展活动,接受民政部门的指导、协调与监督。

第三十三条 社会工作者、社会工作服务机构、相关单位和个人可以自愿申请加入社会工作者协会。

第三十四条 社会工作者协会应当履行以下职责:

(一)制定行业规范、职业操守和惩戒规则,建立社会工作行业自律机制;

(二)组织社会工作者专业培训,进行职业道德、执业纪律的教育、检查和监督;

(三)为社会工作服务机构提供项目推介、信息发布、政策咨询、权益维护等服务;

(四)开展研讨交流、经验总结推广等工作;

(五)开展社会工作宣传,普及社会工作知识;

(六)受理对社会工作者、社会工作服务机构的投诉,调解社会工作服务活动中发生的纠纷；

（七）法律、法规以及协会章程规定的其他职责。

社会工作者协会制定的行业规范、职业操守和惩戒规则，不得违反法律、法规。

第三十五条 社会工作者协会应当建立社会工作督导、社会工作服务评估、社会工作者星级评定等制度。对做出突出成绩的社会工作者和社会工作服务机构，应当给予表彰和奖励。

第三十六条 社会工作者协会可以依法承接行政管理部门转移的社会工作管理和服务职能，为社会工作者和社会工作服务机构提供便捷服务。

第六章 保障与支持

第三十七条 市、区（县）人民政府应当建立政府购买社会工作服务的社会工作发展机制，采取政府购买社会工作服务项目或者社会工作岗位服务等形式，扶持社会工作服务机构的发展，并根据需要开发和设置社会工作岗位。

第三十八条 市、区（县）财政应当安排专项资金，用于扶持本行政区域内社会工作服务机构的发展，以及向社会工作者、社会工作服务机构购买服务项目和社会工作岗位。

第三十九条 市、区（县）人民政府应当建立社会工作者岗位津贴制度，并为社会工作服务机构及社会工作者开展社会工作服务提供必要的条件。

民政部门可以协调有关部门和镇人民政府（街道办事处），为符合条件的社会工作服务机构提供场地，扶持其业务开展。

第四十条 民政部门应当为社会工作者提供一定学时的免费教育培训，提高社会工作者的专业水平和能力。

第四十一条 民政部门可以聘请社工督导为社会工作者和社会工作服务机构提供督导服务或者专业指导。社工督导的任职条件及资格由市民政部门另行规定。

第四十二条 民政部门应当设置并公开统一的投诉、举报电话和电子邮箱,及时受理对社会工作者、社会工作服务机构或者社会工作者协会的投诉、举报,并于收到投诉、举报之日起三十日内将处理结果告知投诉人、举报人。

第四十三条 社会工作服务机构依照法律、法规的规定享受税收优惠政策。

公民、法人和其他组织对社会工作服务机构和社会工作服务活动进行捐赠的,依照法律、法规的规定享受税收优惠政策。

第七章 法律责任

第四十四条 社会工作者、社会工作服务机构和服务对象之间在社会工作服务活动中发生争议的,可以自行协商解决或者由民政部门、社会工作者协会、人民调解组织主持调解,也可以依法向人民法院提起诉讼。

第四十五条 社会工作者按照社会工作服务机构的安排从事社会工作服务过程中,侵害服务对象或者其他相关人员合法权益并造成损害的,由社会工作服务机构承担相应的法律责任;社会工作者有故意或者重大过失的,社会工作服务机构可以依法向其追偿。

服务对象在社会工作服务过程中,因过错侵害社会工作者合法权益并造成损害的,应当依法承担相应的法律责任。社会工作者在履行职务行为受到损害的,应当由社会工作服务机构依法承担相应的法律责任。如果损害后果因服务对象过错造成,社会工作服务机构承担法律责任后,可以向服务对象追偿。

第四十六条 违反本条例第八条规定,未经登记擅自以社会工作者名义在特区内开展社会工作服务活动的,由民政部门责令其停止非法行为。

第四十七条 违反本条例第十六条规定,未经登记擅自以社会工作服务机构名义在特区内开展社会工作服务活动的,由民政部门责令其停止非法行为。

社会工作服务机构违反有关登记管理规定的，由民政部门依法处理。

第四十八条 违反本条例第二十一条规定，社会工作服务机构未依法向社会公开有关信息的，由民政部门予以警告、责令改正或者停止活动；情节严重的，予以撤销登记。

第四十九条 社会工作服务机构骗取、侵占、挪用、私分政府用于购买服务的资金和社会捐赠资金的，由民政部门会同财政等相关部门予以警告、责令改正；拒不改正的，取消其承接政府购买社会工作服务的资格；构成犯罪的，依法追究刑事责任。

第五十条 社会工作者协会未依法履行职责的，由民政部门予以警告、责令改正，并可以责令撤换有关责任人员。

第五十一条 民政、人力资源和社会保障、财政、审计等有关部门在社会工作监督管理中不履行或者怠于履行法定职责的，由本级人民政府或者监察机关依据职权责令改正，并通报批评。

第五十二条 民政、人力资源和社会保障、财政、审计等有关部门的工作人员在社会工作监督管理中有以下行为之一的，依法给予行政处分；构成犯罪的，依法追究相关责任人员的刑事责任：

（一）违法办理社会工作者、社会工作服务机构登记的；

（二）不履行对社会工作服务活动的监管职责或者监管不力，造成严重后果的；

（三）非法干涉社会工作服务机构内部事务，妨碍社会工作服务机构正常活动的；

（四）有滥用职权、徇私舞弊、索贿受贿行为的；

（五）有其他违法行为的。

第八章 附则

第五十三条 本条例下列用语的含义：

社会工作，是指一种以助人自助为宗旨，综合运用专业知识、方法和技能，帮助有需要的单位和个人，整合社会资源，协调社会关系，预防和解决社会问题，恢复和发展社会功能，促进社会和谐的专门职业活动。

社会工作者，是指通过全国社会工作者职业水平评价，依法取得社会工作者职业水平登记证书，从事职业化社会工作服务的人员。

社会工作服务机构，是指以社会工作者为主体，不以营利为目的，提供专业社会工作服务的社会组织。

第五十四条 本条例自2015年3月1日起施行。

《关于在汕头民政系统开展社会工作人才队伍建设试点工作的通知》

（汕民通〔2009〕49号）

各区县民政局、直属各单位：

建设一支宏大的社会工作人才队伍，是党的十六届六中全会和党的十七大作出的一项战略部署。深入贯彻党的十六届六中全会和党的十七大精神，推进汕头社会工作人才队伍建设是转变政府职能、创新社会管理体制、促进社会公平正义、维护社会安定、营造诚信友爱良好社会氛围、加强基层基础工作的迫切要求；是转变民政管理和服务方式，提高汕头民政整体服务水平，增强汕头基层民政力量的重要举措；是一项具有全局性和战略性的重要工作任务。为探索汕头民政系统社会工作人才队伍建设路子，建立一支与社会建设发展相适应的结构合理、素质优良的社会工作人才队伍，根据省民政厅工作部署，结合汕头民政部门实际，市局党组决定从2009年起，在民政系统开展社会工作人才队伍建设的试点工作。现将有关事项通知如下：

一 指导思想

以邓小平理论和"三个代表"重要思想为指导，贯彻落实科学发展观和党的十六届六中全会精神，以加强教育培训、开展职业水平评价、研究开发岗位、扶持社会公益类民间组织、探索政府购买服务机制等为主要内容，紧紧围绕省民政厅提出的"抓住一个目标，坚持四个原则，着力推进五项工作"的要求，结合实际，坚持立足民政、面向社会，积极探索、大胆创新，推进全市民政系统社会工作人才队伍建设，为推进民政事业科学发展提供强有力的人才保证，为更好发挥民政在构建和谐汕头中的重要基础作用提供强有力的人才支撑。

二　试点工作目标

从2009年开始，集中2年左右时间，在全市民政系统组织开展社会工作人才队伍建设试点工作。市局确定市福利院、市军休所和金平区、龙湖区、澄海区为全市的试点单位；其他区县也应选择1~2个街道（镇）或社区作为试点单位。通过在社会福利、社会救助、社区建设、残障康复、优抚安置、社会公益类民间组织和家庭生活服务等领域进行试点，普及社会工作知识，储备社会工作人才，明确社会工作岗位，积累社会工作人才队伍建设经验，为全市民政系统制定和完善社会工作人才队伍建设政策、制度提供依据，为民政系统和民政范围全面推进社会工作人才队伍建设创造条件，力争2~3年时间我市社会工作人才队伍建设得到全面推进，至"十一五"期末，三个中心区民政部门公益性社会服务类单位社会工作岗位设置比例达到20%，其他区县民政部门达到10%，初步形成汕头民政特色的社工队伍，基本达到或超过省厅提出的目标要求。

三　试点工作任务

1. 开展教育培训工作，组织参加职业水平考试。根据上级要求，结合汕头民政干部队伍实际，制定社会工作人才队伍培训方案。以提高运用专业理念、提供专业服务、整合社会资源、协调社会关系、处理复杂问题等能力为重点，通过座谈会、研讨会、专家讲座、脱产培训、考察学习等方式，开展社会工作专业培训和知识普及。组织动员民政系统干部职工以及社区和社会公益类民间组织的从业人员，参加全国助理社会工作师、社会工作师职业水平考试，帮助他们成长为专业社会工作者。按照继续教育制度的相关要求，制定民政系统社会工作教育培训制度，不断提升民政社会工作者的业务水平和职业道德素养。

2. 加快民政服务类事业单位社会工作岗位的开发使用。根据《事业单位岗位设置管理试行办法》（国人部发〔2006〕70号）、《〈事业单位岗位设置管理试行办法〉实施意见》（国人部发〔2006〕87号）、《关于民政事业单位岗位设置管理的指导意见》（人社部发〔2008〕84号）的有关规定，按照分类指导、分级管理、科学合理、精简效能的原则，调查民政服务类事业单位社会工作及实际从业人员的现状，分析对专业社会工作人才的需求，调整岗位结构，制定岗位标准，确定任职资格条件，研究开发社会工作岗位。

3. 积极推进和谐社区建设，壮大社会工作人才队伍。在创建"六好"平安和谐社区建设过程中，以社区居民自治组织、社区服务中心、社区民间组织为平台，积极探索在社区建设中引入专业社会工作的方法和途径，研究设置社区社会工作岗位、吸纳社会工作人才，建立规范的社区专业化服务体系，提高社区社会工作服务水平。同时，积极探索在有条件的街道、社区设立社会工作站工作。

4. 积极培育民办社会工作服务机构，促进社会工作服务网络体系建设。根据转变政府职能，加强社会管理，提高公共服务专业化水平的要求，坚持分类指导、有序发展的原则，采取简化登记手续，完善注册办法，推行政府购买服务等手段，在有条件的地区探索创建民办社会工作服务机构。在各类社会组织积极探索社会工作岗位的开发设立，为社会工作人才发挥作用、施展才能提供空间和平台。

5. 大胆探索建立社会工作者职业管理制度。一是研究制定社会工作者管理办法。根据各单位情况，研究不同类别社工岗位职责，社工日常管理办法及社工考核评估办法，为加强对社工的监督管理提供依据。二是研究制定社会工作者职业薪酬办法。按照上级有关文件精神，结合本地本单位实际，提出具体意见或建议。三是加强管理机构建设。通过试点,探索建立全市民政系统统一规范的社会工作者职业管理制度。

四　方法步骤

社会工作人才队伍建设试点工作从 2009 年 5 月开始至 2010 年 12 月结束,分四个阶段进行。

1. 召开试点会议,部署试点工作（2009 年 5 月底前）。2009 年 5 月下旬,召开全市民政系统推进社会工作人才队伍建设试点工作会议,对试点工作进行动员部署,明确试点工作任务及试点工作要求。

2. 结合单位实际,制订试点方案（2009 年 6 月至 7 月）。各试点地区和试点单位按照市局的要求,结合当地实际,制订试点工作方案,突出工作重点,明确试点领域,为试点工作全面铺开奠定基础。

3. 开展试点实践,探索机制体制（2009 年 8 月至 2010 年 8 月）。自 2009 年 8 月开始,各试点单位用 1 年左右的时间,从建立完善社会工作人才聘用、管理、评估、激励、薪酬等机制体制入手,进行社会工作人才队伍建设的创新实践,为构建有汕头特色的制度体系积累经验。

4. 进行试点总结,推广试点经验（2010 年 9 月至 12 月）。各地各单位对试点工作情况进行回顾,总结经验,查找不足。市局将适时召开试点经验交流会,推广试点工作经验做法,宣传和表彰一批试点工作先进典型。试点工作结束后,各地各单位要将试点工作总结于 2010 年 12 月上旬上报市民政局社会工作人才队伍建设领导小组办公室。

五　试点工作要求

（一）成立机构,加强领导。各地各单位要把试点工作摆上重要议事日程,切实作为一项重要任务来抓。要成立试点工作组织领导机构，加强组织领导，明确责任分工，形成工作合力。同时要抽调精干力量，具体负责试点工作，确保试点工作有人抓、有人干。市局将定期对各地各单位的试点工作情况进行督导检查。

（二）突出重点，形成特色。在试点工作中，各单位要大胆试、大胆创，注重工作实效，积极探索实践，务求工作实效。试点过程中，各地各单位要主动向当地党委、政府汇报，争取领导的重视和支持，积极争取组织、编制、人事、财政等部门的支持，及时研究解决试点过程中遇到的困难和问题。

（三）加大投入，搞好保障。区（县）民政部门要争取财政支持，安排资金支持试点单位开展社会工作培训、研讨等有关工作，加强对试点工作指导。直属单位也要想方设法增加资金投入，为试点工作提供必要的经费保障。

（四）加强宣传，营造氛围。试点工作过程中，各地各单位要认真组织干部职工学习上级文件精神，统一思想认识，为推进试点工作奠定思想基础。同时，要通过网络、民政简报、新闻媒体等载体，加强试点工作宣传，努力营造推进社会工作人才队伍建设的良好氛围，确保试点工作任务顺利完成。

各地各单位在试点过程中有好的做法和经验，请及时上报。

二〇〇九年五月七日

《关于建立镇（街道）社会工作专业服务常态化运作机制的通知》

汕民通〔2015〕226号

各区县民政局：

为贯彻落实《汕头经济特区社会工作者条例》，加强以基层为重点的社会工作专业人才队伍建设，充分发挥社会工作专业人才参与社会治理的积极作用，经研究，决定推动建立镇（街道）社会工作常态化运作机制。现就有关事项通知如下：

一　充分认识建立常态化运作机制的必要性与紧迫性

2013年4月17日，市民政局选择11个镇（街道）开展社会工作站试点。试点工作开展以来，大多数区县、镇（街道）能够深刻认识到开展试点工作的重要意义，完成了场地落实、人才配备等工作，培养了一批基层社会工作专业人才，开展了一批惠民生、有实效、口碑好的社会工作专业服务项目，提升了社会工作专业人才的知晓度与认可度，初步达到了预期的试点目标。然而，随着我市社会工作专业人才队伍建设的深入推进，当前镇（街道）社会工作站运作过程中存在的行政色彩较浓、专业化职业化程度不高、社会工作专业人才活力不强等问题日益突出，与上级的要求和人民群众日益多样化的服务需求还有较大差距。因此，深入贯彻落实《汕头经济特区社会工作者条例》，加快培育基层社会工作服务机构，加大社会工作专业服务覆盖面，提升社会工作专业人才的地位，推进社会工作专业服务常态化运作，意义重大，任务紧迫。

二　工作目标、主要内容和方法步骤

（一）工作目标

立足社区，成立民办社会工作服务机构，沿着社会工作专业服务职业化、专业化、项目化、精细化的发展方向，充分发挥社会工作专业人才的积极性与创造性，强化社区联动，重点在老年人、残疾人、青少年、妇女儿童等领域开展常态化的社会工作专业服务。

（二）主要内容

1. 培育民办社会工作服务机构。依托镇（街道）社会工作站现有工作场地及已聘用的专职社工，根据《汕头经济特区社会工作者条例》、《汕头经济特区社会组织登记管理办法》的有关要求，引导社会工作站创造条件，登记注册为民办社会工作服务机构，建立健全社会工作人员管理、服务管理、财务管理等工作制度。民办社会工作服务机构完全独立运作，民政部门、镇（街道）发挥监督指导的职能。

2. 注重发挥"三社联动"效应。发挥民办社会工作服务机构吸纳社会工作专业人才的作用，引导已取得社会工作者职业水平证书的社区工作人员积极参与项目策划、实施、运作，为联动社区资源、保障社会工作专业服务顺利开展提供便利。

3. 推动社会工作专业服务职业化专业化发展。鼓励民办社会工作服务机构扎根基层社区，注重社会工作专业人才培养，熟练运用社会工作专业方法技巧，持续为有需要的个人、家庭或组织提供专业服务。

4. 建立社会工作专业服务项目评估体系。建立完善项目申报公开评审，项目实施过程评估、项目结项评估等完整的项目评估体系，把评估结果公开化、透明化，并作为民办社会工作服务机构争取政府、社会资金支持的重要参考。

5. 完善社会工作经费保障机制。市区两级加大福利彩票公益金的支持力度，争取把社会工作专业服务项目经费纳入财政预算，积极引导社会资金投入社会工作。同时，转变福利彩票公益金的资助方式，从2016年起不再定向资助镇（街道）社会工作站，转为采取资助社会工作专业服务项目的形式保障社会工作专业服务开展。

（三）方法步骤

争取利用3年左右的时间，到2018年底基本完成镇（街道）社会工作专业服务常态化运作机制建设。

1. 初期阶段。2015年10月至2016年12月，在原有镇（街道）社会工作站的基础上推动成立民办社会工作服务机构。尚未具备条件的，鼓励镇（街道）与民办社会工作服务机构合作开展服务，在深入调研的基础上申报社会工作专业服务项目。

2. 中期阶段。2017年1月至2017年12月，逐步建立社会工作专业服务项目评估体系；民办社会工作服务机构完善组织架构、社会工作服务管理制度。

3. 末期阶段。2018年1月至2018年10月，进一步加大福利彩票公益金的支持力度，保障镇（街道）社会工作专业服务持续开展；注重整合政府相关部门和社会资源，争取把镇（街道）社会工作专业服务项目列入财政预算；镇（街道）社会工作专业服务常态化运作机制建设基本完成。

三　工作要求

（一）高度重视，加强领导

各地要把镇（街道）社会工作专业服务常态化运作机制建设当成本地社会工作专业人才队伍建设的重要举措，主动列入工作议程，指定分管领导，安排专门人员做好此项工作。

（二）攻坚克难，顺势而为

各地要正视当前镇（街道）社会工作站试点取得的成果与面临的问题，加强与当地党政领导的联系，争取行政资源、政策资金等方面的支持，利用当前社会体制改革、镇（街道）成立社会组织总会等有利条件，推动成立民办社会工作服务机构。

（三）措施到位，狠抓落实

各地要研究切实有效的实施方案，按计划稳步推进工作，加强指导监督,确保工作顺利推进。

  各地建立镇(街道)社会工作专业服务常态化运作机制的做法及遇到的情况,请及时上报市民政局社会工作科。

汕头市民政局
2015 年 10 月 10 日

《关于推进社区、社会组织和社会工作专业人才"三社联动"的实施意见》

汕民通〔2016〕2号

各区县民政局:

为贯彻落实民政部、省民政厅关于推进社区社会工作暨"三社联动"的会议精神,进一步发挥社区、社会组织、社会工作专业人才(以下简称"社工专业人才")在创新基层社会治理中的作用,建立以社区为平台、社会组织为载体、社工专业人才为支撑的"三社"相互融合、相互协同、相互促进的运行机制(以下简称"三社联动"),结合我市实际,提出如下实施意见。

一 充分认识推进"三社联动"的重要意义

创新社会治理的关键在基层、重心在社区。改革开放以来,社区承担了越来越多的基层社会管理和服务职能,与此同时,力量不足、资源不够、活力不强等问题也日益突出。近年来,我市城乡社区建设、社会组织建设和社工专业人才队伍建设都取得了一定的成效,开展"三社联动"工作有一定的基础。推进"三社联动"有利于推动多元参与、合作共治,凝聚推进社区建设的合力,有利于优化社区资源配置,增强基层社会服务管理的综合效能,有利于加快政府职能转变、丰富基层社会治理主体,有利于深化社区服务内涵、提升社区服务层次、完善社区服务体系。各地要将推进"三社联动"作为我市民政工作改革创新的重要抓手,作为建设服务型民政的有力举措,作为承载和牵引民政领域其他各项工作的有效机制,切实加强组织领导,强化工作举措,把"三社联动"不断引向深入。

二 准确把握推进"三社联动"的总体要求

(一)总体思路

着眼于建设服务型民政,树立联动理念,统筹协调、整体运作社区建设、社会组织建设和社工专业人才队伍建设。推动基层社会治理理念、体制、机制和方法创新，建立健全"三社联动"长效机制。理顺基层政府与社区、社会组织、社工专业人才的关系，立足基层，面向社区，以居民需求为导向，以培育多元主体、激发社会活力为目标，推动社区资源共享，构建社会组织和社工专业人才广泛参与的基层治理体系。全面落实《关于进一步发挥基层党组织在村（社区）社会组织中领导核心作用的意见》、《关于培育发展基层社会组织服务基层政权建设的意见》、《关于进一步规范基层社会组织登记工作的实施办法》、《汕头市成立镇（街道）基层社会组织总会指引》等4个文件要求，充分发挥镇（街道）社会组织总会在领导基层社会组织、凝聚社会资源、参与社区事务等方面的积极作用，推动村（社区）社会组织建立党组织，探索通过有关章程或法定程序，推荐镇（街道）、村（居）"两委"干部兼任村（社区）社会组织职务的机制，不断创新和加强社区治理。

（二）工作目标

通过分类推进试点，整体部署实施，2016年起，各区县选择一批城乡社区开展"三社联动"试点，其中：金平区3个社区、龙湖区3个社区，濠江区2个社区、澄海区2个社区，潮阳区2个社区、潮南区2个社区，南澳县1个社区，并逐年扩大试点范围。到2020年，全市100个城乡社区（其中：金平区22个社区、龙湖区22个社区，濠江区15个社区、澄海区15个社区，潮阳区10个社区、潮南区10个社区，南澳县6个社区）实现"三社联动"建设，逐步建立有利于"三社联动"发展的机制，带动社区、社会组织、社工专业人才协调发展，形成能够及时有效回应居民需求的社区服务体系。

三 明确推进"三社联动"的主要任务

（一）培育发展社会组织，夯实联动载体

大力加强镇（街道）社会组织总会建设，利用社会组织总会的示范、辐射效应，选派合适的"两委"成员参与到已登记备案的村（社区）社会组织中去，通过有关章程或法定程序兼任社会组织会长、秘书长等领导职务，推荐党员村（居）民作为社会组织的理事会、监事员成员，争取在所有的村（社区）社会组织中都有"两委"干部或党员担任领导职务。积极引导村（居）"两委"成员主动筹建一批适应本地需要的基层社会组织。同时，采取引进人才、项目合作、督导咨询等形式，促进本土民办社工服务机构的发展。引导社区老年人协会、慈善会等社区社会组织参与社区事务。培育镇（街道）、社区志愿服务组织，扎实推进志愿服务记录制度，广泛发动社区居民参与社区志愿服务。

（二）完善社区治理结构，优化联动环境

健全以社区党组织为核心、社区自治组织为主导、社区居民为主体、社会组织共同参与的社区治理体制机制。坚持社会事社会办、专业事专业办原则，逐步推动镇（街道）将面向社区的公共服务工作委托有资质的社会组织承接，社会组织聘用社工专业人才提供服务。理清基层政府与社区自治组织的权责边界，以社区减负增效为切入点，增强社区自治和服务功能，推动行政管理事项社区准入制度。研究政府购买社区服务目录，引导社区自治组织和社会组织参与，推动政府转移职能与社会组织服务有效对接。建立健全城乡社区协商工作机制，注重发挥社会组织和社工专业人才的优势，协助动员和组织居民群众参与协商。

（三）整合社区服务资源，打造联动平台

依托家庭服务中心、社区文化站、工疗站、党员活动中心、星光老年之家、居家养老服务中心、老年人日间照料中心、慈善超市等现有社区服务场地资源，搭建"三社联动"服务平台，推动委托以社工专业人才为主体的民办社会工作服务机构运营，面向社区居民提供专业、综合、优质的服务。

（四）坚持项目化运作，丰富联动形式

城市社区重点针对老年人、未成年人、外来务工人员、残疾人和低收入家庭等群体，农村社区以空心村落、空巢家庭、留守人群为重点，科学设计服务项目，明确项目实施应达到的目标、期限、效益等基本标准和要求，采取项目委托、项目购买、项目资助等方式，吸引社会组织和社工专业人才参与项目实施。结合推进社会事务社会工作、灾害社会工作的契机，引导民办社工服务机构开展婚姻家庭、哀伤辅导、灾害预防教育等类别的服务项目；探索开展面向全社会的公益创投，引导社会组织根据城乡社区发展特点开发符合社区居民需求的社区服务项目，建立以奖代补激励机制对优质社区服务项目进行奖励。

（五）发挥社工作用，保障联动效果

加大社区社会工作专业岗位开发设置力度，通过岗位调整、人员转换、公开招聘、岗位购买等方式，达到每个社区配有1名以上社工专业人才的目标；社会组织承接政府购买社会工作服务的，其社会工作专业岗位开发设置比例一般不低于25％。鼓励社工专业人才通过选举进入村（居）委党组织、社区居民自治组织、业主委员会；鼓励村（居）委工作人员参加社会工作者职业水平考试，鼓励有条件的镇（街道）或村（居）委对考取社会工作者职业水平证书并实际从事社会工作的人员发放岗位津贴。引导和培养居民主动参与社区公共事务，改善社区关系，增进社区共识，激发社区活力，切实为村（居）委会减负增能，增强社区自我发展能力。

四 强化推进"三社联动"的保障措施

（一）加强组织领导

各区县民政局要把"三社联动"工作摆上重要位置，加强领导，落实责任，结合实际，把推进社区、社会组织发展和社区社会工作纳入社区建设的总体布局规划，认真履行牵头职能，加强内部资源整合，加强调查研究、政策创制和统筹协调，出台落实措施，建立健全推动"三社联动"工作的长效机制。

（二）注重协同推进

"三社联动"重点要实现民政部门内部社区、社会组织、专业社会工作行政管理机构之间的联动。市社会组织管理局稳妥推进行业协会商会脱钩和四大类社会组织直接登记，指导区县培育和发展城乡社区服务类社会组织，通过转移职能、购买服务，支持社会组织承接社区公共服务和基层政府委托事项；加快推进社会组织培育发展基地建设，支持民办社会工作机构发展。基层政权和社区建设科统筹推进城乡社区建设、深入落实社区减负增效，强化社区自治和服务功能；在社区工作人员中推广运用专业社会工作的理念、方法与技巧，着力提升基层社区治理能力。社会工作科加大教育培训力度，加快研究出台社会工作员评价制度和社工岗位津贴制度，制定社工报考的激励措施，发展壮大社工专业人才队伍，着力培育发展民办社会工作机构，推进社区社会工作岗位开发，推动实施社区社会工作服务示范项目。各区县整合现有的社区建设、社会组织、社会工作等方面的资源，以问题和需求为导向，协同推进社区社会工作和"三社联动"工作。

（三）加大资金投入

市民政局将从市级福彩公益金中列支专项资金用于推动"三社联动"示范点建设，争取把有关经费列入财政预算。各区（县）民政局每年要从本级福彩公益金中拿出一定资金，策划实施社区社会工作和"三社联动"服务项目，积极协调有关部门加大资金支持力度；引导社会资金尤其是慈善资金以项目合作等方式支持社区服务项目，逐步形成多元化的经费保障机制。

（四）开展目标评估

"三社联动"是创新社区治理的重要内容，也是承载和牵引民政领域其他各项工作的重要机制。各地要把"三社联动"工作纳入民政工作的重点，把握正确的目标导向，分阶段分步骤组织实施,力求"三社联动"工作效益最大化;根据各地实际,因地制宜,探索"三社联动"发展模式。市民政局将"三社联动"工作纳入民政工作综合督查评估范围,对各地"三社联动"工作实行目标管理,加强跟踪问效。

汕头市民政局

2016年1月6日

《关于开展"专业社工全民义工"试点工作的通知》

汕民通〔2016〕54 号

各区县民政局：

为贯彻落实《广东省民政厅关于开展"专业社工全民义工"试点工作的通知》（粤民发〔2016〕24号）精神，进一步推动我市社会工作的专业化，培育发展志愿服务组织，动员全民参与志愿服务，市民政局决定在全市范围内开展为期3年的"专业社工、全民义工"试点工作。现将有关事项通知如下：

一　指导思想和基本原则

（一）指导思想

全面贯彻落实国家、省、市有关推进社会工作和志愿服务的部署，结合我市民政工作实际，引导社会工作专业化发展，使专业社会工作发挥心理疏导、资源链接、社会融入等作用；提升志愿服务的社会参与度，满足服务对象的多样化需求，推进社会工作与志愿服务协调发展，不断促进我市社会治理能力和水平的提升。

（二）基本原则

围绕大局，服务民生。把社工专业化、义工全民化纳入推进社会治理体系和治理能力现代化的大局，将增进人民福祉作为出发点和落脚点。

分类推进，专业引领。分领域推进社会工作服务，引导社会工作专业人才扎根同一服务领域，充分发挥专业引领作用，引导志愿者辅助开展社会工作服务项目。

立足需求，联动发展。从群众的社会服务需求出发，多领域统筹推进专业社会工作和志愿服务工作,使专业社会工作和志愿服务工作相互促进联动发展。

二 试点方式

"专业社工、全民义工"试点工作按"1个专业社会工作服务领域+1个志愿服务组织+N名志愿者"(1+1+N)模式在市、区(县)、镇(街道)、社区等层面分别推进。各地试点工作以专业社工服务领域为主线,专业社会工作服务领域由各地自行选定,服务区域可以为市、区(县)、镇(街道)或社区。志愿服务组织培育发展按中央支持发展志愿服务组织的有关文件精神和省、市社会组织有关政策执行。志愿服务记录按《中央文明办民政部教育部共青团中央关于规范志愿者服务记录证明工作的指导意见》(民发〔2015〕149号)和《广东省志愿服务记录实施细则》(待省出台)执行。

(一)市级试点

分别建立本市老年人社会工作服务队和灾害社会工作服务队,培育发展为老服务和救灾志愿者组织,建立专业社会工作者与志愿者的联动机制。定期对专业社会工作者、志愿者进行培训。建立常态化的进社区、敬老院等单位开展爱老护老行动机制;建立救灾应急响应机制,当我市发生灾害需要专业社会工作者、志愿者介入时,及时赴往灾区为受灾群众提供服务。

(二)地区试点

各区(县)民政部门负责本区(县)试点工作的组织协调,可选择基础好、领导重视、积极性高的镇(街道)或社区,以专业社会工作服务领域为主线进行试点。

2016年,金平区、龙湖区、濠江区、澄海区至少在1个专业社会工作服务领域开展试点。

2017年,金平区、龙湖区、濠江区、澄海区至少在3个专业社会工作服务领域开展试点。其他区县至少在1个专业社会工作服务领域开展试点。

2018年，金平区、龙湖区、濠江区、澄海区至少在5个专业社会工作服务领域开展试点。其他区县至少在3个专业社会工作服务领域开展试点。

三　目标任务

（一）主要目标

到2018年，基本建成与经济社会发展相适应，布局合理，管理规范，专业性强的专业社会工作人才队伍，在相关专业社会工作服务领域都有相对稳定的一线专业社会工作人才。建立健全社会工作专业人才和志愿者相互协作、共同开展服务的机制，通过社会工作专业人才的引领，拓展社会工作专业服务范围，增强社会工作专业服务效果，培育发展志愿服务组织，规范志愿者招募注册、管理与服务记录证明，提升志愿者服务水平。至2018年，全市着力培育发展10个管理规范、群众认可的志愿服务组织，社会服务和志愿服务体系进一步完善。

（二）主要任务

1. 探索分领域服务的区位布局、人员配备与服务内容。在试点地区已有服务领域的基础上，重点发展老年人、青少年、医务、禁毒戒毒、社会救助等领域的专项服务，适度拓展其他领域的专项服务，探索各领域专项服务的服务对象、服务内容、社会工作专业岗位的设置情况、区位布局、经费投入等基本情况，为在全市范围内全面推进社会工作专项服务提供经验参考。

2. 提升专业社会工作者的专业水平。提升试点地区专业社会工作者的实务能力，通过举办社会工作专业人才分领域培训、研讨、工作坊等，重点培养在救灾、老年人、青少年、医务、禁毒戒毒、社会救助等领域从事服务的社会工作者，储备在重点服务领域从事服务的社会工作骨干人才，提升重点服务领域的社会工作服务专业化水平。

3. 探索专业社会工作与志愿服务工作统筹推进的模式。着力培育发展立足社区、服务群众的志愿服务组织，探索社工机构固定联系若干志愿服务组织、社会工作者固定联系一定数量志愿者的机制，试点以区域、服务领域为单位培育发展志愿者组织。规范志愿者招募、培训及使用的长效机制，规范志愿服务记录证明。

四　实施步骤

（一）准备阶段

各地应结合实际，制订试点工作的年度方案，并于每年3月底前将当地本年度试点工作方案报市局社会工作科备案，方案内容包括确定试点工作的服务领域、覆盖区域、投入经费、专业社会工作岗位设置、服务人数、志愿者组织及志愿者发展计划。

（二）实施阶段

各地应严格按照试点工作方案，组织必要的人力、物力、财力，有计划有步骤地开展试点工作。要采取得力的措施，认真落实试点要求、加大试点力度、丰富试点内容、深化试点工作、提升试点成效。

（三）评估阶段

各地应在每年年底对本年度的试点工作进行总结评估，市局将按省厅的要求开展年中、年末考评，并将各地的年度试点工作情况进行通报，根据评估结果调整下年度试点方案。2018年底完成终期评估，提炼总结成功经验。

五　工作要求

（一）严密组织

市局成立试点工作指导小组，负责全市试点工作。组长由局长担任，副组长由分管副局长担任，办公室设在局人事科（社会工作科），办公室、救灾、社救、政权、福利、事务、社会组织管理局等科室局负责人和部分志愿者组织负责人任成员。各地试点工作由各区（县）民政局具体组织实施。

（二）突出重点

按照上级分领域培训社会工作专业人才的工作部署，参与相应领域试点工作的专业社会工作者将优先选送到上级参加免费培训。逐步建立不同领域的社会工作专业人才队伍，分领域培育发展志愿服务组织。

（三）完善政策

各地应结合推进社区社会工作暨"三社联动"工作的要求，以稳定人才队伍为目标，建立健全有利于社会工作专业人才长期、安心扎根基层、服务一线的培养、评价、使用、激励保障政策。开展志愿者专题培训教育，鼓励志愿者骨干成长为专业社工，推进志愿服务的专业化、经常化、岗位化。

（四）落实经费

各地要高度重视"专业社工、全民义工"试点工作，将这项工作作为一项重要民政工作来抓，争取当地财政的支持，加大对专业社会工作的经费投入。市民政局将争取省市福彩公益金及财政资金的支持，用于人员开支、服务费用、志愿者补贴等。

（五）总结推广

各地要及时总结试点经验，完善试点内容，以点带面，梯次推进，逐步扩大试点范围，及时推广试点经验。

汕头市民政局
2016年2月26日

《汕头市社会工作者星级评定试行办法》

第一章　总则

第一条　为建立社会工作者褒扬激励机制，调动社会工作者的工作积极性，促进我市社会工作行业的健康发展，根据《汕头经济特区社会工作者条例》的规定，结合本市实际，制定本办法。

第二条 本办法的适用范围为汕头市辖区内的社会工作者。

第三条 协会秘书处在市民政局的指导和协会理事会的领导下，负责组织实施星级社工评定工作。

第四条 本办法所称社会工作者星级评定，是指协会依照星级评定条件对社会工作者的专业能力、职业素养、工作业绩等方面进行评价，并确定其相应的星级。

第五条 星级社工评定坚持客观公正、民主公开、注重实效的原则，结合社会工作专业特色，实行量化考评与群众评议相结合的方法，按照设定的星级、条件和程序进行。

第二章 星级设置和评定名额

第六条 星级社工设五个级别，从低级到高级，依次为：一星级社工、二星级社工、三星级社工、四星级社工和五星级社工。

第七条 星级社工评定的总量控制在持证社工人数的1/3以内。其中：一星级社工的评定名额不超过总量的40%；二星社工的评定名额不超过总量的30%；三星级社工的评定名额不超过总量的20%；四星社工的评定名额不超过总量的8%；五星社工的评定名额不超过总量的2%。每年各星级社工评定的名额由协会根据总量及已评定的星级社工数量等实际情况确定。无人参评或无合适人选的，该星级名额可空缺。

第三章 评定对象和评定条件

第八条 星级社工评定的对象：在汕头市辖区内专门从事社会工作，且符合星级社工评定条件的社工。

第九条 星级社工评定的基本条件：

（一）必须政治坚定，品德端正，遵纪守法；

（二）热爱社会工作，遵守社会工作者职业道德，有高度的事业心和工作责任感；

（三）已取得社会工作者职业水平证书并完成证书登记的。

第十条 申请各星级社工评定的具体条件

（一）一星级社工。取得助理社会工作师职业水平证书之后，从事社会工作满2年，或取得社会工作师以上职业水平证书之后，从事社会工作满1年；能够运用社会工作专业方法开展助人活动，主要负责完成的社会工作专业服务项目不少于2个，并获得服务对象的认同和好评。

（二）二星级社工。评为一星级社工满2年，能够运用社会工作专业方法开展助人活动，具备独自设计和实施社会工作专业服务项目的能力；在评为一星级社工之后，主要负责完成的社会工作专业服务项目不少于3个，并获得服务对象的认同和好评。

（三）三星级社工。评为二星级社工满3年，具备牢固的社会工作专业价值理念，具有扎实的社会工作理论知识和实务工作能力；在评为二星级社工之后，主要负责完成的社会工作专业服务项目不少于4个，并获得服务对象的认同和好评。

（四）四星级社工。评为三星级社工满3年，取得社会工作师以上职业水平证书，具备牢固的社会工作专业价值理念，具有扎实的社会工作理论知识，能够运用社会工作专业方法处理复杂的问题；在评为三星级社工之后，负责策划和组织实施并完成的社会工作专业服务项目不少于5个，其中区（县）及以上项目不少于1个，并获得服务对象的广泛认同和好评。

（五）五星级社工。评为四星级社工满3年，取得社会工作师以上职业水平证书，具有扎实的社会工作理论知识、较强的社会工作研究能力，能创造性地运用社会工作专业方法和技巧处理各类复杂的问题；在评为四星级社工之后，负责策划和组织实施并完成的社会工作服务项目不少于6个，其中市级及以上项目不少于1个，获得服务对象的广泛认同和好评，引领着某一领域社会工作事业的发展。

第十一条 申请星级社工评定的社工近 3 年内获得市以上社工荣誉或在省级以上刊物上发表社会工作专业实践文章，且其核心内容已在本人工作实践中得以运用的，在同等条件下，可优先获评。

第十二条 未评定星级或已评为一星级的社工，凡符合星级社工评定的基本条件，取得社会工作者职业水平证书后从事社会工作满 4 年，且主要负责完成的社会工作专业服务项目不少于 5 个的，可直接参与二星级社工的评定。已评为二星级以上的社工参加三星级、四星级、五星级社工的评定时，原则上应逐级参评，并符合参评星级的具体条件。

第十三条 尚未解除党纪、政纪处分或正在接受纪律审查的人员，以及刑事处罚期限未满或涉嫌违法犯罪正在接受调查的社工不得申请星级社工评定。

第十四条 社工从事社会工作的时间按其实际从事社会工作的时间计算。如有中断的可以累计，但其中断的时间应予扣除。

第四章 评定机构和评定程序

第十五条 星级社工评定由协会秘书处成立的评审组负责。评审组由相关部门社会工作行政管理人员、社会工作教育工作者、资深社工、社工督导、一线服务社工、志愿者（义工），以及服务对象代表等人员组成，人数 7 至 9 人，必要时，评审组可适当增加人数。

第十六条 协会成立监督组负责星级社工评定工作的全程监督。监督组的成员由协会理事会确定，成员由相关部门社会工作行政管理人员、社工代表等人员组成，人数 3 至 5 人。

第十七条 评审组成员在参加社工星级评定时，遇到与本人有亲属关系或直接上下级关系者应当回避。

第十八条 星级社工每年集中组织评定一次，评定的时间及具体方法由协会根据实际情况确定。

第十九条 评定程序

星级社工评定按以下程序进行：

（一）提交申请。凡符合星级社工评定条件的社工，经所在单位同意后，可向评审组提出评定申请。申请材料包括：星级社工评定申请表；近3年从事社会工作实践的总结报告（超过或不足3年的按实际工作情况报告）；社会工作者职业水平证书和登记证书；从事社会工作服务时间证明以及荣誉情况等材料。

（二）资格审核。评审组对申请人提交的申请材料进行审核。经审核，符合星级社工评定条件的申请人，列入参评人员范围。

（三）差额筛选。评审组按照协会确定的评定名额进行差额筛选，差额比例为20%确定各星级社工的候选人。参评人数较少的，差额比例可适当增加。

（四）综合评审。综合评审采取量化考评与群众评议结合的方式进行。星级社工候选人的总成绩为量化考评分与群众评议分之和。其中：量化考评占80%，群众评议占20%。量化考评的内容包括专业素养、实务成效、创新能力、工作态度等；群众评议的方式包括现场评议、服务对象评议或网络投票等。综合评审的具体实施方法由评审组另行确定。综合评审结束后，评审组根据综合评审结果，依照从高分到低分的原则，提出星级社工建议名单，并报协会秘书处审核。

（五）确定名单。协会召开理事会，根据评审组的评审结果及建议，作出授予社工星级的决定。

（六）公示及备案。协会评定的星级社工名单在协会网站进行公示，公示时间为7天。经公示期满无异议的，由协会秘书处上报市民政局备案。

（七）激励与表彰。经市民政局备案的星级社工由协会进行表彰，向其颁发星级社工荣誉证书、荣誉章和奖金。

第二十条 评审组受理星级社工申请时，对不符合评定条件的，退回相关材料并说明理由；对材料不全的，予以一次性告知，并要求其补齐所需材料。逾期不补经报协会秘书处同意后可取消其参评资格。

第五章 职责待遇和相关保障

第二十一条 评为星级社工应履行以下职责：

（一）发挥示范和引领作用，主动申报优秀服务项目（案例），积极申报实施创新项目，为提高我市社会工作的活力和影响力积极工作。

（二）积极参加全市重大的社会工作论坛、调研等活动，主动为全市社会工作发展的重大决策提出意见建议。

（三）积极参与管理部门组织的专项活动，在社工宣传、灾后重建、公共危机等方面发挥专业特长。

第二十二条 评为星级社工除享受政策规定或合同约定的薪酬福利待遇以外，还享有以下待遇：

（一）获得星级社工荣誉证书和荣誉章。荣誉证书和荣誉章的样式，由市社会工作者协会制作，并向社会公布。

（二）享受星级社工一次性奖励。奖励标准为：一星级200元、二星级400元、三星级600元、四星级800元、五星级1000元。

（三）优先安排参加协会组织的教育培训、行业交流等活动，并在岗位聘用、项目扶持、评先评优等方面给予适当照顾。

（四）协会在出台社会工作行业规范、标准及相关制度时，优先向星级社工征求意见。

第二十三条 星级社工评定所需的经费由协会负责筹集。星级社工奖励标准可根据我市经济社会发展水平作相应调整。

第六章 星级社工管理

第二十四条 星级社工实行动态管理机制。星级社工晋级后，按新晋的星级进行管理，并享受相应的荣誉和待遇。协会负责建立星级社工信息库，及时更新信息，并定期向社会公布。

第二十五条　星级社工到外地工作、转投其他行业或因故不再从事社会工作的，不再享受星级社工荣誉和待遇。如要保留评定的社工星级，应主动向协会备案。经备案3年内在汕头重新从事社会工作的，原评定的星级仍然有效；备案超过3年的，其原评定的星级不再有效。

第二十六条　星级社工应服从所在单位的管理，主动向单位汇报思想和工作情况，并积极提出开展专业社会工作服务的意见和建议。

第二十七条　星级社工有下列情形之一的，取消其评定的星级：

（一）不接受本办法的管理约束，或无故不参加协会组织的公益性活动，造成不良影响的；

（二）未按规定进行社会工作者职业水平证书再登记的；

（三）违反社会工作者职业道德且情节严重的；

（四）受到刑事处罚的；

（五）弄虚作假，提供虚假证明材料的；

（六）其他必须取消的情形。

第二十八条　协会取消星级社工的星级应按以下程序办理：

（一）调查核实。协会秘书处对星级社工是否具有本办法第二十七条规定的情形进行调查核实，形成书面调查报告，并提出处理意见。

（二）作出处理决定。协会召开理事会，依据协会秘书处的调查情况及处理意见，集体研究作出是否取消星级社工星级的决定。

（三）备案与公告。星级社工被协会取消星级的，由协会秘书处上报市民政局备案，同时在市社会工作者协会网站予以公告。

第二十九条 社工本人或者他人对协会取消社工星级的决定，以及协会评定的社工星级有异议的，可向协会进行投诉或申诉。投诉或申诉由协会秘书处负责受理，其处理程序和办法由协会理事会另行规定。

第三十条 星级社工被协会取消星级的，不再享受星级社工荣誉和待遇，且3年内不能参加星级社工评定。其取得的星级社工荣誉证书和荣誉章应在1个月内交回协会秘书处。

第七章 附则

第三十一条 本办法下列用语的含义：

社会工作，是指一种以助人自助为宗旨，综合运用专业知识、方法和技能，帮助有需要的单位和个人，整合社会资源，协调社会关系，预防和解决社会问题，恢复和发展社会功能，促进社会和谐的专门职业活动。

社会工作者，是指通过全国社会工作者职业水平评价，依法取得社会工作者职业水平登记证书，从事职业化社会工作服务的人员，简称"社工"，获得星级的社工简称"星级社工"。

社会工作专业服务项目，是指在社会福利、社会救助、扶贫济困、慈善事业、社区建设、婚姻家庭、精神卫生、残障康复、教育辅导、就业援助、职工帮扶、犯罪预防、禁毒戒毒、社区矫治、安置帮教、人口计生、应急处置、群众文化等社会服务领域，根据服务对象的需求，制订工作目标，综合运用社会工作个案、小组、社区等专业方法开展的社会工作专业服务活动。社会工作服务项目要求具有完整的计划书、实施过程记录、评估报告等。

第三十二条 本办法由市社会工作者协会负责解释。

第三十三条 本办法自2015年3月1日起试行，试行期限2年。

揭阳市关于加强社会工作人才队伍建设的实施方案

为贯彻落实省委办、省政府办《关于加强社会工作人才队伍建设的实施意见》（粤办发〔2011〕22号）和市委、市政府《关于加强社会建设的决定》（揭委发〔2012〕7号）文件精神，结合我市实际，制订本实施方案。

一　指导思想、基本目标和工作原则

（一）指导思想

紧紧围绕"打造粤东发展极，建设幸福新揭阳"的核心任务，深入贯彻落实科学发展观，按照揭阳实施人才强市战略的总体部署，以人才培养为基础，以人才使用为根本，以人才评价激励为重点，以政策制度建设为保障，努力建设一支高素质的社会工作专业人才队伍，充分发挥社会工作人才在构建和谐揭阳中的重要基础性作用。

（二）基本目标

广泛普及社会工作知识，培养和储备社会工作人才，形成与社会事业发展相协调的初、中、高级社会工作人才梯次结构，形成服务老年人、妇女、儿童、残疾人等需要帮助的群体和社区、社团等群众组织的人才分布格局；建立一套适合我市实际的社会工作人才培养、选拔、使用、流动、评价、激励等方面的基本制度框架，加大社会工作人才使用力度，形成各地各部门共同推进社会工作人才队伍建设的总体态势，不断提高社会工作人才的专业化社会服务水平。到2016年，建立较为完善的社会工作人才队伍建设运行机制和工作格局，使我市社会工作人才队伍的数量、结构和素质能力适应建设幸福新揭阳的需要，满足广大人民群众不断增长的服务需求。

（三）工作原则

社会工作人才队伍建设坚持党的领导、政府推动、社会参与、突出重点、立足基层的原则,打造符合我市市情、体现时代精神、适应社会需要的社会工作专业人才队伍。

二 工作任务

(一) 大力加强社会工作专业教育培训

1. 统筹规划社会工作专业教育培养培训。根据我市社会工作专业人才队伍现状和经济社会发展规划,制定社会工作专业人才教育培养培训规划,建立社会工作专业人才教育培养培训财政投入保障机制,依托揭阳职业技术学院培养培训社会工作专业人才,健全教育培养培训长效机制。明确不同地区、不同领域、不同层次社会工作专业人才教育培训重点任务和保障措施,加快建立不同层次教育协调配套、专业培训和知识普及有机结合的社会工作专业人才培养体系。

责任单位:市委组织部、市民政局、市人社局、
揭阳学院、市财政局

2. 大力开展社会工作专业培训。建立社会工作人才委托培养机制,在揭阳学院建立市级社会工作人才培育基地。举办各类社会工作知识讲座,重点开展为特定人群服务、为全体居(村)民服务、为维护社会秩序服务等专题培训,对考核合格者颁发"社会工作人员培训结业证"。每年对各级社会工作行政管理骨干进行在职培训;3年内对公益服务类事业单位负责人轮训一遍,培训时间累计不少于2个月。

责任单位:市民政局、市人社局,各县(市、区)
党委、人民政府(管委会)

3. 普及社会工作知识。将社会工作知识列入党政领导干部培训课程。定期举办各级领导干部社会工作专题培训班,着重对相关部门、公益服务类事业单位负责人及工作人员、基层党组织干部、村(居)民委员会成员、下派基层锻炼的干部和大学生,以及直接从事社会服务与管理一线工作的人员进行社会工作知识教

育培训。

　　　　　　责任单位：市委组织部，各县（市、区）党委、
　　　　　　　　　　　人民政府（管委会）

　　4. 加强社会工作服务人才职业能力建设。鼓励社会工作人员参加全国社会工作师职业水平考试，取得社会工作者职业水平证书的人员，纳入专业技术人员管理，按照《广东省专业技术人员继续教育条例》规定，每年参加不少于 72 学时的继续教育。对在岗但仍未取得相应社会工作者职业水平证书的人员，应采取进修、实习、短训、函授、自学考试等形式，进行不少于 720 小时的专业教育和培训。

　　　　　　责任单位：市民政局、市人社局

（二）努力推动社会工作专业岗位开发和专业人才使用

　　1. 积极拓展社会工作服务领域。按照整体规划、分步推进的原则，有计划、有步骤、有重点地在社会福利与救助、扶贫开发、就业服务、教育辅导、卫生服务、家庭服务、法律援助、安置帮教、老龄服务、社区服务、社区矫正等领域推进社会工作。重点在民政、司法、残联、工会、共青团、妇联等部门和单位先行先试，加快拓展社会工作人才服务领域。加强城乡基层社会工作服务体系建设，为居民提供专业化服务。

　　　　　　责任单位：市民政局、市司法局、市残联、
　　　　　　　　　　　市总工会、市妇联、团市委

　　2. 着力开发设置专职岗位。在具有社会管理和公共服务职能的人民团体及实际承担社会管理服务职责的相关单位、社会组织，明确一批社会工作岗位；在公益服务类事业单位和城乡社区组织中，通过岗位调整、合并的方式，内设一批社会工作岗位；在公益服务类社会组织中，着力开发一批社会工作岗位。到 2016 年，全市每万人持证社工人数达到 5 人。每个城市社区至少配备 3 名登记在册的社会工作人才，每个农村社区至少配备 1 名登记在册的社会工作人才；民政和工会、共青团、妇联、残联等系统的公益服务性事业单位，社会工作岗位设置比例不低于 20%；全

市公益服务性社会组织，社会工作岗位设置比例不低于25%。

    责任单位：市委组织部、市民政局、市总工会、
        团市委、市妇联、市残联

  3. 合理配备社会工作人才。承担社会服务职能的相关行政部门和群团组织要根据事业发展需要逐步使用社会工作专业人才，提高社会服务管理能力，注重培养选拔熟悉社会工作、社会政策的优秀人才进入部门和单位领导班子。在制订公务员年度选拔计划中，逐步扩大面向社会工作者或社会工作专业毕业生的比例；新开发设置的社会工作岗位，主要招收社会工作专业毕业生和具备资质的专业人员。公益服务类社会组织按要求配备社会工作专业人才。社会工作岗位设置比例作为公益服务类社会组织的重要指标和政府购买社会服务重要条件。

    责任单位：市委组织部、市人社局、市民政局

  4. 大力发展民办社会工作服务机构。按照分类指导、有序规范的原则，降低准入门槛，简化登记手续，完善注册办法，积极培育引导民办社会工作服务机构发展。到2013年，建立1个市级民办社会工作服务机构孵化基地，为新成立的民办社会工作服务机构提供包括场地设备、能力建设、注册协助、小额补贴等社会组织创业初期亟须的资源。到2016年，全市民办社会工作服务机构达到10家。

            责任单位：市民政局

  5. 建立"社工+志愿者"联动发展机制。构建"社工引领志愿者，志愿者协助社工"的互动格局，通过社会专业人才的引领，规范志愿者招募注册与管理，提升志愿者服务水平，丰富社会工作专业人才资源，拓展社会工作专业服务范围，增强社会工作专业服务效果。

      责任单位：市民政局、团市委

 （三）切实推进社会工作专业人才评价和激励工作

  1. 建立健全社会工作专业人才评价制度。建立以岗位职责要

求为基础，以品德、能力和业绩为导向，科学化、社会化的社会工作专业人才评价机制。完善社会工作专业人才职业水平评价制度，将取得职业水平证书的社会工作专业人才纳入专业技术人员管理范围。研究探索社会工作员职业水平评价办法，将未考取职业水平证书的高等学校社会工作专业毕业生，以及经过社会工作专业培训、具备相应条件的现有社会工作从业人员，纳入社会工作员评价范围，对达到评价标准的，经登记成为社会工作员。

责任单位：市人社局、市民政局

2. 探索建立社会工作专业人才薪酬保障制度。建立健全社会工作人才薪酬保障机制，事业单位社会工作岗位人员，执行相应专业技术岗位薪酬标准；城乡社区和公益服务类社会组织社会工作岗位人员，原则上不低于当地同等条件专业技术人员平均薪酬水平。认真落实社会工作人才的社会保障政策。

责任单位：市民政局、市人社局

3. 建立社会工作人才意见"直通车"制度。发挥社会工作人才服务基层、了解群众需求的优势，畅通社会工作人才建言献策的渠道。在党代表、人大代表、政协委员中适当增加社会工作人才代表的比例。各级党政部门尤其是社会管理和公共服务部门，要在门户网站上设立社会工作人才建言献策智囊箱。重大社会建设政策出台前，要征求社会工作人才代表的意见。

责任单位：市委统战局、市政府办、市社工委、
市经信局、市电子政务管理办公室

4. 建立完善社会工作人才激励机制。以政府激励为导向、用人单位和社会力量激励为主体，采取多种形式的激励措施，有效激发社会工作人才的积极性和创造性。

责任单位：市人社局

三　工作要求

1. 提高思想认识。各地各单位要从深入贯彻落实科学发展

观、构建社会主义和谐社会、提高党的执政能力、夯实党的执政基础的全局和战略高度，充分认识加强社会工作专业人才队伍建设的重要性和紧迫性，进一步解放思想，更新观念，采取有力措施，加快推进我市社会工作专业人才队伍建设。

2. 加强组织领导。各级党委、政府要加强对社会工作人才队伍建设的领导，定期组织工作评估。各级人才工作协调小组要加强宏观指导，协调解决社会工作人才队伍建设的重大问题。各级民政部门作为社会工作人才队伍建设的行政主管部门，要切实加强对社会工作人才队伍建设的统筹协调和指导。形成组织部门牵头、民政部门具体负责、有关部门密切配合的工作格局。

3. 加大宣传力度。大力宣传有关加强社会工作及其人才队伍建设的方针政策，普及社会工作知识，提高全社会对社会工作的知晓度和认同度，营造重视社会工作发展、尊重社会工作人才的良好氛围。

4. 加大资金投入。各级政府要将社会工作人才队伍建设经费列入财政预算，加大财政投入。大力拓宽社会融资渠道，鼓励和支持有条件的企业和个人设立非公募基金会，引导社会资金投向社会工作服务领域。

各地、各单位于每年的6月底前、12月底前将工作落实情况报市民政局。

《关于印发〈揭阳市社会工作岗位设置及社会工作专业人员薪酬待遇实施意见〉的通知》

揭社委〔2014〕17号

各县（市、区）党委和人民政府（管委会），市直及中央、省驻揭各单位，各县（市、区）社工委、组织部、编办、民政局、财政局、人社局：

经市委、市政府同意，现将《揭阳市社会工作岗位设置及社会工作专业人员薪酬待遇实施意见》印发给你们，请认真贯彻执行。

揭阳市社会工作委员会　中共揭阳市委组织部
揭阳市机构编制委员会办公室　揭阳市民政局
揭阳市财政局　揭阳市人力资源和社会保障局
2014年11月18日

揭阳市社会工作岗位设置及社会工作专业人员薪酬待遇实施意见

为深入贯彻党的十八大、十八届三中全会精神，全面落实中央组织部等部门联合发文《关于加强社会工作专业人才队伍建设的意见》（中组发〔2011〕25号），中共广东省委组织部、广东省民政厅关于印发《广东省社会工作专业人才中长期规划（2014~2020年）》的通知（粤组通〔2014〕29号）和《中共揭阳市委、揭阳市人民政府关于加强社会建设的决定》（揭委发〔2012〕7号），中共揭阳市委办公室、揭阳市人民政府办公室印发《关于加强社会工作人才队伍建设的实施方案》（揭委办发〔2012〕49

号）文件要求，切实加强我市社会工作人才队伍建设，推进社会工作发展，特制定以下实施意见。

一　适用范围

具有社会管理或社会服务职能的党政机关、人民团体以及在社会福利与救助、扶贫开发、就业服务、教育辅导、卫生服务、家庭服务、法律援助、安置帮教、老龄服务、社区服务、社区矫正等领域提供社会服务或参与社会管理的企事业单位、城乡社区和农村基层组织以及公益服务性社会组织。

二　实施原则

（一）遵循科学合理、精简效能、按需设岗、竞聘上岗、分类管理的原则。

（二）坚持岗位总量、结构比例和最高等级控制的原则。

（三）坚持不新增人员编制和社区专职工作者名额的原则。

（四）坚持职责任务、工作标准、任职条件和薪酬待遇相对应的原则。

三　社会工作专业岗位等级、名称及聘用晋升条件

根据中组发〔2011〕25号和粤组通〔2014〕29号文件规定："将取得职业水平证书的社会工作专业人才纳入专业技术人员管理范围"，结合我市实际，对社会工作专业岗位等级、名称及聘用晋升条件作如下规定：

（一）岗位等级和名称。社会工作专业技术岗位分为高级、中级、初级三个等级，其中，中级专业技术岗位名称为社会工作师一级岗位、社会工作师二级岗位、社会工作师三级岗位，分别对应八至十级专业技术岗位；初级专业技术岗位名称为助理社会工作师一级岗位、助理社会工作师二级岗位，分别对应十一至十二级专业技术岗位。高级专业技术岗位名称待高级社会工作师评

价具体办法出台后另行规定。

（二）聘用及晋升条件。坚持德才兼备的标准聘用。竞聘者须符合如下基本条件：遵守国家宪法和法律，履行社会工作专业守则，具有岗位所需的专业、能力或技能水平，取得相应的国家社会工作者职业水平证书，具备适应岗位要求的身体条件和专业技术人员聘用的基本条件。同时，按以下规定实行聘用及晋升。

1. 高级社会工作师：待国家明确该职称政策后另行确定。

2. 社会工作师：持有中级社会工作者职业水平证书。考取证书后首次聘用为社会工作师三级岗位。原则上社会工作师区间内由低到高晋升聘用每级工作时间不低于 3 年。

3. 助理社会工作师：持有初级社会工作者职业水平证书。考取证书后首次聘用为助理社会工作师二级岗位。原则上助理社会工作师二级岗位晋升聘用为助理社会工作师一级岗位的工作时间不低于 3 年。

四　社会工作岗位设置及人才配置方式

（一）岗位设置

1. 党政机关、人民团体：在具有社会管理或服务职能的岗位，逐步设置或明确社会工作兼职岗位。市、县（市、区）、乡（镇、街）社会工作委员会成员单位要按照"一单位至少一社工"比例设置或明确社会工作兼职岗位；民政、人社、教育、卫计、司法、工会、共青团、妇联、残联、红十字会等十个社会工作主要部门要按照"一单位至少三社工"比例设置或明确社会工作兼职岗位。

2. 事业单位：专业技术岗位设置应在岗位总量、最高等级和结构比例限制内，由事业单位按照国家、省及本市有关专业技术岗位设置管理的规定，根据岗位专业要求、责任及工作量等因素确定。主要以社会工作专业技术提供公益性社会服务的事业单位，应保证社会工作专业岗位占主体，一般不低于专业技术人员岗位总量的70%。

3. 城乡社区组织：城乡社区按服务对象的一定比例设置社会工作岗位。城乡社区服务机构内从事社会福利、社会救助、就业服务、社区矫正、心理疏导、人民调解、婚姻家庭服务、残疾人服务、青少年服务等工作岗位，明确为社会工作岗位。村（居）民自治组织参照城乡社区组织的岗位设置，全市按照"一村（居）至少一社工"比例设置或明确一个社会工作专业岗位。

4. 社会组织：专业社会工作机构以及应以社会工作方法为主提供服务的公益服务性社会组织，社会工作岗位设置比例一般不低于机构岗位总量的35%；其他接受政府购买服务的公益服务性社会组织，社会工作岗位设置比例一般不低于机构岗位总量的25%。

（二）社会工作人才配备方式

各县（市、区）和市直有关单位要高度重视社会工作人才，通过提升转换和培养引进相结合的方式，配备我市社会工作岗位的专门人员。

1. 提升转换。对党政机关、人民团体、事业单位、城乡社区组织、社会组织等在职在岗从业人员，采取加强专业知识培训、进修、实习、函授、交流等方式，使其掌握和运用专业理论、技术和方法，同时鼓励其参加社会工作专业学历教育和社会工作职业水平考试，获取相应的学历资格或职业资格证书，提升和转换专业化社会服务水平和方法。

2. 积极引进。对党政机关、人民团体、事业单位以及城乡社区等单位提升转换困难，单位出现空编时，有计划引进一批具有专业背景的社会工作人才。各级组织人事部门要大力培养选拔社会工作专业人才进入社会工作主要部门和单位领导班子；在今后招考、录用或招聘公务员、事业单位工作人员要拿出一定岗位比例，招收社会工作专业毕业生和具备资质的专业人才。对实行政府购买社会服务的事业单位和社会服务机构,在招收工作人员时,原则上要拿出不低于50%的岗位比例,招收社会工作专业毕业生和具备资质的专业人才。积极引导全市公益服务性社会组织拿出不低于50%的岗位比例,招收社会工作专业毕业生和具备资质的专业人才。今后,每家在民政部门注册登记的社工服务机构应至少配备三名持证社会工作人才。

3. 培养储备。市、县两级民政部门要建立人才信息库,做好全市取得社会工作者职业水平证书人员的登记备案。市、县两级组织部门要建立社会工作后备干部人才库,将一批政治上靠得住、工作上有能力、作风过硬的干部选入其中,今后市、县两级民政、人社、教育、卫计、司法、各人民团体等主要从事社会工作的单位领导班子可优先配备一名社会工作专业或具备资质的专业人才。领导班子职位出现空缺时,可从社会工作后备干部人才库中优先挑选补充,也可以通过面向社会工作专业人才推选产生。

五 社会工作人才薪酬待遇

(一)党政机关、人民团体和参照公务员法管理事业单位的在编社会工作专业人员薪酬,按照我市现行机关工资制度执行。事业单位社会工作专业人员薪酬,按照我市现行事业单位工资收入分配制度执行。

(二)政府定期公布公益服务性社会组织社会工作专业人员薪酬指导价。公益服务性社会组织内从事社会工作的专业技术人员薪酬与其他福利待遇由签约机构按拟聘用人员学历、资历、工作能力和完成工作任务的情况,结合所在地区事业单位的薪酬水平等实际情况确定,在《揭阳市2014年~2016年公益服务性社会组织社会工作专业人员薪酬指导价位表》(见附表)标准内作上下15%的调整。政府在与公益服务性社会组织购买服务的合约中明确规定用于支付薪酬的资金,不得挪作它用。

六　社会工作人员的管理

（一）对党政机关、人民团体、事业单位和城乡社区组织社会工作专业岗位的社会工作人员，由所在单位进行日常管理。

（二）对政府购买服务的民办社工服务机构的管理，由代表政府购买方会同当地民政部门负责实施。

（三）对今后由第三方派驻的社工，由其所在服务单位和所属派出机构进行双重管理。

本实施意见自发布之日起实施，今后国家和省有统一规定的，按国家和省的规定执行。

附件　揭阳市 2014~2016 年公益服务性社会组织社会工作专业人员薪酬指导价位

专业技术职位名称		平均薪酬数（元/月）	备注
高级社工师	待定	待国家相关政策明确后另行研究确定	1. 以上薪酬指导价适用于公益服务性社会组织社会工作专业人员，包含社保个人缴费、个人缴纳的住房公积金和个人所得税 2. 以上薪酬指导价不包含社工培训经费、活动经费和机构管理费用 3. 由市民政局会同市人力资源和社会保障局、市财政局，根据我市经济社会发展水平和专业技术人员平均薪酬变动情况，适时对薪酬指导价位进行调整
社工师	社会工作师一级	3500	
	社会工作师二级	3200	
	社会工作师三级	3000	
助理社工师	助理社会工作师一级	2800	
	助理社会工作师二级	2500	
其他专职工作人员		2000	
见习期	本科毕业	1800	
	大专毕业	1600	
	中专（高中）毕业	1400	

揭阳市社区社工综合服务中心试点建设实施方案

为深入贯彻落实市委五届六次全会提出的"推广社区社工综

合服务中心建设"的精神（揭委办发〔2014〕3号），指导各县（市、区）社区社工综合服务中心（下称服务中心）试点建设，结合全市实际，制订如下实施方案。

一 指导思想

认真落实党的十八届三中全会提出的"以网格化管理、社会化服务为方向，健全基层综合服务管理平台"，"适合由社会组织提供的公共服务和解决的事项，交由社会组织承担"的精神，以大力推进社会工作职业化、专业化为主线，以建立政府购买为主的财政支持体系为保障，以科学设置社会工作岗位、合理配备社会工作人才、扎实开展专业服务为主要内容，积极探索，大胆创新，努力形成"民生导向、政府推动、民间运作、公众参与、社会监督"的社区服务发展格局。

二 目标任务

至2014年底，全市建成9家服务中心，各县（市、区）各建成1家。在全市建成一批制度健全、管理规范、服务专业、作用明显、具有示范导向作用的社区社工综合服务机构，努力构建以服务中心为平台，以社会组织为驱动，以社会工作为手段的社区社工服务机制。

三 机构定位

服务中心是为居民（村民）提供综合性服务的场所，鼓励各县（市、区）因地制宜，根据各地实际确定服务人群、服务项目，服务内容可包括面对困难留守老人、困难留守儿童、单亲家庭等群体的福利性服务；面对青少年、新揭阳人等群体的公益性服务；面对广大居民、企事业单位的低偿便民服务；组织居民（村民）开展的自助、互助性服务等。服务中心要长期对外开展各类服务，丰富服务方式，拓展服务内容，努力建立社工、志愿者联动发展的机制，把志愿服务与社会组织、社会服务项目和社会需求紧密结合起来。要扩大居民（村民）参与，努力形成社区居委会（村委会）、社会组织、驻社区企事业单位及居民群众广泛参与的社区服务模式。

四　运作模式

服务中心采取政府直接购买社会服务方式，由县（市、区）民政局代表政府出资，负责服务中心场地建设、业务指导、购买民办社工机构服务、评估等；试点所在镇（街）政府（办事处）负责提供场地，确定服务项目，协调保障服务中心正常运营，整合资源支持服务中心开展工作等；由社工人才培育较好、在民政部门登记的民办社工机构作为第三方承接具体业务及日常运营。县（市、区）民政局、试点所在镇（街）政府（办事处）、民办社工服务机构签订三方协议。各县（市、区）政府（管委会）要将县（市、区）民政局购买服务经费（包括服务中心筹建经费及购买民办社工机构服务、评估等经费）纳入财政预算。县（市、区）社工委负责协调、督查。

五　实施步骤

（一）成立领导小组

各县（市、区）要成立由社工委主任为组长，分管财政、民政的领导为副组长的社区社工综合服务中心试点建设领导小组，负责对当地服务中心试点建设的规划、实施和协调工作。（2014年3月底前完成）

（二）做好调研选点

各县（市、区）选择一个镇（街）作为试点，建立服务中心，在所辖社区设立服务站（点）。要通过需求问卷调查、社区走访、居民访谈等多种方式，确定服务中心地址，并制订服务中心建设方案。（2014年6月前完成）

（三）搞好硬件建设

服务中心建筑面积原则上不少于400平方米，包括必备功能室和选择性功能室。必备功能室包括心理咨询室、阅览室、老年人文娱室、儿童服务室、多功能室（培训室）等，选择性功能室结合本社区居民的需求，因地制宜建设，不能流于形式。各县（市、区）要根据确定的服务中心建设方案，装修完善服务中心功能室，配备相关服务设备。（2014年9月前完成）

（四）开展社区服务

负责运营的民办社工机构进驻，把社工在组建团队、规范服务、拓展项目等方面的专业优势和志愿者人数众多、乐于奉献、联系广泛的优势结合起来，组建服务队伍，形成"社工引领志愿者开展服务、志愿者协助社工改善服务"的运行机制，开展社区服务。（2014年10月底前开始运作）

（五）组织检查验收

市社工委、市民政局要对各地服务中心试点建设、运营情况组织检查验收，并将情况综合上报市委市政府。（2014年12月底前完成）

六 工作要求

（一）围绕中心，服务大局

服务中心的建设运营要与加强经济建设、社会建设、生态建设、党的建设有机结合起来，服从并服务于当前各级党委政府的中心工作，通过扎实有效地开展社区服务，充分发挥社区服务在解决社会问题、化解社会矛盾、维护社会稳定、增进社会和谐、推动社会进步中的重要作用。

（二）政府主导，民间运作

既要充分发挥政府在营造环境氛围、提供财政支持、制定政策法规、监督规范实施等方面的主导作用，又要坚持"政社分开"，按照社会化、市场化运作的模式，大力培育发展民办专业社工机构，通过政府购买服务的方式，使社工机构成为开展社区服务的重要力量。

（三）结合实际，务求实效

既要充分学习借鉴国内先行城市的成功经验，又要充分考虑地区差异和本地实际，大胆创新，勇于开拓，探索建立符合我市实际的社工人才培养、评价、使用、激励体系。所在镇（街）要紧密结合自身实际，开拓创新，务求实效，努力形成各具优势、亮点纷呈的工作格局，切实发挥试点带动、典型示范的作用。

中共揭阳市委办公室

揭阳市人民政府办公室

《揭阳市民政局关于加快推进社区、社会组织和社会工作专业人才"三社联动"的实施方案》

揭社委发〔2014〕2号

为进一步发挥社区、社会组织、社会工作专业人才在创新基层社会治理中的优势作用,建立以社区为平台、社会组织为载体、社工专业人才为支撑的"三社"相互融合、相互协同、相互促进的运行机制,根据《广东省民政厅关于推进社区、社会组织和社会工作专业人才"三社联动"的意见》(粤民发〔2015〕164号),结合我市实际,提出如下意见。

一 总体要求

(一)总体思路

着眼于建设服务型民政,树立联动思想,统筹协调、整体运作社区建设、社会组织建设和社工专业人才队伍建设,形成社区、社会组织、社工专业人才资源共享、优势互补、相互促进、有机联动的良好局面。推动基层社会治理理念、体制、机制和方法创新,建立健全"三社联动"长效机制,探索实现"三社联动"的基本路径。理顺基层政府与社区、社会组织、社工专业人才的关系,立足基层,面向社区,以居民需求为导向,以培育多元主体、激发社会活力为目标,推动社区资源共享,构建社会组织和社工专业人才广泛参与的基层治理体系。

(二)基本原则

坚持政府主导,多方参与。完善党委领导、政府负责、社会协同、公众参与的社会管理格局,切实转变政府职能,充分发挥各级政府在建立"三社联动"机制中的主导作用,大力推进政府购买服务,整合资源,扩大参与,实现政府治理与社会自我调节、居民自治的良性互动。

坚持政策驱动，资金引导。顺应社会管理创新要求，研究制定促进"三社联动"机制建设的扶持政策，不断完善资金引导、项目运作、岗位开发等保障措施，为建立健全"三社联动"机制创造良好条件，确保其持续推进、稳步发展、取得实效，深入推动基层社会管理创新。

坚持优势互补，协调发展。按照统筹发展的要求，切实加强对建立"三社联动"机制建设的工作指导，推进社区、社会组织和社工专业人才协调发展，充分发挥各自优势，着力形成"互助、互联、互动"的社区服务管理叠加效应，有效提升基层社会服务管理综合效能。

（三）工作目标

要按照统一部署，到2017年底，全市各县（市、区）要在城乡各选择一些社区开展"三社联动"试点（其中，建制县、区2个以上，非建制县、区1个以上；榕城区作为市的重点试点区），带动社区、社会组织、社工协调发展。到2020年，全市基本实现"三社联动"机制全覆盖，绝大部分城市社区和多数农村社区都能形成及时回应居民需求的社区服务体系，全市每个城市社区、农村社区都有社区社会组织和专兼职专业社工或民办社工机构从事社会服务活动，达到社区社会组织更加活跃，专业社工作用更加明显，城乡社区更加富有活力。

二 主要任务

（一）完善社区结构，优化联动环境

健全以社区党组织为核心、社区自治组织为主导、社区居民为主体、社会组织为驻区单位共同参与的社区治理体制机制，充分发挥多元主体在社区治理中的协同协作、互动互补、相辅相成作用。科学厘清和界定社区的不同服务功能并交由不同主体承担，其中，基层自治职能由社区党组织、社区自治组织负责承担；民政、人口计生、劳动就业、信访、维稳等在基层社区开展的公共服务，通过建立公共服务平台，由社区负责组织实施，也可以项目形式通过购买服务由社会组织协助完成；社区照顾、社区融入、社区矫正、社区康复、就业辅导、精神减压与心理疏导服务等专业性强的精细化、个性化的社会服务，通过建立社区社会工作服务平台（社区综合服务中心或社工站），以政府购买服务的形式交由专业社工机构运营。按照社会事社会办、专业事专业办原则，逐步推动街道办事处（乡镇政府）将面向社区的服务性工作委托有专业能力的社会组织承接，社会组织聘用社工专业人才提供服务。以社区减负增效为切入点，增强社区自治和服务功能，推动行政管理事项社区准入制度，凡属于基层政府及其职能部门、街道办事处（乡镇政府）职责范围内的事项，一律不得转嫁给社区；凡依法应当由社区办理的有关服务事项，要实行"权随事走、费随事转"。推进社区公共服务方式多元化，研究政府转移职能与社会组织服务有效对接，增强多主体、多层次、多领域供给能力。

（二）开放社区资源，增强联动动力

积极向社会组织开放社区资源，为其开展服务提供便利条件，引导和支持其以社区为平台，以公益性为宗旨，为社区居民提供专业化、人性化的服务。整合平台资源，加大社区综合服务中心建设力度，通过政府购买服务的方式，引进专业社会工作组织进驻社区综合服务中心，科学设置服务项目，面向社区居民提供专业、综合、优质的服务。各县（市、区）民政局要尝试将在社区提供的各项社会服务整合，打包放入社区社会工作服务平台（社区综合服务中心或社工站），通过购买服务的方式交由社会工作服务机构运营；其他职能部门把自身的服务职能整合成项目，放入社区社会工作服务平台（社区综合服务中心或社工站），采用"＋"的形式，通过"＋"职能、"＋"经费、"＋"社工、"＋"服务的模式，向同一社会工作服务机构购买相应的社工服务，实现一平台多服务。同时，要加大宣传，想方设法吸纳社会慈善机构和热心人士资助社区服务领域。

（三）培育社会组织，打造服务载体

建立以社区为平台、公益性为宗旨的多样化、多层次社会组织体系；健全权责明确、发展有序、服务高效、监管规范的社会组织服务管理体制。加快培育社区服务型、公益性、互助性社会组织，丰富社区社会服务载体，鼓励各地制定完善培育发展服务社区的社会组织的资金支持、人才引进等优惠政策，逐步建立健全社会组织孵化机制，依托社区综合服务设施建设社会组织孵化基地，为新成立的社会组织提供组织运作、办公场地、服务场所、启动资金等必要支持，为社会组织发挥作用搭建平台、提供舞台。完善社会组织激励机制，对表现优秀、功能发挥突出的社会组织加大宣传和表彰奖励力度，充分调动社会组织参与社区建设的积极性、主动性和创造性。培育发展志愿服务组织，扎实推进志愿服务记录制度，广泛发动社区居民参与社区慈善、助残、扶孤、敬老、助学、应急、环保等各类志愿服务，实现社区志愿服务与人民群众现实需求的无缝对接。

（四）培养社工人才，保障联动成效

加大社区社会工作专业岗位开发设置力度，通过政府购买服务等方式，引导和鼓励社区和社会组织广泛吸纳社会工作专业人才。积极发动符合条件的人员参加社会工作师考试，鼓励有条件的镇街或村（社区）对考取社会工作者职业水平证书并实际从事社会工作的人员发放岗位津贴。充分发挥社工专业人才的专业优势，为居民提供个性化、柔性化的专业服务，提高社区管理的效能和质量；挖掘和培养社区领袖，引导志愿服务，引导和培养居民主动参与社区公共事务，改善社区关系，增进社区共识，激发社区活力，切实为居（村）委会减负增能，增强社区自我发展能力。

（五）创设服务项目，丰富联动方式

综合运用项目购买、项目补贴、项目奖励等多种财政支持形式，推动政府购买社区服务项目，在城市社区重点针对老年人、未成年人、残疾人和低收入家庭等群体，以农村社区留守老人和留守儿童为重点，为不同群体提供贴近需求的服务项目，以项目为载体和纽带，吸引社会组织、社工服务机构及社工专业人才参与项目实施。引导社区社会组织根据城乡社区发展特点开发服务社区居民需求的社区服务项目，通过以奖代补等激励机制对优质社区服务项目进行奖励和资助。

通过社工+社会组织、社工+志愿者的模式，在社区广泛开展社区融入、社区和谐、社区文化营造、社区互助等活动，社工主要负责活动的策划、组织和评估，社会组织、志愿者主要负责具体活动的开展，在社区内开展专业化、个性化、多样化的社会工作服务。

四　强化推进"三社联动"的保障措施

（一）加强组织领导

要依托各级社区建设指导协调机构，按照"党委领导，政府负责，部门配合，社会协同，公众参与"的要求，构建"三社联动"工作体制；要把服务社区的社会组织发展和社工专业人才队伍建设纳入社区服务体系的总体布局规划，切实加强对"三社联动"机制建设的组织领导、工作协调和监督检查，形成多方参与的工作合力。各级民政部门要认真履行牵头职能，加强内部资源整合，加强调查研究、政策创制和统筹协调，出台落实措施，建立健全推动"三社联动"工作的长效机制。

（二）加强协同推进

"三社联动"重点要实现各级民政部门内部社区、社会组织、专业社会工作行政管理机构之间的联动，建立相应的协作机制，加强工作配合、信息沟通与政策衔接。今后涉及"三社联动"的事项或政策，相关科室（局）要主动会商。社会组织管理局（股）要稳妥推进行业协会商会脱钩和四大类社会组织直接登记，大力培育和发展城乡社区服务类社会组织，通过转移职能、购买服务，支持社会组织承接社区公共服务和基层政府委托事项；要依托社区服务中心（站点）等设施推进社会组织孵化基地建设，支持民办社会工作机构发展。基层科（股）要统筹推进城乡社区建设、深入落实社区减负增效，强化社区自治和服务功能；要在社区工作人员中推广应用专业社会工作的理念、方法与技巧，着力提升基层社区治理能力。办公室（社工科、人秘股）要加大教育培训力度，完善职业水平评价体系，发展壮大社会工作专业人才队伍；要着力强化民办社会工作机构能力建设，推进社区社会工作岗位开发，推动实施专业社会工作服务示范项目。

（三）加强资金投入

要积极协调财政部门将社会工作服务经费纳入财政预算，逐步增加社区工作经费和社区建设投入，逐步扩大政府购买服务规模和范围；每年要从本级福彩公益金中拿出一定资金，策划社区公益性服务项目；引导社会资金尤其是慈善资金以项目合作方式支持社区服务项目，逐步形成多元化的经费保障机制。市本级将加大对推进"三社联动"成效突出的地区的经费支持。

（四）加强督促检查

各县（市、区）要把"三社联动"工作纳入本级民政工作的重点，把握正确的目标导向，分阶段分步骤组织实施，力求"三社联动"工作效益最大化。各地都要按市局的部署，尽快制订试点工作实施方案，启动"三社联动"试点，要扎实推进，边实践、边完善，探索适合当地发展的"三社联动"发展模式。省厅、市局已将"三社联动"工作纳入民政工作综合督查范围，对各地"三社联动"工作实行目标管理，加强跟踪问效。各地要将开展试点工作实施方案和工作进展情况分别于5月底前和每月4日前报市局办公室。

《揭阳市民政局关于开展"专业社工全民义工"试点工作的通知》

揭民〔2016〕28号

各县（市、区）民政局：

近年来，根据省民政厅和市委、市政府的部署，我市扎实推进专业社会工作和志愿服务工作，取得了一定的成效。至2015年底，全市成立社工机构12家，持证社工人数达到300多人，注册志愿者5万多人。为落实《广东省民政厅关于开展"专业社工全民义工"试点工作的通知》（粤民发〔2016〕24号）及全省、全市民政工作会议精神，进一步推动我市社会工作的专业化，培育发展志愿组织，动员全民参与志愿服务，市民政局决定在全市范围内开展为期三年的"专业社工、全民义工"试点工作。现将有关事项通知如下：

一 指导思想

全面贯彻落实省民政厅和市委、市政府有关部署，结合我市民政工作实际，引导社会工作专业化发展，使专业社会工作发挥心理疏导、资源链接、社会融入等作用；提升志愿服务的社会参与度，满足服务对象的多样化需求，推进社会工作与志愿服务协调发展，不断促进我市社会治理能力和水平的提升。

二 基本原则

服务大局，增进福祉。把社工专业化、义工全民化纳入推进社会治理体系和治理能力现代化的大局，将增进人民福祉作为出发点和落脚点。

领域推进，专业引领。分领域推进社会工作服务，引导社会工作专业人才扎根同一服务领域，充分发挥专业引领作用，引导志愿者辅助开展社会工作服务项目。

立足需求，统筹发展。从群众的社会服务需求出发，多领域统筹推进专业社会工作和志愿服务工作，使专业社会工作和志愿服务工作相互促进联动发展。

三 试点方式

"专业社工、全民义工"试点工作按"1个专业社会工作服务领域+1个志愿服务组织+N名志愿者"（1+1+N）模式在市、县（市、区）、镇（街道）、社区等层面分别推进。各地试点工作以专业社工服务领域为主线，专业社会工作服务领域由各地自行选定，服务区域可以为市、县（市、区）、镇（街道）或社区。志愿服务组织培育发展按中央支持发展志愿服务组织的有关文件精神和本省、市社会组织有关政策执行。

2016年，市确定在榕城区选择老人社会服务领域开展"专业社工、全民义工"试点工作；其他县（市、区）也要结合实际，在儿童青少年服务、老人社会服务、妇女社会服务、康复社会服务、就业服务、心理健康服务、家庭服务、医疗社会工作、学校社会工作、矫治服务、城乡社区发展、军队社会工作、企业社会工作等专业社会工作服务领域中至少选择1个服务领域开展试点。

2017年，各县（市、区）要在上述专业社会工作服务领域中至少选择3个服务领域开展试点。

2018年，各县（市、区）要在上述专业社会工作服务领域中至少选择5个服务领域开展试点。

四 目标任务

（一）主要目标

到2018年，基本建成与经济社会发展相适应，布局合理，管理规范，专业性强的专业社会工作人才队伍，在各专业社会工作服务领域都有相对稳定的一线专业社会工作人才。建立健全社会工作专业人才和志愿者相互协作、共同开展服务的机制，通过社会工作专业人才的引领，拓展社会工作专业服务范围，增强社会工作专业服务效果，培育发展志愿服务组织，规范志愿者招募注册、管理与服务记录证明，提升志愿者服务水平。

（二）主要任务

1. 探索分领域服务的区位布局、人员配备与服务内容。试点地区要重点发展老年人、儿童、妇女、社会救助、残疾人等领域的专项服务，并适度拓展其他领域的专项服务，探索各领域专项服务的服务对象、服务内容、社会工作专业岗位的设置情况、区位布局、经费投入等基本情况，为在全市范围内全面推进社会工作专项服务提供政策和实践依据。

2. 提升专业社会工作者的专业水平。提升试点地区专业社会工作者的实务能力，通过举办社会工作专业人才分领域培训、研讨、工作坊等，重点培养在老年人、儿童、妇女、社会救助、残疾人等领域从事服务的社会工作者，储备在重点服务领域从事服务的社会工作骨干人才，提升重点服务领域的社会工作服务专业化水平。

3. 探索专业社会工作与志愿服务工作统筹推进的模式。着力培育发展立足社区、服务群众的志愿服务组织，探索社工机构固定联系若干志愿服务组织、社会工作者固定联系一定数量志愿者的机制，试点以区域、服务领域为单位培育发展志愿者组织。规范志愿者招募、培训及使用的长效机制，规范志愿服务记录证明。

五 实施步骤

（一）准备阶段：（每年 1～3 月，2016 年为 4～5 月）

试点单位应根据当地的实际情况，制订试点工作的年度方案，并将试点工作方案报市局办公室备案，方案内容包括确定试点工作的服务领域、覆盖区域、投入经费、专业社会工作岗位设置、服务人数、志愿者组织及志愿者发展计划。

（二）实施阶段：（每年4～11月，2016年为6～11月）

试点单位要按照试点工作方案，组织必要的人力、物力、财力，有计划有步骤地开展试点工作。要采取得力的措施，认真落实试点要求、加大试点力度、丰富试点内容、深化试点工作、提升试点成效。

（三）评估阶段：（每年12月）

各地应在每年年底对本年度的试点工作进行总结评估，市局将配合省厅到试点地区进行年中、年末考评，评估结果作为市局支持各地社会工作经费分配的重要参数。

六 工作要求

（一）加强组织领导

市局成立试点工作指导小组，负责全市试点工作。组长由局长担任，副组长由分管社工工作的副局长担任，办公室、计财、政权、事务、社工、社会组织管理局等科（室、局）负责人为成员。各地试点工作由各县（市、区）民政局组织实施。

（二）突出重点领域

市局从2016年起将分领域培训社会工作专业人才，重点培训老年人、青少年、儿童、妇女、社会救助、残疾人等社会工作专业人才，参与试点工作的相应领域专业社会工作者优先接受免费培训。分领域培育发展志愿服务组织。

（三）健全工作机制

各地要根据社会工作专业人才不同服务领域、服务对象的特点和规律，在试点基础上按照"成熟一个、推进一个"的原则，分领域制定社会工作服务标准。各地应以稳定人才队伍为目标，建立健全有利于社会工作专业人才长期、安心扎根基层、服务一线的培养、评价、使用、激励保障政策。开展志愿者专题培训教育，鼓励志愿者骨干成长为专业社工，推进志愿服务的专业化、经常化、岗位化。

（四）增加经费投入

各地要高度重视"专业社工、全民义工"试点工作，将这项工作作为一项重要民政工作来抓，争取当地财政的支持，加大对专业社会工作的经费投入。市局将从市级福彩公益金中安排部分经费对试点工作给予支持，用于人员开支、服务费用、志愿者补贴等。

（五）总结推广经验

各地要及时总结试点经验，完善试点内容，以点带面，梯次推进，逐步扩大试点范围，及时推广试点经验。

揭阳市民政局
2016 年 5 月 4 日

潮州市民政系统社会工作人才队伍建设试点工作指导意见

为认真贯彻《广东省中长期人才发展规划纲要（2010~2020）》和省民政厅《关于加强全省民政系统社会工作人才队伍建设的意见》，根据省民政厅《关于扩大我省社会工作人才队伍建设试点工作的通知》（粤民社〔2011〕1号），为探索建立我市民政系统社会工作制度和工作机制，努力造就一支结构合理、素质优良的社会工作人才队伍，进而推动全市社会工作人才队伍建设发展，现就我市民政系统社会工作人才队伍建设试点工作提出如下意见。

一 充分认识加快民政系统社会工作人才队伍建设的必要性和紧迫性

社会工作是社会建设的重要组成部分，是一种体现社会主义核心价值理念，坚持"助人自助"宗旨，遵循专业伦理规范，在社会服务与管理领域，综合运用专业知识、技能和方法，帮助有需要的个人、家庭、群体、组织和社区，整合社会资源，协调社会关系，预防和解决社会问题，恢复和发展社会功能，促进社会和谐的职业活动。民政系统领域是社会工作的重要领域，专门从事社会服务工作，是现代社会管理与公共服务力量的重要组成部分。

当前，我市正处于经济社会全面转入科学发展轨道的关键时期，围绕市委市政府"加快转型升级，建设幸福潮州"的核心要求，民政系统加快社会工作人才队伍建设，有利于充分发挥民政部门的职能作用；有利于转变民政管理和服务方式；有利于提高民政整体服务水平和增强民政基层力量，夯实民政事业发展基础；有利于整合统筹民政资源，促进民政事业又好又快发展。

二 社会工作人才建设的指导思想、基本原则和工作目标

指导思想：民政系统社会工作人才队伍建设要坚持以邓小平理论和"三个代表"重要思想为指导，以党的十七大精神为统领，深入贯彻科学发展观，以造就一支规范适量、结构合理、素质优良的社会工作人才队伍为目标，以建立健全社会工作人才的培养、评价、使用、激励机制为重点，以加强社会工作教育培训、完善社会工作岗位设置、建立社会工作者管理机制、培育社会组织、探索政府购买服务机制为手段，全面推进社会工作职业化、专业化进程，逐步发挥社会工作人才队伍在推进民政事业发展中的重要作用，为建设"幸福潮州"提供强有力的人才保证。

基本原则：

——坚持以人为本，立足现实的原则。要把改善民生作为推进社会工作人才队伍建设的根本，立足我市经济社会发展实际水平，社会工作人才队伍建设目标，要与我市整体社会建设目标和进程相适应。

——坚持加快培育，升量提质的原则。加大社会工作人才培训力度，快速提升社会工作人才数量，加强现有社会工作从业人员专业素质和技能水平教育，努力提高社会工作人才队伍整体素质。

——坚持转换优先，积极引进的原则。鼓励现有民政系统从业人员参加社会工作职业水平考试，取得证书给予一定补助。在民间机构还欠发达的情况下，采取内部融合式设置社工岗位，开展社会工作项目。积极探索和建立社会工作人才引进机制。

——坚持试点先行，逐步推进的原则。推进社会工作人才队伍建设既要积极，又要稳妥。按照"一年试点，三年推进，五年初见成效"的思路，先在市社会福利院进行试点，总结经验。2012年5月起，在所属事业单位全面推进，2013年5月

起,在全市民政系统铺开,从而推进我市社会工作人才建设的全面发展。

工作目标:力争通过3~5年时间的努力,建立民政系统社会工作人才队伍培养、评价、使用、激励和岗位设置机制,建设一支能够运用现代化专业知识和技能提升民政服务水平的高素质、专业化的社会工作人才队伍。逐步形成与民政事业发展相协调的初、中、高级社会工作人才梯次结构;逐步形成服务困难群体、优抚群体、孤老孤残儿等特殊群体的人才分布格局;逐步培育一批社会工作类社会组织,购买服务机制得到有效探索和推行。到2015年,全市民政系统取得社会工作者职业水平证书人员达到100名,民政部门公益性社会服务类事业单位社会工作岗位设置比例达到岗位总量的15%。

三 精心组织社会工作人才队伍建设试点和推进工作

从2011年5月起,市社会福利院作为社会工作人才建设试点单位,时间一年,分三步进行。

(一)试点准备阶段(2011年5月至10月)

市社会福利院根据全省社会工作人才队伍建设试点扩大会议精神,成立相应工作机构,结合本单位实际,对服务对象的需求开展评估,并根据评估结果拟订试点实施方案。根据珠三角试点经验,市社会福利院可参照广州市老人院社会工作人才队伍建设模式,采取走出去和请进来的方法,充分论证,深入研究,做到认识到位、谋划到位、责任到位、工作到位、目标到位。

(二)试点实施阶段(2011年11月至2012年4月)

1. 开展教育培训,组织参加职业水平考试。制订社会工作人才培训计划,加强与周边高校和各社会培训机构联系协作,引进高校及社会教育资源,组织社会工作知识培训,采用多种形式建立多层次、多方位的教育培训网络。加强与珠三角地区民政系统的交流合作,探索互利互惠、共同发展的合作机制。健全学习督导制度，为社会工作人才提供学习成长平台。积极引导从业人员参加职业水平考试，使普通从业人员提升转换为专业社会工作者。

2. 科学设置社工岗位。按照按需设置、分级管理、精简效能、科学规范的原则，设置社工岗位，明确级别、工作标准和职责要求。科学测算一定时期内本单位社会工作人才的数量及结构需求，以"明确一批，设立一批，开发一批"的办法，逐步全面按需求设立社会工作岗位。

3. 建立社工职业评价体系。制定不同类型、不同层次社会工作岗位职责规范，明确绩效考核标准。按照德才兼备的原则，以社会工作者能力、操守、业绩为主要考核评估内容，结合思想品德、职业素质、专业水平，由社会工作者所属机构、所服务单位以及登记管理机构进行综合考核评估。

4. 建立"社工＋义工（志愿者）"联动机制。积极推行"社工＋义工（志愿者）"模式，构建"社工引领义工，义工协助社工"的互动格局。通过实行组织联建、队伍联育、信息联享、活动联办、制度联商等措施，搭建"社工＋义工"联动平台，由社工组织一定数量的义工，在规范义工管理、教育培训和提升服务质量等方面实行联动，推进义工服务规范化建设。

（三）试点总结推广阶段（2012年5月）

召开试点总结大会，在认真总结经验的基础上，部署全系统推进社会工作人才建设任务，将试点经验在全市民政系统全面推进。

四　保障措施

（一）加强组织领导

成立市民政系统社会工作人才建设领导小组，由市民政局党组书记、局长杨旭生任组长，局党组成员、分管社会工作副局长尤晓俊和分管人事工作的王壮奎任副组长，成员由局党组成员、副局长李楚群、蔡和敏、吴为民和副调研员许其典等组成。领导小组定期召开会议,研究部署试点工作任务,对试点工作进行督促检查,梳理、协调和解决试点中出现的重大问题,及时总结试点经验,对试点和推进工作实施全程领导。

领导小组下设办公室,办公室主任由尤晓俊担任,办公室成员由民间组织和社会工作科郑跃生、尤晓文,局办公室吴寿坚、郭毅组成。办公室设在局民间组织和社会工作科。

（二）积极争取财政支持

在试点工作过程中要积极协调各方关系,争取财政资金支持,力争将社会工作人才队伍建设试点工作经费列入财政年度预算,确保试点工作顺利开展。

（三）营造良好氛围

要在民政系统中广泛宣传社会工作知识理念,提高对开展社会工作试点,加快社会工作发展重要性、必要性和紧迫性的认识。加强对试点进展情况的报道,展示社会工作服务的功能作用,营造社会工作的良好氛围。

附件：1. 潮州市民政系统社会工作人才教育培训方案

2. 潮州市民政局事业单位编制内社会工作岗位设置实施办法

潮州市民政局
二〇一一年六月九日

潮州市民政系统社会工作人才教育培训方案

为提高我市民政系统社会工作人才队伍的职业化水平,推进我市社会工作人才队伍建设,根据省民政厅《关于在全省民政系统开展社会工作大培训工程的意见》（粤民社〔2010〕2号）精神,制订本方案。

一　指导思想

以科学人才观为指导，围绕我市社会工作人才队伍建设推进社会工作发展的总体部署，以全面提高民政系统社会工作人才的专业素质为目的，以岗位需求为取向，以胜任力开发为重点，切实提高教育培训工作的针对性、可操作性和前瞻性，培养造就一支德才兼备、素质优良、实绩突出的社会工作人才队伍。

二　培养目标

建立与我市社会发展相适应的社会工作专业教育、社工人员继续教育，社工业务普及培训的社会工作人才教育培训机制，创新教育培训模式，充实教育内容，优化教育培训资源，完善教育培训激励机制，不断提高我市民政系统社会工作人才的专业素质。

三　培训任务

（一）全员培训在职在岗人员

对现有在岗社会工作从业人员进行培训。按照社会工作岗位设置的要求，对于尚未取得社会工作者职业水平证书但实际在岗的人员，分层、分期、分批培训，使他们能够掌握社会工作知识和技能，提升专业化水平，提高服务能力。对需取得社会工作职业水平证书的在岗社会工作人员，须按照国家社会工作者职业水平考试大纲的要求，经2~3年在职学习培训后，参加职业水平考试并获取社会工作职业水平证书，逐步做到持证上岗。

（二）不断推进继续教育

对取得社会工作职业水平证书的在岗社会工作者，按照民政部《关于印发社会工作者继续教育办法的通知》（民发〔2009〕123号）精神要求进行继续教育，以充实、更新其专业知识，提高专业素质和业务能力。在岗的助理社会工作师每一登记有效期（3年）内接受社会工作专业继续教育的时间累计不少于72小时。社会工作师、高级社会工作师在每一登记有效期（3年）内接受社会工作专业继续教育时间累计不少于90小时。

四　培训方式

主要采取集中培训与自学相结合，分级培训与分类培训相结合，理论学习与实训观摩相结合，请进来与走出去培训相结合等方式进行。

市局统一组织的培训由局办公室（人事）和民间组织与社会工作科联合承办。其他县（区）民政局和下属事业单位组织的培训，由本县（区）民政局和下属事业单位承办，市民间组织和社会工作科给予指导。

五　主要措施

（一）要建立教育培训机制。根据我市民政系统社会工作人才培训工作需要，积极与当地党校、周边高校和职业技术学院沟通协调，建立合作关系，发挥这些教学机构的师资优势，参与社会工作人才教育培训。积极派员参加省（部）级组织的各种培训班。形成上级重点培训、本级普训、个人自学的培训机制。

（二）要建立激励机制。鼓励未获得社会工作者职业水平证书的在岗人员参加国家考试，对获得证书人员给予奖励。市局机关工作人员凡参加国家社会工作者职业水平考试，获得职业水平证书的，参加考试的差旅费、资料费可以报销。获得中级职业水平证书的奖励500元，获得高级职业水平证书的奖励1000元。各县（区）和下属事业单位也应相应制定奖励办法。对已获得职业水平证书的人员优先安排专业提升培训，优先安排到相应工作岗位，落实相应待遇，给社工人才施展才华空间，真正留住人才、用好人才，加快推进民政干部队伍专业化步伐。

（三）要加强与发达地区的交流合作。要与先进地区接轨，积极推动社会工作人才教育的交流与合作，建立一套行之有效的培训交流合作机制。充分利用先进地区的社会工作教育资源，与社会工作教育机构建立委托培养关系，分期分批选拔输送社会工作骨干和优秀人员脱产学习或在职进修。

（四）要加强教育培训的管理。各县（区）和下属事业单位要科学制定社会工作人才教育培训规划和年度计划，合理安排培训经费，切实保障本系统干部职工的学习培训时间。当前，要立足于内部现有人才的提升转化，大力鼓励民政系统干部职工参加全国社工师职业水平考试，广泛开展考前辅导培训。

潮州市民政局
二〇一一年六月九日

潮州市民政局事业单位编制内社会工作岗位设置实施办法

为进一步加快我市民政系统社会工作人才队伍建设，推进事业单位社工岗位开发设置，根据国家人力资源和社会保障部、民政部《关于民政事业单位岗位设置管理的指导意见》（人社部〔2008〕84号），省人力资源和社会保障厅、省民政厅《广东省民政事业单位岗位设置管理指导意见》（粤人社发〔2010〕72号），中共潮州市委组织部、潮州市人力资源和社会保障局《关于事业单位岗位设置和人员聘用实施工作有关问题的通知》（潮人社〔2011〕60号）、《潮州市民政系统社会工作人才队伍建设试点工作指导意见》精神，结合我市民政事业单位的实际情况，制定本办法。

一 社会工作岗位（以下简称"社工岗位"）设置的基本原则

（一）科学合理、精简效能的原则。

（二）按工作性质定岗位、按工作内容定数量的原则。

（三）限时岗位置换与空编岗位招聘相结合的原则。

（四）社工岗位与其他专业性岗位兼容的原则。

（五）以社工岗位为主系列专业技术岗位的原则。

二 社工岗位设置办法

根据各事业单位的社会功能、职责任务、工作性质和人员结构特点等因素，综合确定社工岗位设置。

（一）本办法所称社工岗位包括专职社工岗位和普通社工岗位。专职社工岗位的聘用和晋升依照国家、省、市专业技术职称的有关规定办理。普通社工岗位可兼容行政管理和专业技术岗位。本办法中如未专门指定为专职社工岗位的，即为普通社工岗位。

（二）以下岗位应优先设定为社工岗位：

1. 负责直接提供服务或需与服务对象接触的现有职员岗位；

2. 分管社工岗位的领导岗位。

（三）社工岗位配置主要通过现有岗位转换。需要配置社工岗位的各单位要组织现有在岗人员培训，参加国家社工职业水平考试取得职业资格证书，使原有岗位转化为社工岗位。

本办法实施后所在岗位属于社工岗位的在岗人员，如在规定内不能通过社工资格考试，应进行岗位调整。

（四）各单位现有社工岗位比例达到设定标准前，新增职员岗位的公开招聘或调入人应优先面向具有社工专业服务实践经验的社工专业毕业生或取得社工职业水平证书的专业人员。

（五）各单位领导岗位中社工按规定比例要求不足1个（按四舍五入计算），但本办法要求至少配置1个的，按配置1个执行。各单位根据比例要求设置社工岗位总数量为1个的,可自主确定岗位分配,不强制要求设置为领导岗位。

(六)社工岗位高级、中级、初级之间的结构比例根据现行专业技术职务管理有关规定和行业指导意见以及《潮州市事业单位专业技术岗位设置及结构比例管理办法》确定,如有调整,以新的政策规定为准。

三 社工岗位类别、名称及等级

事业单位职员根据工作性质分为行政管理岗位、专业技术岗位与工勤岗位三种类别。

1. 行政管理岗位:管理岗位名称使用干部人事管理部门聘用(聘任、任命)的职务名称。民政事业单位现有科级正职、科级副职、股级、办事员依次分别对应管理岗位七至十级职员岗位。

2. 专业技术岗位:民政事业单位原则上以社会工作为主系列专业技术岗位。包括:

(1)高级专业技术岗位名称为高级社会工作师一级岗位、高级社会工作师二级岗位、高级社会工作师三级岗位,分别对应五至七级专业技术岗位。

(2)中级专业技术岗位名称为社会工作师一级岗位、社会工作师二级岗位、社会工作师三级岗位,分别对应八至十级专业技术岗位。

(3)初级专业技术岗位名称为助理社会工作师一级岗位、助理社会工作师二级岗位,分别对应十一至十二级专业技术岗位。

辅助系列专业技术岗位名称按照事业单位岗位设置结构比例相应规定确定;没有明确的,岗位名称参照主系列岗位名称格式确定。

3. 工勤岗位:工勤岗位的设置要适应提升服务水平的要求,满足民政事业单位业务工作的实际需要。

鼓励工勤岗位人员考取社会工作职业资格证,转化为专业技术岗位。

四 社工岗位配置数量及结构比例

根据与社会工作的关联密切度,分别作以下分类和比例要求:

1. 主要以专业技术提供公益性社会服务的单位。包括市社会福利院、市儿童福利院。

该类单位职员岗位中,现有专业技术岗位的40%、行政管理岗位的30%及工勤岗位的20%应同时设定为社工岗位,并设置一定数量的专职社工岗位。

该类单位行政管理岗位中,领导岗位至少有1个设置为社会工作岗位。设置有派驻式社工岗位的单位,分管派驻式社工岗位的管理职位必须设为社会工作岗位。

市社会福利院非自理区按床位数60:1的比例设置专职社工岗位。自理区按床位数120:1的比例设置专职社工岗位。其中社工部(或股)的全部岗位以及负责老人出入院评估和跟踪服务的岗位必须为专职社工岗位。

市儿童福利院按2010年底实际收养人数25:1的比例设置专职社工岗位。其中负责家庭寄养业务岗位必须为专职社工岗位。

2. 主要承担社会事务管理职责的单位。包括市殡管所、市军休所、市救助站、市捐赠接收站。

该类单位职员中,现有专业技术岗位的25%,现有行政管理岗位的20%及现有工勤岗位的15%应同时设置为社工岗位,并设置一定数量的专职社工岗位。

该类单位行政管理岗位中,领导岗位至少应有1个设置为社会工作岗位。

市殡管所至少设置3个专职社工岗位。

市军休所至少设置1个专职社工岗位。

市救助站至少设置1个专职社工岗位。

市捐赠接收站不强制设置专职社工岗位，由本单位依据实际需要决定。

3. 主要承担技能操作维护、服务保障等职责的单位。包括市福彩中心。

该类单位职员中，现有专业技术岗位的25%，现有行政管理岗位的20%及现有工勤岗位的15%应同时设置为社工岗位，并设置一定数量的专职社工岗位。

市福彩中心不强制设置专职社工岗位，由本单位依据实际需要决定。

五　编制内社工岗位的管理

（一）市民政局事业单位社工岗位设置由局办公室（人事）统筹、协调和组织，民间组织和社会工作科配合。各单位须根据本办法制订本单位岗位设置方案，并予以明确社工岗位的设置，报局办公室，经局长会审核批准后组织实施。

（二）各单位要指定一名领导负责本单位社会工作相关事宜，具体负责包括拟订编制内社工岗位的落实计划、统筹管理现有编制内社工岗位及组织派遣社工开展服务。

（三）各单位要制订社工岗位人员配置与培训计划。达到标准的单位需对社会工作岗位进行固定，明确各岗位职责任务，建立民政系统社会工作岗位体系。编制内社工设定后，原则上不作调整。特殊情况下需调整的，须报局审批。

（四）本办法下发前已在岗的年龄超过45岁的人员，可暂不纳入本意见实施范围。对领导岗位的要求，从2012年社会工作职业水平考试完成后执行。

本办法从下发之日起执行。

潮州市民政局

二○一一年六月九日

潮州市关于加强社会工作人才队伍建设的实施意见

为贯彻落实《中共潮州市委潮州市人民政府关于贯彻落实〈中共广东省委广东省人民政府关于加强社会建设的决定〉的实施意见》（潮发〔2011〕15号）精神，建设一支结构合理、素质优良的社会工作人才队伍，特制定本实施意见。

一 加强社会工作人才专业化培养

（一）构建社会工作人才培养体系

探索建立学历教育、专业培训和知识普及相结合的社会工作人才培养体系。加强与本级行政学院、周边高校和职业技术学院沟通协调，建立合作关系，发挥这些教学机构的师资优势，参与社会工作人才教育培训。协调韩山师院筹建社会工作学科专业体系。建立我市社会工作人才终身学习培训机制，出台社会工作者继续教育办法，构建分层分类的社会工作人才继续教育体系。加强现有社会工作从业人员的教育培训及提升转化工作。建立社会工作人才培养交流合作机制。

（二）加快社会工作人才培育基地建设

按照分工明确、布局合理、优势互补的原则，整合全市各级党校（行政学院）、高等学校、职业学院和各类社会培训机构等资源，加快构建市、县（区）二级人才培训网络。制定社会工作培训质量评估指标体系和培训课程大纲，加强对培训基地的扶持、评估和监督。到2015年，建立1个市级社会工作人才专业培育基地。建设全市社会工作远程教育培训网络。

（三）实施社会工作人才重点培养工程

1. 社会工作教育与研究人才培养引进工程。将社会工作人才纳入高层次人才引进计划和特聘专家制度支持范围。吸引高层次社会工作人才来潮从事教育教学与研究工作。大力培养我市社会工作教育与科研人才，通过科研和服务项目带动、进修深造等方式，重点培养一批学历高、研究能力强、学术成果丰富的社会工作教育教学人才和政策实务研究人才。

2. 社会工作管理人才综合素质提升工程。与周边高等学校建立委托培养机制，每年对各级社会工作行政管理骨干进行在职培训；5年内对公益服务类事业单位负责人轮训一遍，培训时间累计不少于1个月。至2015年，每年选拔输送从事社会工作的行政管理骨干到高校社会工作院系深造或在职培养；选派民办社工机构管理人才到发达地区培训、考察；培养优秀的社会工作督导人才。

3. 社会工作服务人才职业能力建设工程。取得社会工作者职业水平证书的人员，纳入专业技术人员管理，按照《广东省专业技术人员继续教育条例》规定，每年参加不少于72学时的继续教育。对在岗但仍未取得相应社会工作者职业水平证书的人员，应采取进修、实习、短训、函授、自学考试等形式，进行不少于720小时的专业教育和培训。

4. 社会工作知识普及工程。将社会工作知识列入党政领导干部培训课程。定期举办各级党政领导干部社会工作专题研究班，力争三年内对市、县（区）所有党政领导干部轮训一遍。各县（区）制订社会工作知识普及计划，对本级领导干部轮训一遍，着重对相关部门、镇（街）、公益服务类事业单位负责人及工作人员、基层党组织干部、村（居）民委员会成员、下派基层锻炼的干部和大学生，以及直接从事社会服务与管理一线工作的人员进行社会工作知识教育培训。

二　推进社会工作人才职业化发展

（一）积极拓展社会工作服务领域

按照整体规划、分步推进的原则，有计划、有步骤、有重点地在社会福利与救助、扶贫开发、就业服务、教育辅导、卫生服务、家庭服务、法律援助、安置帮教、老龄服务、社区服务、社区矫正等领域推进社会工作。重点在民政、司法、残联、工会、共青团、妇联等部门和单位先行先试，加快拓展社会工作人才服务领域。加强城乡基层社会工作服务体系建设，依托社区服务培养社会工作人才。新建或整合社区公共场地设施，以社会工作人才为骨干，为居民提供专业化服务。

（二）着力开发设置专职岗位

突出城乡社区、公益服务类事业单位和社会组织吸纳社会工作人才的主体作用。在具有社会管理和公共服务职能的人民团体及实际承担社会管理服务职责的相关单位、社会组织，明确一批社会工作岗位；在公益服务类事业单位和城乡社区组织中，通过岗位调整、合并的方式，内设一批社会工作岗位；在公益服务类社会组织中，着力开发一批社会工作岗位。到 2015 年，全市社会工作人才达到 500 人，每万人持证社工人数达到 1 人以上。每个城市社区配备 1 名以上登记在册的社会工作人才，有条件的农村社区配备 1 名登记在册的社会工作人才；民政和工会、共青团、妇联、残联等系统的公益服务性事业单位，社会工作岗位设置比例不低于 20%；全市公益服务性社会组织，社会工作岗位设置比例不低于 25%。

（三）合理配备社会工作人才

严格规范社会工作从业人员准入管理，推行社会工作专业岗位职业资格聘任制度。对现有在编在岗人员，采取提升转换的方法，通过专业培训，限期通过考试获得社会工作者职业水平证书。新开发设置的社会工作岗位，主要招收社会工作专业毕业生和具备资质的专业人员。公益服务类社会组织通过提升转换和引进的方式，按要求配备社会工作专业人才。要将社会工作岗位的设置比例作为评估公益服务类社会组织的重要指标和政府购买社会服务的重要条件。

（四）大力发展民办社会工作服务机构

按照分类指导、有序规范的原则，降低准入门槛，简化登记手续，完善注册办法，积极培育引导民办社会工作服务机构发展。到2012年，建立1个市级民办社会工作服务机构孵化基地，为新成立的民办社会工作服务机构提供包括场地设备、能力建设、注册协助、小额补贴等社会组织创业初期亟须的资源。到2015年，全市民办社会工作服务机构达到20家。其中，制度健全、管理规范、服务专业、作用明显、具有示范导向作用的民办社会工作服务机构达到5家。

（五）建立"社工＋志愿者"联动发展机制

构建"社工引领志愿者，志愿者协助社工"的互动格局。引导各地志愿者组织设置一定数量的社会工作岗位，将志愿者培训纳入社会工作教育培训规划。鼓励符合条件的志愿者，通过学习、培训、考证等方式步入社会工作岗位。建立联动信息平台，实现社工、志愿者服务信息的实时共享。

三 推行社会工作人才科学化评价

（一）完善社会工作人才评价办法

研究探索社会工作员职业水平评价办法，将未考取职业水平证书的高等学校社会工作专业毕业生，以及经过社会工作专业培训、具备相应条件的现有社会工作从业人员，纳入社会工作员评价范围，对达到评价标准的，经登记成为社会工作员。

（二）实行社会工作人才登记制度

制定社会工作人才登记管理办法。需在政府购买社会服务的项目中以社会工作者的身份从事社会服务活动的，应到民政部门或其授权机构进行登记。逐步探索建立先进的社会工作者注册制度。建立和完善我市社会工作人才信息库。

（三）建立社会工作人才考核评估体系

研究制定不同类型、不同层次的社会工作岗位职责规范。

建立社会工作人才岗位考核制度，形成由品德、知识、能力、业绩等要素构成的岗位评价指标体系。采用资格考试、业绩考核和同行评议相结合的办法，对在岗社会工作人才的专业能力、职业素质和工作绩效进行综合评价。建立社会工作人才行业管理制度。

四　建立健全社会工作人才激励保障机制

（一）建立公共财政支持体系

加大财政支持力度，合理界定政府购买社会服务范围，建立以政府购买服务为主要形式的财政支持社会工作发展机制。鼓励引导社会资金对社会工作的投入和支持。

（二）建立合理的薪酬保障机制

以体现专业人才价值为导向，建立健全社会工作人才薪酬保障机制。事业单位社会工作岗位人员，执行相应专业技术岗位薪酬标准；城乡社区和公益服务类社会组织社会工作岗位人员，原则上不低于当地同等条件专业技术人员平均薪酬水平。探索建立社会工作人才岗位津贴制度。落实社会工作人才的社会保障政策，按规定给予办理社会保险事宜。

（三）畅通社会工作人才流通渠道

完善社会工作人才选拔机制。在制订公务员年度选拔计划中，逐步扩大面向社会工作者或社会工作专业毕业生的比例。研究制定鼓励、支持社会工作人才到贫困山区工作的优惠政策，加大社会工作人才对口支持力度，推进与珠三角地区社会工作人才的交流合作。取消现行限制人才流动的规定，凡取得社会工作者职业水平证书并受聘于我市社会工作岗位的人才，不受户口指标和年龄等条件限制，可在工作所在地入户。

本人不愿意迁移户口的，可办理居住证并享受与户籍居民同等的待遇。

(四) 建立社会工作人才意见"直通车"制度

发挥社会工作人才服务基层、了解群众需求的优势，畅通社会工作人才建言献策的渠道。在党代表、人大代表、政协委员中适当增加社会工作人才代表的比例。各级党政部门尤其是社会管理和公共服务部门，要在门户网站上设立社会工作人才建言献策智囊箱。重大社会建设政策出台前，要征求社会工作人才代表的意见。

(五) 建立社会工作人才激励机制

以政府激励为导向、用人单位和社会力量激励为主体，采取多种形式的激励措施，有效激发社会工作人才的积极性和创造性。

五　建立健全社会工作人才队伍建设机制

(一) 强化工作责任制

各级党委、政府要加强对社会工作人才队伍建设的领导，定期组织工作评估，对社会工作人才队伍建设严重滞后的地区和部门，给予通报批评。建立由组织部门牵头，民政部门具体负责，有关部门密切配合的工作格局。抓紧研究制定配套政策，形成社会工作人才大量涌现、创造活力竞相迸发、聪明才智充分发挥的生动局面。

(二) 加强管理机构建设

各级人才工作协调小组要加强宏观指导，协调解决社会工作人才队伍建设的重大问题。各级民政部门作为社会工作人才队伍建设的行政主管部门，要切实加强对社会工作人才队伍建设的统筹协调和指导。鼓励各地成立社会工作（者）协会，充分发挥行业管理机构在行业自律、权益维护、业务培训、纠纷调解、合作交流等方面的积极作用，形成自我管理、自我服务、自我监督、自我发展的良性机制。

（三）加大宣传引导力度

积极宣传有关加强社会工作及其人才队伍建设的方针政策，及时总结和推广各地社会工作人才队伍建设的新思路、新举措、新经验，提高全社会对社会工作的知晓度和认同度，营造重视社会工作发展、尊重社会工作人才的良好氛围。

中共潮州市委办公室

潮州市人民政府办公室

2012年6月4日